A Brief History of the
Ming
Dynasty

灵犀 著

大明江山三百年

图书在版编目（CIP）数据

大明江山三百年 / 灵犀著. —南京：江苏凤凰文艺出版社，2020.5
ISBN 978-7-5594-4746-3

Ⅰ.①大… Ⅱ.①灵… Ⅲ.①中国历史—明代—通俗读物 Ⅳ.①K248.09

中国版本图书馆CIP数据核字(2020)第057242号

大明江山三百年

灵　犀　著

出 版 人	张在健
责任编辑	高竹君　傅一岑
特约编辑	左奎翔　钟小萌
装帧设计	马海云
责任印制	刘　巍
出版发行	江苏凤凰文艺出版社
	南京市中央路165号,邮编:210009
网　　址	http://www.jswenyi.com
印　　刷	江苏扬中印刷有限公司
开　　本	652毫米×960毫米　1/16
印　　张	23
字　　数	265千字
版　　次	2020年5月第1版　2022年5月第3次印刷
书　　号	ISBN 978-7-5594-4746-3
定　　价	39.00元

江苏凤凰文艺版图书凡印刷、装订错误可随时向承印厂调换

目 录
CONTENTS

序言　回首阅明，正当风华 / 001

引子　义军蜂起 / 001

第一章　建制称帝——草根皇帝的逆袭史

第一节　皇觉寺保命 / 007

第二节　投身义军 / 008

第三节　战无不胜的朱公子 / 009

第四节　三条战略，高瞻远瞩 / 011

第五节　平汉之战 / 013

第六节　从吴王到明帝 / 015

【洪武三年封王录】/ 017

【洪武十一年封王录】/ 017

【洪武二十四年封王录】/ 017

第二章　洪武新政——百废待兴，而今迈步从头越

第一节　驱逐胡虏，恢复中华 / 021

第二节　复兴汉文化 / 023

第三节　恢复社会生产 / 026

【洪武三年封臣录】/ 028

【洪武十年至洪武十二年封臣录】／028

第三章　君主集权——除旧布新，乾纲独断
第一节　空印案和郭桓案／031

第二节　从胡惟庸案，到蓝玉案／032

第三节　三司分治，初揽大权／034

第四节　废中书、罢丞相，提高六部地位／035

第五节　《大明律》和《御制大诰》／037

【开中法和纲盐法】／038

第四章　军兵并存——将不专军，军不私将
第一节　"权不专于一司"的五军都督府／041

第二节　京营和上直卫的亲军指挥使司／042

第三节　卫所制和九边三卫／044

第四节　逐渐定型的武举制度／046

【藩王和塞王】／048

第五章　靖难之役——削藩不慎，满盘皆输
第一节　朱标的死因／051

第二节　天下归心，宜登大位／052

第三节　废削五王，激化矛盾／054

第四节　必举兵诛讨，以清君侧／055

第五节　偷袭大宁前后／056

第六节　从郑村坝之战到夺取济南／058

第七节　难得的东昌大捷／059

第八节　南下作战，成为最后的赢家／060

【明初诗文三大家】／061

第六章　永乐盛世——励精图治的雄武之君
第一节　削藩和边防政策的调整／065
第二节　"旁搜博采,汇聚群分"的永乐大典／067
第三节　中央集权,"为治之道在宽猛适中"／070
第四节　五征蒙古与永乐大阅兵／071
【奴儿干都指挥使司】／073

第七章　特务机关——三厂一卫,助长欺罔之风
第一节　锦衣卫的兴衰史／077
第二节　东厂势起,宦官也能干政／079
第三节　西厂和内厂／081
【二十四衙门】／082

第八章　两京制度——以北平为京师而已填之
第一节　朱元璋眼中的西安／087
第二节　彼书生之见,乌足达英雄之略哉／088
第三节　拖延十年之久的工事／090
第四节　用南京之财富,会西北之戎马／091
【南旺导汶】／092

第九章　七下西洋——宣布纶音,播撒和平
第一节　郑和其人／095
第二节　且欲耀兵异域,示中国富强／096
第三节　凡事预则立／097

第四节　鲸舟吼浪泛沧溟,远涉洪涛渺无极 / 098
第五节　郑和之后,再无郑和 / 101
【马欢《纪行诗》】/ 101

第十章　仁政之肇——德化之盛,岂不与文景比隆哉

第一节　不招待见的监国太子 / 105
第二节　蹇夏三杨,治世能臣 / 107
第三节　改组内阁,仁政自我而始 / 109
【明朝三大才子】/ 111

第十一章　宣宗治国——促织天子创造的太平盛世

第一节　文人皇帝的成长史 / 115
第二节　更有后人知警也 / 116
第三节　循吏清官,世所广誉 / 118
第四节　休养生息,弭患于未萌 / 120
【明朝瓷器】/ 122

第十二章　王振弄权——主少国疑,奸宦窃柄

第一节　仁宣之治的缺憾 / 125
第二节　司礼监有个"王先生" / 127
第三节　两面人的春天 / 129
【经筵】/ 131

第十三章　土木之变——偶然的败仗,必然的败局

第一节　"好人"惹出的祸事／135

第二节　御驾亲征,并非百试百灵／136

第三节　偶然的土木之变,必然的军事失败／138

第四节　赶鸭子上架／140

【明长城】／142

第十四章　南宫夺门——龙座之上无兄弟

第一节　来吧！北京保卫战／145

第二节　从茫茫草原,到寂寂南宫／146

第三节　不被理解的人之常情／149

第四节　夺门复位,只在朝夕／151

【天顺政治】／152

第十五章　白银之国——自下而上,又自上而下的货币改革

第一节　大明宝钞,天下通行／157

第二节　田赋折银和徭役折银／158

第三节　财政支出的货币化／160

【叶宗留、邓茂七起义】／161

第十六章　一团和气——恢恢有人君之度

第一节　两度为储,经历坎坷／165

第二节　宽严相济,力除前朝弊政／167

第三节　"桃源"里的抗争／169

【皇庄】／171

第十七章　弘治中兴——朝序清宁、民物康阜的时代

第一节　任情恣肆,后人买单／175
第二节　兢兢于保泰持盈之道／177
第三节　"痴情"的代价／180
第四节　白璧微瑕,不掩盛名／182

【传奉官】／184

第十八章　大明会典——可以并唐虞、轶三代,而垂之无穷

第一节　成书之由／187
第二节　历代修纂情况／188
第三节　周备细致的目录／189
第四节　成书的研究价值／192

【前七子】／193

第十九章　嬉游皇帝——我就是我,不一样的烟火

第一节　短兵相接,奸者胜／197
第二节　皇帝都玩些什么／199
第三节　"立天子"伏诛记／201
第四节　关于应州大捷的争议／202

【团营兴废】／204

第二十章　宗室叛乱——皇帝的宝座,谁都想坐一坐

第一节　宗室人口爆炸的时代 / 207

第二节　安化王叛乱 / 208

第三节　朱宸濠的一个谋士 / 210

第四节　宁王之乱 / 212

【四才子和明四家】/ 216

第二十一章　礼议之争——刚愎多谋的"道士",最难伺候

第一节　革故鼎新,力除一切弊政 / 219

第二节　巩固皇权,才是大礼议的本质 / 221

第三节　可惜,打了一个死结 / 223

【九嫔】/ 226

第二十二章　抗倭名将——封侯非我意,但愿海波平

第一节　"欲严海禁,以绝盗源"的朱纨 / 229

第二节　昏官祭海与张经抗倭 / 231

第三节　"俞龙戚虎"之俞大猷 / 233

第四节　戚继光,名声最响的抗倭名将 / 235

【庚戌之变】/ 238

第二十三章　群星闪耀——思想科技,熠熠生辉

第一节　李时珍:《本草纲目》/ 241

第二节　徐霞客:《徐霞客游记》/ 242

第三节　宋应星:《天工开物》/ 245

第四节　王阳明:知行合一、致良知/ 247

第五节　李卓吾:晚明思想启蒙运动的旗帜/ 250

【科技名人小录】/ 253

第二十四章　竞争上岗——首辅轮流做,今年到我家

第一节　淘汰掉礼仪权威的老资格/ 257

第二节　老乡见老乡,比比谁更强/ 259

第三节　要你的权,还要你的命/ 262

第四节　扮猪吃虎的徐阶,不好惹/ 263

第五节　斗得了徐阶,赢不了张居正/ 265

【历任内阁首辅】/ 268

第二十五章　君臣否隔——明之亡,实亡于神宗

第一节　难得一见的金三角/ 271

第二节　宁有瑕而为玉,毋似玉而为石/ 272

第三节　薄情贪财为哪般/ 274

第四节　巩固中华疆土的万历三征/ 277

【八旗制度】/ 279

第二十六章　纲纪陵夷——手操斧斫,营建栋宇,即大匠不能及

第一节　文盲皇帝的一生/ 283

第二节　癖爱木工,亦爱"名花" / 284
第三节　明末三大案 / 286
【王恭厂爆炸】/ 288

第二十七章　明清之战——辽东战场起烽烟

第一节　从抚顺之战,到萨尔浒之战 / 293
第二节　败了开铁,丢了沈阳 / 296
第三节　广宁陷落,熊廷弼惨遭弃市 / 298
【清言小品】/ 301
【《武备志》】/ 301

第二十八章　党争之祸——务以攻东林排异己为事

第一节　家事国事天下事,事事关心 / 305
第二节　党争之祸由此始 / 307
第三节　清算阉党,不能急 / 309
【三大名著和四大奇书】/ 312
【三言二拍】/ 313

第二十九章　崇祯失国——蒙难而不辱其身,为亡国之义烈矣

第一节　宵衣旰食,夕惕朝乾 / 317
第二节　"力捍危疆"的袁崇焕 / 319
第三节　自毁长城,岂不惜哉 / 322
第四节　缘何走向穷途末路 / 324
第五节　甲申之难,永恒的痛 / 326
【复社】/ 328

【秦良玉】/ 329

第三十章　南明日落——不信这舆图换稿,诌一套《哀江南》

第一节　第一个南明政权 / 333
第二节　从福王朱由崧,到唐王朱聿键 / 334
第三节　"正统"在永历,延平名千秋 / 336
【明朝戏曲】/ 339
【秦淮八艳】/ 340

【附录一】明朝中央官制简表 / 343

【附录二】配享太庙官员录 / 345

【附录三】五军都督府职掌简表 / 345

【附录四】参考史籍及相关书单推荐(含野史)/ 346

序言　回首阅明，正当风华

明朝、清朝是我国封建社会最后的两个统一王朝。

在推翻元末黑暗统治的同时，朱元璋也志在扫灭群雄，一统天下。为了加强君主集权统治，朱元璋在称帝以后，便致力于恢复汉人文化，发展社会经济，并在政治、军事等领域，展开了一系列的改革。

虽然出身卑微、起点极低，但论及朱元璋的文治武功，绝不输于秦皇汉武、唐宗宋祖。凭借"靖难之役"上位的成祖朱棣，以宽严相济的理念、和平外交的思想，打造了一个空前繁荣强大的盛世，并为之后出现的仁宣之治打下了坚实的基础。

从这个意义上说，他是明朝诸帝中，唯一一位可与太祖媲美的皇帝。

明朝中叶的衰落，一般认为是从与瓦剌的和战开始的。英宗北狩之后，宦官弄权、宗室叛乱、边防空虚、武备废弛、吏治腐败、土地兼并加剧等现象不断出现，其间虽有弘治中兴的短暂恢复，但于帝国日渐颓萎的大势而言，并无根本性的改变。

凭借不凡的智力和数十年的统治时间，世宗朱厚熜和神宗朱翊钧本可在改良政治、振兴邦业的路上走得更远一些，然而他们却因私心过重、荒怠政事，而导致出现了好景不长、弊政丛生的局面。"手术师"张居正过世之后，神宗也对其反攻倒算，破坏了来之不易的改革成果。

尖锐的社会矛盾，到了晚明时期愈发鲜明，这与统治阶级内部争权夺利的党派斗争不无关系。东林党、非东林党、阉党（含部分非东林党）之间相互攻讦，势同水火，致使后人得出明亡于党争的结论。

结论不全对，但打着爱国旗号的奔竞之士，的确是做出了不少误国之事。饱经忧患的崇祯皇帝朱由检，不无感慨地说："文人皆可杀。"

内外交困之下，明朝的大厦彻底坍塌。取而代之的大顺政权，很快为入关的满人朝廷所驱逐。为了统一全境，清廷对大顺军、大西军以及在南方建立的数个南明小朝廷，进行残酷的军事镇压。

所谓"清承明制"，研究明朝历史对于把握封建集权社会的发展脉络，具有举足轻重的意义。当然，若将明清政治视为一体，又无疑是忽略了它们的历史背景和个性色彩，未免有失妥当。

因此，笔者产生了钩稽史料、爬梳整理的念头，望能以不赘不冗的笔墨，不偏不倚的点评，为您呈现延祚两百七十六年（1368—1644年）的大明王朝的概貌，以及它不老的风华。

"知三百年之基业，肇于何人，败于何事，消于何年，歇于何地"，是为序。

灵犀
写于四川南充
2018年7月1日

引子

义军蜂起

"堂堂大元,奸佞专权。开河变钞祸根源,惹红巾万千。官法滥,刑法重,黎民怨。人吃人,钞买钞,何曾见。贼做官,官做贼,哀哉可怜!"这首《醉太平》是元朝末年无名氏的一首散曲。

在曲子里,可以看出元末"奸佞专权""贼做官,官做贼"的腐败吏治,"官法滥,刑法重"的黑暗政治。这样的社会,这般的压迫,必然激起人民的变革愿望,农民的起义决心。矛盾的火药桶,迟早有一天会被引爆炸破,以致天崩地裂。

一句"开河变钞祸根源",说的正是至正十一年(1351年)时,元朝政府因强征民夫挖掘黄河故道而引起的民变一事。原来,早在至正三年(1343年)白茅口决口之前,北方的韩山童、刘福通和南方的彭莹玉,便借由明教等宗教组织形式,大力散播明王降生将拯救世人的舆论。

在舆论的导引之下,人们的反元情绪持续发酵,而监修河道的官吏仍然苛待民夫,视其为蝼蚁,怎能不惹来沸腾民怨呢?

"是时候了。"韩山童暗忖道。

在他的策划下,"石人一只眼,挑动黄河天下反"的童谣——本质上是谶言,开始在民间尤其是民夫之中流传开来。某一日,民夫在黄陵冈挖出了一个只有一只眼睛,背上刻着"莫道石人一只眼,此物一出天下反"的石人。一时间,工地上骚动起来,民夫的反心也被彻底撩拨起来了!

大家都知道"大楚兴,陈胜王"的故事,但今人自然不能将古人的经验全盘照搬,这可能便是石人事件中没有明指"韩山童为王"的原因所在。不过,由于韩山童的名声实在响亮,当他在五月间于颍州(今安徽阜阳)集众议事之时,自有振臂一呼从者如云的效应。

韩山童被推举为明王之后,一方面择日准备起义,一方面派人

联络其他义军同时行动。为了方便联军们联络,他们约定以头裹红巾作为标志。

因为走漏了风声,官军包围了韩山童所在的白鹿庄。韩山童牺牲之后,他的妻子杨氏带着儿子韩林儿躲入山林之中。刘福通则带兵提前起义,攻陷了颍州城。工地上的民夫闻讯而动,纷纷加入义军队伍;生活在社会底层的贫民们,也迫不及待地投奔过来。

就这样,红巾军的规模迅速激增至几十万人。他们以雷厉风行的速度攻克了河南、安徽的多个州县。其发展形势一片大好。这年八月,彭莹玉和徐寿辉也在湖北拉起了义旗,将反元势力扩散到湖北、湖南、江西、安徽。

除了这两股红巾军队伍之外,私盐贩子方国珍、张士诚,也分别割据了浙东和苏杭等地。义军蜂起的局面,好比是"按下葫芦浮起瓢",着实令元朝政府头疼抓狂。

到了至正二十年(1360年)以后,群雄割据的形势有了较大的变化。徐寿辉为部下陈友谅所杀,徐寿辉的旧部明玉珍便视之为仇雠,在两年后称帝于重庆,建号为夏。因其所据之地不过两川,到了洪武四年(1371年),第二任皇帝明升便迫于压力向明朝乞降归臣。

第一章

建制称帝
——草根皇帝的逆袭史

英雄不问出处,草根也有春天。

历史上出身低微的皇帝不在少数,如懒散好闲的刘邦,织席贩履的刘备,奴隶出身的石勒,父母早丧的李昪。但他们都能在苦难生活里砥砺心志,为自己戴上一顶闪耀的皇冠,为子孙打下一片壮丽的河山。

朱元璋,也是史上有名的草根皇帝之一,《明史》中评道:"太祖以聪明神武之资,抱济世安民之志……崛起布衣,奄奠海宇,西汉以后所未有也……"然而,因其性好猜忌,手段酷厉,他的生前身后也得到了一些负面评价。

但不管怎么说,明朝这个延祚两百七十六年的汉人政权,正是从他这样一个布衣的传奇经历开始的,我们必须得肯定他的历史贡献。

第一节　皇觉寺保命

元朝的掘墓人朱元璋,原本并不叫这个名字。

他出生于元文宗天历元年(1328年)九月十八日,因其在行辈中排在第八位,又属"重"字辈,而得了"重八"这个名儿。

清代学者徐诚庵曾考证道:"元制:庶民无职者,不许取名,止以行第及父母年齿合计为名。"这是说,元朝限制了百姓们的取名自由,但实际上,此事在《元史》中无证,而且这样的命名风俗,在宋朝也出现过。《夷坚志》就记载道:"黄州市民李十六,其仆崔三。"

由此看来,数字化的命名方式,与民族和等级歧视没有必然联系,咱们的小重八之后也有了个像样的名儿,叫"兴宗"。

不过,朱重八出生于濠州钟离(今安徽凤阳)的孤庄村,是生活在社会底层的农家孩子,这一点是毫无疑义的。后来,朱元璋打算重续家谱,他对儒臣们让朱熹来当他祖先的做法不以为然。"我本淮右布衣,天下于我何加焉",如同他的自述一般,卑贱的出身不过是人生的起点而已,他从来也不曾因此而自卑。

野史中曾载,朱元璋十分忌讳"光""秃""僧""贼""寇""则"(与贼读音相近)等字眼,并因此制造了不少文字狱,但其实,这些故事都经不起推敲考证。比如在《大明御制皇陵碑》里,朱元璋就没有隐瞒自己为僧为丐的经历,所以他不会是个"玻璃心"的皇帝。

朱兴宗出家的地方,是於皇寺,位于凤阳南六千米处,后改名为皇觉寺。他之所以会从一个放牛娃变成一个佛家僧,是因为在至正四年(1344年),旱灾、蝗虫与瘟疫侵袭了钟离县,他的父亲朱世珍、母亲陈氏、大哥朱兴隆,都因饥病交加而辞世了。

朱兴宗没有理由也像大哥的儿子一样,跟着大嫂回她娘家去

生活,因此他打算到附近的於皇寺混饭吃。他的二哥则选择出外逃荒。至于三哥朱兴祖,已经出赘别家了。

在刘家邻居的帮助下,朱兴宗和二哥朱兴盛将家人的遗体埋在刘家坟地边上。十七岁的男孩,虽然上过几天私塾,也做过几年农活,但这些履历都很难帮他找到工作。他心说,与其剥树皮、掘草根地挨日子,还不如出家做和尚呢!

这年九月,朱兴宗受戒当了和尚。本想着住持高彬法师曾经受过朱家的恩惠,自己最起码也能过上"旱涝保收"的日子,哪知这个美梦泡泡很快便被戳破了,原因很简单,寺里也缺粮。

负责打杂的小和尚,只能像他的同门一样,外出逃荒。这一次,他在於皇寺中,只待了五十来天。

第二节　投身义军

逆境未必出人才,但朱兴宗却显然是孟子笔下那经得住锤炼,"动心忍性,增益其所不能"的人。在云游化缘的三年时光里,他不仅保住了小命,还先后游历了南西北东四方。合肥、信阳、汝州等地的名山大川、风土人情,都拓宽了他的视野,丰富了他的识见,镌入了他的记忆。

向东而行,朱兴宗经鹿邑、亳州、颍州等地,再次回到了钟离於皇寺。这时,已是至正七年(1347年)底了,五年之后,他投奔了义军。

原因有三,其一,在朱兴宗的云游路上,"明王出世,普度众生"的谶言已经深入人心了,就连北方的白莲教(明教、弥勒教)也借此宣传自己,因此,这个民间的秘密结社一直都在煽动民众"反元复宋"的情绪。

其二,至元三年(1337年)时,胡闰儿、韩法师的义举虽以失败告终,但仍然激励了大家的斗志。到了至正十一年(1351年)五月间,韩山童、刘福通,及彭莹玉、徐寿辉等人都相继"吃了螃蟹"。

其三,也是对朱兴宗影响最大的一点,便是至正十二年(1352年)二月间,郭子兴等人发动的濠州起义。青灯古佛之下,任他怎么敲打木鱼都难以平复悸动的心情,说到底,他也是个有血性的男子,面对如火如荼的革命形势,体内的热血又如何不会沸涌呢?

下一月,经儿时伙伴汤和介绍,朱兴宗投身了郭子兴、孙德崖等人所领的这一支红巾军。本来他还有些犹豫,但因为汤和信中的内容已经暴露了,他担不起那"通匪"之罪,所以不管前路是刀山还是火海,他也只能拼命往前跑。

多年以后,朱元璋在皇陵碑中追述道:"知者为我画计,且祷阴以默相。"这是说,当年他还卜算了一番,才决定前投义军。

第三节 战无不胜的朱公子

听说一个头扎红巾的和尚跑来投军,濠州城的守兵有些难以置信,一开始竟把他当作奸细绑了起来。倒是郭子兴见朱兴宗气度不凡,才乐呵呵地接纳了他。

因为粗通文墨作战勇敢,朱兴宗很快就从一名十夫长,荣升为郭子兴的亲兵,又成为其养女马氏的夫婿。士兵们羡慕不已,纷纷敬称其为"朱公子"。不久后,这位朱公子改名作"元璋",璋是一种尖锐的玉器,这个大名的寓意可想而知。

九月间,元朝丞相脱脱打下了徐州。出于人道救济,郭子兴收容了彭大与赵均用的残部,但没想到,他们来到濠州后不久,就分别加入了濠州两派的争斗中。本来在占据濠州之后,义军们应该

有所行动才是,但令人失望的是,两位将领把精力都放到钩心斗角上头去了。

彭大是支持郭子兴的,而赵均用则与孙德崖等元帅打成了一片。在孙德崖的挑唆下,赵均用绑架了郭子兴,暴揍了他一顿之后,开始"磨刀霍霍"。朱元璋忙率兵救回了岳丈。这是应尽的义务,但同时也让朱元璋意识到,这群人成不了什么气候,开创不了什么局面。

在征得郭子兴的同意后,朱元璋在至正十三年(1353年)六月间回乡募兵。事实证明,这是一个十分明智的选择,因为后来助他成就帝业的人才,有很多都是从这个队伍中走出来的。徐达、周德兴、郭英等人见朱元璋这么有出息,都甘愿投其门下听其号令。

一行七百多人回到濠州后,郭子兴提升朱元璋做了镇抚。当年冬天,朱元璋带着徐达、汤和等二十四人南略定远、南下滁州,扩充了两万多兵源,招降了元帅缪大亨,得到了冯国用、冯国胜两兄弟的帮助,并任命李善长为掌书记负责筹措粮饷。

其中,冯国用提出了定鼎金陵的建议;李善长则以汉高祖刘邦为例,望其知人善任,勘定天下。不难看出,朱元璋此次出征收获巨大。是这样的,当志不在小的领导,碰上了眼光卓远的部属,他们没有理由不擦出火花,照亮彼此的事业人生。

攻下滁州以后,亲侄朱文正、姐夫李贞带着外甥李文忠(保儿)跑来投靠朱元璋。一问才知,家中的二哥、三哥、姐姐都已不在人世了。朱元璋悲伤不已,暗下决心打下一片天来,告慰冰冷的亡灵。

此行中,朱元璋还将孤儿沐英等人收作义子,这既是在做慈善,也是在为自己积攒资本。您要知道,若想在乱世中成就一番大事业,新鲜的血液必不可少,人才的链条万不能断。

得知朱元璋攻下了滁州城,备受排挤的郭子兴也赶紧跑来了。难能可贵的是,朱元璋二话没说,立马交出了兵权。一支三万人的队伍被治理得有模有样,郭子兴哪能不高兴?要知道,曾经他也猜忌过这个女婿势大傲主,甚至将他关了禁闭不给饭吃——马氏怀了烧饼偷偷给他吃,而现在他能将他的成果拱手相让,简直是又孝顺又仗义!

从这个事件上不难看出,朱元璋之所以能在割据势力中脱颖而出,靠的绝不仅仅是个人的武力。是的,"古之成大事者,不唯有超世之才,亦必有坚韧不拔之志",还须有豁达大度的气量。

至正十五年(1355年),朱元璋率军攻打和州,发生了一件很传奇的事。当时,常遇春跟随刘聚在和州做盗匪,为了验证朱元璋是不是个真英雄,他便化装成小老百姓近距离观察对方。没想,朱元璋对于常遇春的投奔,并不怎么感冒,直到对方表明弃盗为良、愿为先锋之意后,才欣然纳之。后来,常遇春为朱元璋大破陈友谅,攻取元大都,成了功标青史的英雄人物。

朱元璋在至正十五年攻克了和州,并做了总兵官,镇守在当地。当他发现士兵们为非作歹扰民滋事时,便在军纪上头下了许多工夫,从而赢得了民心人望。

不久后,郭子兴病逝了,小明王韩林儿以郭子兴的儿子郭天叙为都元帅,妻弟张天佑为右副元帅,朱元璋为左副元帅。表面上看来,左副元帅不如军主和右副元帅的地位高,但由于滁、和二州的军队,打心眼里只服朱元璋,因此这支军队的实际主帅,已经是朱元璋了。

第四节 三条战略,高瞻远瞩

这年五月,朱元璋因为粮食供给问题,打算南渡长江夺取太

平、芜湖。那里盛产稻米,对于义军来说很有诱惑力。李普胜、赵普胜的巢湖水军眼馋朱元璋的部队,看准他极度缺船的窘境,准备假意归附取而代之。

不过,这点伎俩不足一哂,两人刚一出手,便被朱元璋反杀了。如此一来,巢湖水师中的大部也为朱元璋所有,成为他渡江创业的臂助。

从六月开始,朱元璋先后攻下了采石、太平。值得一提的是,当将士们满足于采石之胜,想把粮食和战利品运回去享用之时,朱元璋却命人砍去船缆,激励大家再攻太平。

我们都知道,破釜沉舟是怎么一回事,而朱元璋的这个做法,却是不留退路乘胜再战,可说是更胜一筹。

进入太平之后,朱元璋将重申军纪的事放在第一位,自然再次赢得了良好的口碑。至此,他终于能够在江南立足,向着帝业迈出了一大步。在这块根据地上,朱元璋改太平路为太平府,自己做了元帅,李善长、汪广洋、陶安都各有任命,大批儒士也受到了重用。

想起冯国用之前就提过的攻占金陵的主张,朱元璋对其心动不已,在征求了陶安的意见之后,决定向集庆(南京时名)开进。

三攻集庆之后,朱元璋品尝到了胜利的喜悦,并招降了元帅康茂才。进城之后,他着意安抚百姓,并改集庆路为应天府,置天兴建康翼大元帅府。七月间,小明王升朱元璋为枢密院同佥,因在应天设置江南等处行中书省之故,朱元璋又被授为平章。

事情往往都是两面的,应天这个地方,既是一片牢固可靠的据地,也是一个为虎狼窥伺的险地。要知道,东面的张士诚,西面的徐寿辉,南面的元军,个个都不是省油的灯。

该采用怎样的策略呢?朱元璋打算在巩固东、西战线的同时,出击西南。

从至正十七年(1357年)到至正十九年(1359年),长兴、常州、宁国、江阴、常熟、徽州、池州、扬州、衢州、处州等地,相继为朱元璋所有,这等于是说,他已经扼控了江左、浙右。

其间,邓愈推荐了一个堪比诸葛亮的隐士朱升,朱元璋问其大计,得到了"高筑墙,广积粮,缓称王"这三条战略。

可以说,这三条战略是朱元璋创基立国的基本纲领。因为,筑墙可求自保;积粮能养兵马;而不急着称王,则能暂避锋芒,让元军和其他割据势力彼此间消耗,坐收渔利。

为了达到"广积粮"的目的,朱元璋不想按照惯例去强征"寨粮",而是开始推行屯田法,又命康茂才负责兴修水利,不过几年便达到了府库充盈的效果。

第五节　平汉之战

因为陈友谅设计害死了他的上级,并建立了所谓的"大汉",所以朱元璋西面的敌人,已经不是从前那个拥兵百余万、威震蒙元的徐寿辉了。与一个好弄权术的敌人为邻,可不是一件美事,他们之间必有一战,一切不过时间早晚而已。

相对于对手们来说,朱元璋的十万兵力和少量地盘不足为恃,不过他所具有的优势,也是陈、张二人所不具备的。因为,他们虽然同为反元武装,但没得到小明王的承认,在舆论上就输了朱元璋一头。

考虑到"可持续发展",朱元璋必须打着小明王的招牌,干自己的事业。至正二十年(1360年),他将刘基请出山来。因为宋濂、刘基、叶琛、章溢等名人的"加盟",来自浙东地区的元朝抵抗力量大为减弱,此举既笼络了人才,又安定了地方秩序,可谓一箭双雕。

刘基,字伯温,曾为元秘书监揭曼硕评为"此魏徵之流,而英特过之",可想是个厉害角色。刘基在官场起落不定,其后著书明志,隐居不出,直到得遇明主,方才来到应天。这一年,刘基已经五十岁了。

当时,陈友谅邀约张士诚东西夹击应天,平分蛋糕。众说纷纭之下,竟有人提出要投降保命或是奔据钟山。唯有刘基默不作声,等待朱元璋的私下发问。

姜还是老的辣,刘基针对长江上游有陈友谅、下游有张士诚、东南有方国珍、南面有陈友定的夹缝形势,建策各个击破。据他看来,后两者不过意在保土割据;张士诚对元朝态度暧昧不明,不足为惧;倒是渔民出身的陈友谅最有野心和竞争力。

但是要对付实力强野心大的陈友谅,也不是没有胜算。一则,对方杀君自立,不得人心;二则,对方穷兵黩武,民力疲敝。为今之计,只有等——等诱敌深入后以伏兵击之。

朱元璋听取了刘基的意见,让陈友谅的老朋友康茂才做了间谍。按说此事有些邪门,但陈友谅偏就信了康茂才的邪,答应与他来个里应外合,齐攻应天。

一场大战在所难免。六月二十三日早晨,陈友谅带着舰队主力来到郊外的江东桥,才知此桥不是康茂才信中所说的木桥,而是一座坚固的石桥,自然气得跳脚问候了他的祖宗。只不过,为时已晚,骂也没用。

就这样,借着石桥之势,常遇春、徐达等人所领的伏兵大获全胜。朱元璋趁势收复了太平,攻占了安庆、信州,并招降了不少徐寿辉的旧部。

接下来,在与伪汉的几次作战中,朱元璋的实力日渐壮大,元政府试图羁縻笼络他,但却遭到了他的严词拒绝。也是到了这个时候,他们才明白,原来最危险的敌人,是曾经暂时向他们妥协过的朱元璋。

至正二十三年(1363年)二月,张士诚趁着中原红巾军内乱之机进攻安丰,刘福通向朱元璋求援。远水救不了近火,朱元璋赶到的时候,只救出了小明王韩林儿,他将对方暂时安置在滁州。

陈友谅本就是个阴人,连张士诚都能乘人之危,他又岂能不趁着朱元璋不在而发动反攻?于是,他来了!数百楼船六十万兵力,听着都有些骇人。所幸,驻守在洪都的朱文正,在坚守八十五天后等到了叔父的援军。

陈友谅怕的就是朱元璋亲征,当即退到了鄱阳湖。一方是武装完备的大部队,一方不过才二十万人,兵力相差较大。陈友谅看着朱元璋的小船就想发笑,但他却不懂得"尺有所短,寸有所长"的道理,这场水战从八月二十九日开始,打到了十月三日,小船的灵活优势得以展现,火攻锁成一片的楼船,成了朱元璋战胜汉军的一大法宝。

最终,陈友谅死于乱箭之中,张定边护送其子陈理逃奔武昌。次年二月,朱元璋兵临武昌,陈理出降之后,伪汉彻底灭亡。

第六节 从吴王到明帝

在出征之前,朱元璋已在当年元旦,被百官推举做了吴王,并建立了百官司属。徐达和李善长分别担任左右相国,长子朱标也荣升为世子。此时,朱元璋仍然以小明王的龙凤年号纪年,装点自己的门面。因为张士诚早一步自立为吴王,为区分起见,历史上便以"东吴""西吴"来称之。

当然,朱元璋不会承认那个东吴的存在。在陆续平定割据政

权和红巾军的势力之后,朱元璋在至正二十五年(1365年)十月,将枪头对准张士诚,先后攻下通州、兴化、盐城、泰州、高邮、淮安、徐州、宿州、安丰诸州县。这意味着,私盐贩子张士诚再有钱,也无法染指江北地区了。

次年五月,朱元璋发布了《平周檄》,之所以称东吴为"周",是因为张士诚先前以此为国号。六个月后,杭州、湖州相继投降朱元璋,张士诚所在的平江,已沦为了孤城。

不过,朱元璋虽把平江包了饺子,但张士诚也并非没有出路可走。因为此前他已经投诚了元朝,勾结了方国珍势力。朱元璋对此并不在意,只专心作战。筑墙围城之后,弓弩、火铳、襄阳炮都派上了用场。

张士诚突围无果,但仍然耽溺于物质享受,得过且过,直到他的弟弟张士信在城头督战时死于炮火之中,他才真的慌张起来。然而,张士诚的选择不是投降,而是负隅顽抗。

到了至正二十七年(1367年)九月初八日,西吴将士冲进了平江,赢得了巷战的胜利。张士诚被抓了个正着,火速俘往应天。人说好死不如赖活着,但张士诚却不想成为第二个陈理,故此,终因态度强硬而被乱棍打死。

在平江之役期间,廖永忠奉命去接小明王过来,但"很不幸"的是,在瓜州渡江时船漏水了。小明王沉江而死,或言此为朱元璋的"安排"。这个说法很有道理,因为刘基也曾提示朱元璋不要太把小明王当回事。

不久后,朱元璋不再以龙凤纪年,而将公元1367年称之为吴元年。同年,割据浙东多年的方国珍,终于投降了。而占据闽中八郡的陈友定势力,也已呈残喘之势。朱元璋称帝的条件已经非常成熟了。

第二年,即公元1368年,朱元璋于应天府称帝,建国号为大明,年号为洪武。

清朝康熙皇帝曾评价朱元璋的政绩,是"治隆唐宋",那么,他的统一大业是怎么完成的呢?他又有哪些治国新政呢?

【小贴士】

【洪武三年封王录】

秦王朱樉、晋王朱棡、燕王朱棣、吴王朱橚(十一年改封周王)、楚王朱桢、齐王朱榑、潭王朱梓、赵王朱杞、鲁王朱檀、靖江王朱守谦(从孙)。

【洪武十一年封王录】

蜀王朱椿、湘王朱柏、豫王朱桂(二十五年改封代王)、汉王朱楧(二十五年改封肃王)、卫王朱植(二十五年改封辽王)。

【洪武二十四年封王录】

庆王朱㮵、宁王朱权、岷王朱楩、谷王朱橞、韩王朱松、沈王朱模、安王朱楹、唐王朱桱、郢王朱栋、伊王朱㰘

第二章

——洪武新政

百废待兴，而今迈步从头越

关于明朝的得名,史家们有三种不同的看法。

一说,这是在承袭韩山童、韩林儿父子的"大小明王"之号;一说,这是在表明对明教的饮水思源之心;一说,这是为了应和五德终始说,毕竟,明为火,元为金,以火克金方为天道。其实,这几种说法可以是并行不悖的,它们之间没有什么非此即彼的互斥性。

总之,新的时代已经到来了,历史已将百废待兴的使命,交给了这个历经千锤百炼的草根皇帝。这一章,咱们来说说洪武年间在军事、文化、社会、外交方面的一些新政。

第一节 驱逐胡虏,恢复中华

因为明朝是在反元战争中建立起来的政权,所以这个政权的长治久安,必然是建立在军事胜利的土壤之上的。

在朱元璋称帝的头一年,他便提出了"驱逐胡虏,恢复中华"的口号,并命徐达、常遇春集中火力北伐中原,争取尽早推翻元朝的统治。

他们也幸不辱命,攻下了大都,收回了为异族所据的燕云十六州(燕、蓟、瀛、莫、涿、檀、顺、云、儒、妫、武、新、蔚、应、寰、朔),并打破了历史上由北向南统一的定势,令人啧啧称奇。那么这样的千古奇功,花费了明将们多少年的时间呢?

一年,仅仅一年。

一年是个什么概念?自从石敬瑭砸碎了那道阻绝北方游牧民族的屏障,它便成了当朝军事力量的死穴。在四百多年的历史长河里,汉人政权都无缘再触摸燕云十六州的心跳。其间,最值得注意的是,享祚三百一十九年的赵宋政权,一直都没能解决这块心病。

其因何在?这固然是由于元末吏治腐败、国力疲弱,朱元璋的军队英勇善战,但也是因为辽、金、元、西夏这几个政权,要么是强悍难匹,要么是红极一时;再加上南宋偏安一隅,连恢复旧家的心思都没有——少数皇帝有,哪里还顾得上五代时期的历史遗留问题呢?

洪武元年(1368年)八月,徐达、常遇春领兵二十万攻克了元大都,将之逐回漠北。有意思的是,百年之前,伯颜灭宋之时的兵力也是这个数。

历史的巧合，委实令人忍不住嗟叹命运的吊诡，但它同时又是"温柔"的，很少让旧政权彻底绝望。所以，尽管徐达北伐树起了灭元之战的丰碑，但这不代表元朝的残余势力已经销声匿迹了。

学者们将这个流亡政府，称之为"北元"。北元存续的时间，从元朝灭国当年，截至洪武二十二年（1389年），传国不过两位皇帝，但黄金家族之外的蒙古人，却一边结好着明朝，一边袭扰着汉人，等待着反明的机会。这个机会，在英宗正统十四年（1449年）的时候，终于被他们等到了。关于土木堡之战的详情，容后再表。

在朱元璋时代，明朝为了北伐残元，一共采取过八次军事行动。元惠宗孛儿只斤·妥懽帖睦尔北奔上都之后，扩廓帖木儿（王保保）、纳哈出和把匝剌瓦尔密等人，也在山西、甘肃、辽东、云南等地，响应着皇帝镇压民乱的军事行动。此外，高丽、畏兀儿依然与北元保持着密切联系。

此间，他们也曾试图夺回大都。洪武二年（1369年）即至正二十九年，常遇春、李文忠再次攻占上都，逼得惠宗北走应昌。在他死后，惠宗之孙及后妃、诸王、僚属等多人为李文忠所擒，被押往应天。

也就是在洪武二年那年里，徐达在沈儿峪大破扩廓帖木儿。对方狼狈而逃，只来得及带走妻子数人前奔和林。

因为扩廓帖木儿，北元得以续命。他在和林拥立太子孛儿只斤·爱猷识理答腊为帝，称必力克图汗，并改元宣光，他便是北元的昭宗皇帝。

在多年的拉锯战之后，朱元璋也深知北元是不容易打死的小强，遂制定了蚕食计划，有意识地延伸土地设置卫所，以免明军势孤无助。数年之后，辽东、青海等地逐渐为明所有，北元诸王将士也识时务地纷纷归附。

洪武八年(1375年)时,扩廓帖木儿病逝,纳哈出攻辽东不利。为了笼络人心,早日清除残元势力,朱元璋不仅宽待北元贵族军民,还将所俘的昭宗之子封为崇礼侯,并送还漠北。

遗憾的是,孛儿只斤·脱古思帖木儿继位以后,继续与明为敌。朱元璋有些生气。皇帝一生气,后果很严重。而后,明元双方在云南和辽东等地都展开了战争。蓝玉、沐英平定了云南;冯胜、傅友德、蓝玉又劝降了纳哈出,占据了辽东。

有鉴于蓝玉的突出表现,朱元璋又命其为大将军,征讨北元皇帝,希望他能毕其功于一役。蓝玉果然不负所望,于洪武二十一年(1388年)的捕鱼儿海之役中,大获全胜。脱古思帖木儿在逃至土剌河一带时,为其部将也速迭儿所缢。

外患终于消除了,蓝玉当然是居功至伟。但可惜的是,此人骨子里却是个极为骄狂的人,在归途中,他一啰嗦便加辱于元妃致其自杀,因此朱元璋便将打算赐他的梁国公封号,改为凉国公。这是灭元之战中的一个败笔。

秉着古来为前朝修史的优良传统,洪武三年(1370年)开始,朱元璋便诏令宋濂等人编纂《元史》。十一个月之后,《元史》修成,共二百一十卷。由于成书过速,史书在蒙古族的源流发展甚至是译名、史实上都存在一些问题,但因《元实录》和《经世大典》等史料已经失传了,故而重在讲述史事和天文、历志、地理、河渠等四志的《元史》,对于研究元朝历史具有权威性的意义。

第二节 复兴汉文化

元朝在中原的统治时间长达百年,导致汉文化在一定程度上被异化了。抱着恢复汉族礼仪文化的目的,朱元璋在他的帝国里,进行了一系列行之有效的文化建设。

荀子曰:"人无礼,则不生;事无礼,则不成;国无礼,则不宁。"朱元璋便认为,礼俗改革是复兴汉文化的第一要务。

根据《明典汇》的记载,洪武二年(1369年)八月间,朱元璋诏儒臣修纂礼书,次年九月名之为《大明集礼》。书中,以吉、凶、军、宾、嘉、冠服、车辂、仪仗、卤簿、字学、乐为纲,并有条目极细的子目。

自此以后,胡跪之礼被废止了,汉族传统的稽首、顿首、空首的跪拜方式和按等级实行的五拜、四拜、再拜之礼,又重新登上了历史舞台。

与今有别,古人们特别讲究衣冠里的文化意蕴。举个例子来说,王夫之就曾说过"当石晋割地之初,朔北之士民,必有耻左衽以悲思者"这样的话。

为何将服左衽视之为耻辱呢?这是因为自古以来,左衽便是落后、野蛮的代名词。经得儒家"尊王攘夷"思想的渲染,左衽也有着家国为异族所占,华夏文明为蛮夷所污的意味。由此,王夫之便用这样的句子,来表达他对汉族人民惨遭奴役、华夏文明不幸沦落的深切悲哀。

因着汉人情结,朱元璋在冠服制度方面,提出了禁穿胡服,"复衣冠如唐制"的要求。但实际上,明制衣冠与前唐还是有不少区别的。比如他们将进贤冠改成了梁冠,并增加了忠静冠、保和冠等冠式。为了体现鲜明的等级制度,官吏们的圆领袍,不但有红、青、绿的品色限制,还要在胸背缀上不同的补子,腰间系上不同质料的腰带,以示官阶品级的区别。

"衣冠禽兽"这个成语,搁今天是骂人的话,在明初却绝对是在夸你身份地位高。在明朝的衣冠体系里,文官官服绣禽,按照等级高低分别是仙鹤、锦鸡、孔雀、云雁、白鹇、鹭鸶、𪁉𪄵、黄鹂和鹌鹑;

而武官官服则要绘兽,按照等级高低分别是狮子、虎、豹、熊、彪、犀牛和海马。

到了明朝中后期,为了讽刺挖苦那些为非作歹的官吏,百姓们便赋予了这个成语以贬义,这种用法很可能始于一本名为《金莲记》的明传奇。

不过,值得特别说明的是,对于元朝服饰,明朝并未尽数加以禁止,曳撒就是其中的一个典型代表。它本是蒙古的牧民袍服,但却流行于明朝这个汉人王朝。虽说其行制与前有别,融合了一些汉元素,但明朝的建设者们能够拿来为己所用,不正彰显出一种大国气度吗?

此外,为了贬抑商人——由来就有"士农工商"的传统观念,朱元璋不允许商人穿绢、布之外质料的衣服,倒是普通农民可以穿绸、纱、绢、布四种衣料。此举的初衷未必是坏的,但却一点也不科学,因为,物质贫乏的农民哪有能力消费那些高档衣料呢?

除了礼俗改革和衣冠定制之外,为了达到去蒙古化的目的,朱元璋曾禁绝蒙古、色目人更易姓氏,限制回族内部通婚;又开始罢去胡语,钦定《洪武正韵》;并兴办学校,选拔学官,开科取士。

在养老政策和社会福利方面,朱元璋也颇有作为。为了让七十岁的老年人老有所养,他还在洪武六年(1373年)颁下了免其一子服役的诏令。在朝廷的重视之下,社会上尊老养老的风尚蔚然成风,传统家法族规都得到了尊重。史称洪武年间是中国古代社会福利很好的时期之一,养济院、漏泽园这样的养老院、医院、公墓都是免费的;而专为流浪儿所设置的福利公房,也曾在京城外进行试点,从现有资料看来,这应该是前所未有的一个创举。

很可能,正是因为幼年时的不幸遭遇,朱元璋对于百姓的疾苦才有着这样的切身体会,所以说,"大庇天下寒士俱欢颜",也算是

他的一个崇高理想了。

第三节 恢复社会生产

在复兴汉文化的同时,朱元璋也十分重视恢复社会生产。

他所采取的办法,大致有四:

其一,下令农民归耕田亩,政府不仅奖励垦荒,还实行轻徭薄赋、赈济灾荒的制度,切实减轻他们的负担,不致出现"苛政猛于虎"的情形。当然,朱元璋却对苏、松、嘉、湖等江南地区课以重税,这是因为它们实在富得流油,不可与别地等同视之。而且朱元璋还对当地百姓支持过张士诚的做法,有些未消的余怒。

其二,为了将狭乡的农民调配到宽乡去从事农业生产,以免人力资源的浪费,朱元璋尤为重视移民屯田和军屯、商屯。综合《明史·食货志》《明太祖实录》《续文献通考》《日知录之余》等正史及笔记来看,明初的移民浪潮,历经洪武、建文、永乐三朝,波及中原、华东多省。

安土重迁的传统思想,势必与这样的新政产生颇多龃龉,但明朝政府所颁行的优惠政策,在当时起到了非常积极的作用。可以说,没有这五十年的物质积累,也就没有后来的仁宣之治。

其三,朱元璋施行了里甲制,并编制了赋役黄册和鱼鳞图册,以便进行户口和财产登记。所谓赋役黄册,是明朝为核实户口、征调赋役而特制的户口版籍,始于洪武十四年(1381年),源于之前的户帖制度。当时,划定户籍的标准主要是户主从事的职业,即民(含儒、医、阴阳)、军、匠这三大类。

值得注意的是,官绅等级(洪武十年诏曰:自今百司见任官员之家有田土者,输租税外,悉免其徭役)和贱民等级(地产丁粮,必寄居主户完纳)是不被计算在内的,民、军、匠这三大类是属于平民等级的。在这里面,一些专职役户有时也享有某些优免赋税的权利。

为达到协助里长展开工作、征收税粮、杜绝官吏侵渔农民的目的,朱元璋在洪武四年(1371年)时,开始在各州县设置粮长。起初,一些指定的大户人家很荣耀地担任了粮长一职,但到后来,他们发现投入与产出不能成正比,遂暗中强迫贫穷人家来代替他们。

再说鱼鳞图册。它指的是一种在宋朝时就出现过的土地登记簿册,明初时朱元璋命各州县分区编造,以便于及时发现和处理被隐匿的土地和有争议的地权。毫不夸张地说,鱼鳞图册的广泛使用,在地政管理史上具有里程碑式的意义。

其四,朱元璋在兴修水利,提倡种植桑、麻、棉等经济和果木作物等方面,也下了大功夫。

天下初定之时,老百姓不过是刚会飞的鸟、新栽成的树,作为统治者,切不可拔它的羽毛,动它的根基。这,便是朱元璋所说的与民休息。

军事、文化、社会上的杰出成就,必然能扩大明朝的国际影响力,带来外交上的一些成就。朝鲜以明朝为宗主国,暹罗因明朝而得名,便是一个明证。至于日本,情况却有些不一样。它不仅没有奉旨来朝,反而斩杀了明使,惹怒了朱元璋,但由于种种原因,他并没有真的出兵去征服日本,还将之定为"不征之国",两国之间的关系,还有很长的一段路要走。

这一章,我们分别从军事、文化、社会、外交的角度,了解了洪武一朝的新政,但若说狭义的政治,则应是指管理国家政治事务的规范体系,即政府机构的设置和职官制度的考订。人说朱元璋是铁血帝王,残暴无情,而这其中的政治用心,才更值得后人去研判深思。

【小贴士】

【洪武三年封臣录】

韩国公李善长、魏国公徐达(追为中山王)、郑国公常茂(常遇春之子),曹国公李文忠(追为岐阳王)、卫国公邓愈(追为宁河王)、宋国公冯胜;中山侯汤和、延安侯唐胜宗、吉安侯陆仲亨、江夏侯周德兴、淮安侯华云龙、济宁侯顾时、长兴侯耿炳文、临江侯陈德、巩昌侯郭子兴、六安侯王志、荥阳侯郑遇春、平凉侯费聚、江阴侯吴良、靖海侯吴祯、南雄侯赵庸、德庆侯廖永忠、南安侯俞通源、广德侯华高、营阳侯杨璟、蕲春侯康铎(康茂才之子)、永嘉侯朱亮祖、颍川侯傅友德、豫章侯胡美、东平侯韩政、宜春侯黄彬、宜宁侯曹良臣、汝南侯梅思祖、河南侯陆聚;忠勤伯汪广洋、诚意伯刘基。

【洪武十年至洪武十二年封臣录】

西平侯沐英、信国公汤和、安庆侯仇成、永昌侯蓝玉(洪武二十一年改凉国公)、永平侯谢成、凤翔侯张龙、安陆侯吴复、宣德侯金朝兴、怀远侯曹兴、靖宁侯叶升、景川侯曹震、会宁侯张温、雄武侯周武、定远侯王弼。

第三章

君主集权
—— 除旧布新，乾纲独断

在封建社会当中,享国时间超过两百年,但又未曾如两汉一般产生过分代现象的中原王朝,仅有唐、明、清三者。这一点,让清代史学家赵翼颇为不解,他不禁感叹道:"不知主德如此,何以尚能延此百六七十年之天下而不遽失,诚不可解也。"

这里所说的"主德",指的是明朝皇帝之中多有怠懒怠政之人,其间最为典型的大概是能力不足的明英宗、热衷修道的明世宗、不上朝会的明神宗(并非不理政)、沉溺木工的明熹宗。

那么,为何明王朝还能延祚二百七十六年之久呢?是因为除了明朝晚期之外,武官没有造过反,农民没有起过义吗?当然不是,想要弄明白这个问题,也许我们可以尝试研究一下明朝的政府机构和职官制度。因为,对于封建国家来说,其经济、政治、军事机器的运转原理,较之皇帝自身的素质更为重要。

第一节　空印案和郭桓案

明初四大案，又称洪武四大案，分别指的是洪武九年（1376年）的空印案、洪武十三年（1380年）的胡惟庸案、洪武十八年（1385年）的郭桓案和洪武二十六年（1393年）的蓝玉案。其中，胡惟庸案与蓝玉案被合称为"胡蓝之狱"，是其中影响最大的两桩案件。

由于明初四大案涉及政治、吏治、经济等领域，它们势必对政府机构的设立和文武官制的改革产生影响，因此我们不妨先来了解一下，这是几个怎样的案件。

第一案，空印案。

"元时，官府府于文有先署印，而后书者，谓之'空印'。"当时，地方官员前往户部审核之前都会准备一张盖过印信的空白书册，以免账目不完全相符（钱粮在运输过程中本有不可预计的折耗，无法与户部账目完全对等），而导致重新造册，空跑一趟，延误时间。

公允地说，这办法虽不合法，但却合乎实际情况，无疑是一种灵活机动的做法。于是，明朝初年各个布政使司下属府州县，在派出人员前往京师户部对账之时，便相沿成习，不曾更易。

岂知，朱元璋在洪武九年时得悉此事，一时之间雷霆震怒，以为官员们懒惰荒政、勾结成奸，抱着杀鸡儆猴、移风易俗的想法，他下令诛杀了数百名相关官员。这个案件株连过广、用刑过重，甚至波及了方孝孺的父亲方克勤这样的廉能之士，而于移风易俗上并无实效，炮制这个冤案，可谓是得不偿失。

第三案，郭桓案。

在空印案中，朱元璋治的是官员们的懒病——他自认为的，而他亲手炮制的郭桓一案，则旨在惩贪。

"郭桓者,户部侍郎也。帝疑北平二司官吏李彧、赵全德等与桓为奸利,自六部左右侍郎下皆死,赃七百万,词连直省诸官吏,系死者数万人。"这是记载在《明史·刑法二》中的官方资料。

洪武十八年(1385年),朱元璋怀疑郭桓等人联合舞弊,中饱私囊。在严刑审讯之下,此案越扯越大,竟然牵连到了全国的十二个布政司,牵扯到了礼部尚书赵瑁等人,还有一些粮商、富户。按朱元璋"乱世用重典"的思想,这些人当然大多是要杀头的,而他处理完此事之后,还在《大诰》中议论说,这些蠹虫的胆子太大了!

且不论贪腐之罪是否至于杀头,单说此案的逻辑,便有一些蹊跷之处。因为实际缴纳的税粮没有明显减少,所谓的蠹虫们又从哪里去贪污钱粮呢?据说,是从粮商、富户那里强行征来的。所以他们也被判为协同犯罪,招致抄家灭身之祸。

彼时,"核赃所寄借遍天下,民中人之家大抵皆破",令人惨不忍闻。

第二节　从胡惟庸案,到蓝玉案

第二案,胡惟庸案。

明朝初年,统治阶层的内部矛盾,首先是在以李善长为领袖的淮西集团,和以刘基为代表的浙东集团之间展开的。这两个集团的成员,都有或大或小的从龙之功,不过因为政治、经济、军事上的资源,淮人对浙人形成了较大的优势。

对此,朱元璋施以帝王心术,一边重用淮人,一边令浙人监管淮人,以巩固自身的皇权。洪武六年(1373年),李善长推荐其同乡兼姻亲胡惟庸为右丞相。四年后,胡惟庸升为左丞相。客观地说,独断专行的胡惟庸还是有些水平的,但在他的主持之下,淮西集团的势力迅猛膨胀,包括刘基在内的能人,都每每遭受排斥构害。

当朱元璋发现胡惟庸竟敢不加奏报,就行使皇帝才能行使的生杀予夺之权,便下定了铲除胡党的决心。

洪武十二年(1379年)九月,朱元璋先寻机处死了右丞相汪广洋,下令查究胡惟庸及其在六部的党羽。四个月后,御史中丞涂节告发胡惟庸谋反之罪。其后,胡惟庸、陈宁和涂节等人皆被逮捕归案,处以极刑。

此案过后,余波经年未了。渐渐地,胡惟庸的罪名,在"擅权植党""谋反"之上,又增加了"通倭""通虏"这几条。罪名一多,牵扯的"同谋犯"也就越多了。朱元璋借此再度兴起大狱,株连蔓引,斩杀了《昭示奸党录》中所述的好几十家权臣勋贵,李善长作为胡惟庸的亲家,自然逃不过此劫。

第四案,蓝玉案。

洪武二十六年(1393年),锦衣卫指挥蒋瓛告发凉国公蓝玉谋反,朱元璋便借此族诛其三族,并再次大面积株连杀戮,遍及他所以为的对皇权构成威胁的功臣宿将。

应该说,蓝玉案和胡惟庸案的本质是相通的,他们一个是将,一个是相,并且都确实该死。虽然他们的谋反之罪可能子虚乌有,但藐视君王、广树朋党、进止自专的狂妄之行,却是有目共睹的。

于是乎,他们必死无疑。也不光是死,朱元璋还要借这两个案子,来铲除相权和军权对自己的威胁,以便于他实现高度的君主集权。所以说,空印案和郭桓案有关于吏治整顿和经济犯罪,而胡蓝之狱则是"一脉相承"的两个政治案件。

在蓝玉案中,大概有一万五千人因此丧命,朱元璋的铁血手段暴露无遗。其后,朱元璋又手诏布告天下,将一公、十三侯、二伯列入《逆臣录》中。

除了四大案,洪武年间受人关注的大案,还有一个"南北榜案"。

此案缘起于洪武三十年(1397年)二月的会试。当时,翰林学士刘三吾等人负责主持丁丑科殿试。到了发榜之日,大家都愣住了。原来榜上所录的五十一个士子,竟然全是南方人。这样的情形,有明以来从未出现过。

北方举子们十分不服气,遂联名上疏状告考官刘三吾、白信蹈收受贿赂,偏私南方人。朱元璋急忙命人复查,发现北人的考卷质量确实远逊于南人。不过为了拉拢北方士人,扩大统治基础,朱元璋将此案定性为科举舞弊案,并惩处了一大批人。

六月间,朱元璋亲自策问,重新录取了六十一人,包括韩克忠、王恕、焦胜等在内的士子,全为北人。此案一开以地域取士之先例,具有平衡南北政治的积极作用,是以"分榜"制度成了定制。至于它的消极影响,容后再说。(详见第二十八章)

第三节 三司分治,初揽大权

洪武初年,一切都还在摸索之中,朱元璋便暂时沿用前元的行政制度,在中央设置中书省,在地方开设行中书省。由于行中书省是由中书省分设出去的,其职官设置也与中央基本一致,故此容易造成干弱枝强的严重后果。

到了洪武九年(1376年),朱元璋与幕僚们对政府机构和职官制度展开了大刀阔斧的改革。他把行中书省改称为承宣布政使司——简称为布政司,分设左右布政使。布政司的行政区划与之前没有多大的区别,计有十三个之多。它们分别是浙江、江西、福建、广西、广东、云南、四川、北平、山东、河南、陕西、湖广、山西布政司。

至于后来的数量变化,则是因明成祖朱棣登位后,改北平布政司为北直隶,又增加交趾布政司、贵州布政司之故。再然后,明宣宗朱瞻基罢去了交趾布政司,全国范围内的布政司数量又恢复到了十三个。

有人说,从行中书省到布政司,不过是名称的变化,没有多大的实际意义。此语大谬。这两者,一个意味着从中央分出权限,一个却代表着地方集权于中央。因此,后人在口头上虽习惯于以前的称法——为了减省还唤作"省",但却无碍于其根本性质的变化。

为了进一步加强中央集权,朱元璋还特意采用"三司分治"的办法,设置了与布政司相平行的机构。原本,军政、财政、民政皆归于行省,而改制之后,由按察使、都指挥使分别掌管的按察司、都指挥使司,便分走了地方的司法权和军政权。它们互不统辖,各司其职,只听命于朝廷。

朱元璋犹不放心,又在布政司之下,设置了府(或直隶州)、县(或散州)这两级地方政府。有此安排,也是为着精简地方政府机构,提高行政效率。

第四节　废中书、罢丞相,提高六部地位

洪武九年(1376年),朱元璋将地方的管理权收归中央,可伴随而来的新问题却是,中书省的权力达到了顶峰,君权和相权的矛盾也日益加剧。

洪武十三年(1380年),朱元璋终于解决了困扰已久的相权问题。在此基础上,他直接废除了中书省,罢去了丞相之职,转将中书省的权力,分摊给其属下的六部——吏户礼兵刑工。

六部分别承担品秩铨选、田户赋税、典礼教育、军卫兵籍、刑罚政令(都察院和大理寺,负责稽查、审理复核,共号为"三法司制")、土木器物等职掌,它们如地方三司一般,只听命于皇帝,没有总揽政务的权力。

经过这样的机构职官改革,朱元璋以一人之身,身兼皇帝丞相的双重身份,得以独揽大权,乾纲独断。如此这般,封建中央的集权制度,也迅速攀升到了顶峰。

"诸臣未起朕先起,诸臣已睡朕未睡。何以江南富足翁,日高三丈犹披被。"据说,这是朱元璋的一首御诗。诗意浅显易懂,分明是在感叹自己太过忙碌,没享受过一天皇帝该享的福气。

的确如此。这个工作狂人,时常开设早午二朝,几乎每天都要批阅数十万字的奏章、召见朝觐的官员、告御状的百姓。由于政务太多,难免顾此失彼,朱元璋便将写上事项的纸条贴在龙袍之上来做提醒。微风一吹,远远望去,皇帝的身上倒像是长了羽毛似的,看起来也颇为滑稽。

此处,很有必要插入一句,朱元璋之所以在洪武六年(1373年)颁布以"诏禁四六文词"为核心思想的《文书式》,在洪武九年(1376年)打了刑部主事茹太素一顿板子(奏事时说了一万多字废话),主要是因为那些个冗文浮言,实在太有损于他的"身心健康"了。

在过去还有帮手一起裁决政事,如今全靠自己的意志和体力,朱元璋一边品咂着独裁滋味,一边暗自头疼恼怒,没过一年时间,他想出了一个办法,那便是一套四辅官制度。

朱元璋以春夏秋冬四季为其官名,他要求四官分别在四时前来协理政务,同时还设立两三位官员,每十天视事一次。在发现这套办法行不通之后,朱元璋又赶紧废止了它,而在洪武十五年(1382年)设置殿阁(明成祖朱棣时始称"内阁")这样的机构,以华盖殿大学士、文华殿大学士、武英殿大学士、文渊阁大学士、东阁大学士等官员,来充任自己的秘书。

那么,朱元璋就不担心他们的存在,会分割自己的权力蛋糕吗?终其洪武一朝,这种现象没有在独裁者的身上出现过。因为,内阁大学士们,原本只是品级较低的编修、检讨、讲读这样的小官员。他们的工作,不过是帮助皇帝阅读奏章,负责起草文书而已。至于参政、议政,那是不可能的事。

总的来说,洪武年间的政府机构和职官制度,皆具有"政皆独断"的性质。它是中央集权制度的必然产物。

第五节 《大明律》和《御制大诰》

《大明律》,是秉持"重典治国"理念的朱元璋,在总结前朝法律的施行经验上(例如,刑法渊唐)编修而成的明朝最主要的法典。其编排体例、刑名,较之过去有所变通和调整,较为重视各部门法的相对独立性。

更为值得肯定的是,这部长达三十卷的《大明律》一定程度地扩大了民法的范围,对于人身地位的变化予以关注。比如,在《户律》卷中,便有对于男女双方都有取消婚礼权利的规定。总的来说,《大明律》是中国法制史上具有划时代意义的法典。

《御制大诰》又称《明大诰》,是《大明律》之外,以"明刑弼教"为指导思想,以官民犯罪的典型案例形式出现的,带有特别法性质,可以弥补律文之不足的重刑法令。

作为一部朱元璋亲自编纂的法令条例,它承载着统治者向民众普及法律的殷切希望,故而很快走进了各级学校的课堂。其间,惩治贪官与豪强的内容占了大量篇幅。

【小贴士】

【开中法和纲盐法】

在吸取前元私盐泛滥教训的基础上,明朝开始推行"开中法"。

"开中"一称,来自洪武三年(1370年)时,政府为了解决山西等边地的军粮问题,先募集商人运粮换取盐引,再以此领盐,在指定地区运销的新尝试。其流程大致分为报中、守支、市易这三步。

此法之本质,即是政府将盐业专卖的部分利润转予民间,以换取盐商、百姓对边疆军粮的供应。为能就地入仓换取盐引(长途运输折耗较大),盐商们必须积极地垦地种粮,发展商屯。如此自能补兵屯之不足,从而保障九边三卫的军粮储备,推动边疆地区的开发。

除用粮米换取盐引之外,布绢、银钱、马匹等物也可作为开中法的"中介"。由此,中盐之法发展到后来,便被细化为纳钞中盐法、纳马中盐法、纳铁中盐法、纳米中茶法、中茶易马法等。出于军事防御的需要,开中法执行了百年之久。为推进开中法和维持纸币信用,明政府还在短时间内施行"户口食盐法"这种官运官销的官卖制。

万历晚年,入纲的盐商才能经营食盐的纲盐法取代了开中法。这种资格认证,具有世袭性和垄断性。究其变革之因,主要是折银之法兴起、盐引一再壅积、商屯遭到破坏等故。

第四章

——将不专军,军不私将

军兵并存

因为明朝的军事制度较为复杂,笔者特意将其从前两章中抽取出来单独介绍。

明朝的军事体系,是以卫所制为基本编制的。卫所制和京营兵制,是明朝军事制度中最为值得研究的部分。到了明朝中后期,由于卫所制已趋衰落,无法适应当下的军事需要,故此在全国范围内,又逐渐出现了京师以外的营兵制。

营兵制下的军队,其职分归属和人数多寡,视其执行任务而定,没有确制。比如,标兵营(总督、巡抚、总兵的亲兵)、奇兵营(由副总兵直辖)、援兵营(重于增援)、游兵营(机动作战,防区不定)、守城兵、敦军(防守于九边的敦堡)和夜不收(负责侦察)……

第一节 "权不专于一司"的五军都督府

五军都督府的前身是大都督府,它是统领全国军队的最高军事机构,故对于明朝军事制度的介绍,要先从这里开始。

元朝至正二十一年(1361年),朱元璋设大都督府(初为统军大元帅府,又改枢密院),以节制中外诸军事。我们知道,为了达到封建王朝的高度集权,朱元璋在铲除胡惟庸之后,在洪武十三年(1380年)当年,就废除了中书省,罢去了丞相。同样,他不可能只解除相权,而不提防军权,故此,他也即时调整了军事机关的建制。

关于将大都督府一分为五,设中军都督府、左军都督府、右军都督府、前军都督府、后军都督府的做法,用朱元璋自己的话来说,是"权不专于一司,事不留于壅蔽",这话倒也实诚。

就管理范围而言,五府分领亲军指挥使司之外的各卫所,以及分驻全国各地的行都司卫所。必须注意的是,以奴儿干都司(辖三百八十四个卫所)为代表的土官卫所,不是正规卫军,不受五府管制。(详见附录四)

洪武十三年以后,朱元璋仍然在不断完善五府制。到了洪武二十三年(1390年),朱元璋又罗织了蓝玉案。这一次,他重拳出击,又在一定程度上解除了军权对君权的威胁。要怎么做才能将军权牢牢攥在手里呢?

朱元璋想出了一个办法。那就是不让五府调兵。

改制以后,五军都督府和兵部之间,呈现出互相牵制不相统属的关系,他们都只对皇帝负责。前者具有统兵权而无调兵权,后者拥有调兵权而无统兵权。故此,一旦有战事发生,皇帝便会同兵部临时任命将帅,征调五军都督府所辖的卫所兵士一起出征。事毕

之后,总兵必须及时将配印还归朝廷,卫所兵也得乖乖地回到卫所去。这样一来,"将不专军,军不私将",武官几乎没有造反的可能性。

正如《明史·职官志》所言,"凡军制内外相维,武官不得辄下符征发",五军都督府只掌管所辖卫所驻军的军籍、军政,也就是养兵。可是,问题来了,尽管兵部不养兵统兵,但他们如果在颁印时使什么绊子,负责用兵的将领也不能好好地调派五府之下的卫所兵。或许这便是后来兵部能凌驾于五府之上的原因——另一个原因是卫所制受到破坏。

因此,五军都督府的存在,虽然分化和掣肘了军权在握的将帅,使之难以拥兵自重、造反生事,但它同时也降低了武官的地位,削弱了明朝的军事力量。《明史·兵志》评曰:"积轻积弱,重以隐占、虚冒诸弊,至举天下之兵,不足以任战守,而明遂亡矣。"

第二节　京营和上直卫的亲军指挥使司

顾名思义,京营便是明朝的京军编制。

京营是在明朝初年时设置的,理论上隶属于大都督府,也就是后来的五军都督府,但它们却更像是皇帝的直属军。到了永乐年间,京营又被称作三大营,这是因为明成祖朱棣将其分设为五军营、三千营和神机营。

先来说说从四十八卫,发展到七十二卫(明成祖迁都后)的五军营。

五军营指的是中军、左掖、右掖、左哨、右哨这五支军队,共有马军、步军两种兵种,人数较多。是以,其编制的构成,比起三千营和神机营要复杂一些。

其间,不仅有在京卫所的士兵,还有一些灵活机动的班军。所谓班军,指的是按照一定顺序,从山东、河南、大宁等都司调来京师,轮番操练的军队,人数在十六万左右。有时候,营兵中的游兵营,也会承担入卫京师和轮番戍守边镇的责任。

陆容在《菽园杂记》中记载道:"有曰大营、曰围子手、曰幼官舍人营、曰十二营,皆五军营之支分。"意思是说,在五军营之下,还有十二营(执掌随驾马队)、围子手营(执掌上直叉刀手及京卫步队官军,算是外围的亲卫)、幼官舍人营、殚忠营、效义营等组织单位。

据《明英宗实录》来看,后三者的主要构成,是在军籍而不到军龄的少年,他们不占军额,不隶于卫所,严格说来只是三大营的后备士兵。

如果皇帝要出巡亲征,那么神机营便被安置在最外面,三千营居中,五军营则须环守在皇帝大营,所以说,他们是名副其实的主力军。

再来说说人数不止三千人的三千营。

三千营的得名,来自三千名蒙古骑兵,他们是深受重视的军中精英。这支骑兵部队的人数并不多,但却以其悍勇富冲击性的优点,承担着突击敌人的责任。三千营下又分五司,各司其职。到了嘉靖年间,发展到七万人规模的三千营,更加"名不副实"了,朱厚熜遂将其名改为神枢营。

最后来说说,名头听起来最帅气的神机营。

永乐八年(1410年),朱棣远征安南(交趾,今越南)时,偶然习得神机枪炮法。朱棣对此十分重视,不久后就创设了专掌火器的特殊兵种——神机营。因为欧洲最早的火枪兵,比之神机营也要晚上百年之久,所以我们可以自豪地说,神机营已经领跑了全世界的独立枪炮部队。

为了提高火器的应用率,增强神机营的作战效果,朱棣在亲征漠北的战争实践中,摸索出了一套"神机铳居前,马队居后"的作战方略,就此,拥有火枪、火铳、火绳枪这样优良装备的兵种,成了直接受皇帝指挥的机动部队。

一般来说,神机营肩负着"内卫京师,外备征战"的职责。因为得到了"谭家马"统领谭广(据说十年未尝一败)所训练的五千匹好马,后来,朱棣又在神机营下附设了五千营,这支军队的执掌,是管理操演火器和随驾的马队官兵。

迁都之后,朱棣在两京都设置了京营,自此以后三大营的规制日趋完善。至于上直卫的亲军指挥使司,则须护驾左右、护卫宫禁,其成员皆为遴选而得的精卒良将。

上直卫的亲军指挥使司一共有二十六个卫,可被分为"金吾前卫、金吾后卫、羽林左卫、羽林右卫、府军卫、府军左卫、府军右卫、府军前卫、府军后卫、虎贲左卫、锦衣卫、旗手卫","金吾左卫、金吾右卫、羽林前卫、燕山左卫、燕山右卫、燕山前卫、大兴左卫、济阳卫、济州卫、通州卫、腾骧左卫、腾骧右卫、武骧左卫、武骧右卫"这两个类型。

其中,第一个类型——前十二卫是在洪武年间设立的,他们连同第二类型的亲军指挥使司(永乐、宣德年间增设),皆为皇帝的亲卫,直接听受皇帝的命令。

第三节 卫所制和九边三卫

通过先前的两个小节,我们可以看到,明朝的卫所虽然很多,但若按其隶属单位来划分,只分为上直卫的亲军指挥使司和归五军都督府管辖的卫所这两个大类。

这一节,我们来了解一下后者。

我们通常说的卫所制,这里头的"卫""所"其实是个合称——卫下设有千户所、百户所、总旗、小旗等编制。平日里,卫军也不单单只负责防守的工作,依照他们不同的职分,卫军包括了屯垦卫、驻守卫、戍军卫、护卫等不同类别,其最高长官为指挥使。

据有关资料显示,明朝卫军的数量一直都在两百万人以上,到了中后期,其编制更是突破了两百六十万人的大关。这么庞大的机构,是如何保障它的兵源的呢?之前说过,明朝的军籍是世袭的,所以,兵农合一、屯守兼备的制度,便将军户钉在了卫所之上。

这种做法的缺点是显而易见的,如果人们打从出生开始便被限死了阶层、身份,那么,这个社会的结构只会日趋板滞,它的活力也会因此而逐渐丧失。不过不可否认的是,世袭的军籍制度,确实能保证兵源的供给。

在这里,必须说明的是,明朝的卫所制度,是在吸收宋元兵制的基础上,仿照唐朝府兵制而勘定的。原来,朱元璋建立王朝之后,不再使用以往的募兵制来招募兵源。只不过,在宣德之后,军屯、卫所制度逐渐废弛,募兵制便开始抬头,有了取而代之的趋势。

土木之变后,兵源严重缺乏,致使大规模的募兵行为涌现出来。不过,从正德年间的募兵看来,临时招募的士兵,一般归营伍管辖,很少补为卫所军(补额的情况除外,代管是另一码事),他们的编制素来是各归各管,互不相干。嘉靖以后,募兵的数目大得惊人,就以剿平东南倭患为例,政府前后雇用了十余万募兵。只是,此时却没有先前那么大的优免幅度,只免去差徭而已。

《明史·兵志》说:"终明之世,边防甚重。"为了防御蒙古人和女真人,明王朝做出了如下部署:

一是修筑长城,加固防线;

二是设置了辽东、蓟州、宣府、大同、山西、延绥、宁夏、固原、甘肃这九个边地重镇,并以重兵把守;

三是设立了许多羁縻卫所,对于降附的异族首领,可予其高官厚禄和独立管理内部事务的优待,当然他们也必须定期向明廷朝贡,甚至是配合明王朝的军事行动。

在羁縻卫所之中,蒙古地区的泰宁、福余、朵颜三卫(统称为兀良哈三卫或朵颜三卫)最为有名。

第四节　逐渐定型的武举制度

中国古代的武举制度创始于唐代。

当年,武则天先行文举,选拔了不少经世之才。在长安二年(702年),她又诏令兵部主持武举考试,以选拔将才。这次武举考试的考试科目,计有马射、步射、平射、马枪、负重、摔跤等,不难看出,史上第一次武举考试,着重于考察武生的武力值和军事技术。

比较有意思的是,唐人在选拔武官之时,还有"躯干雄伟、可以为将帅者"的讲究。这是说,如果武生长得有些抱歉,那么他们可能很难入围,或者说很难取得较好的名次。

到了两宋时期,宋神宗钦点福建人薛奕为史上第一位武状元。宋人在武举考试中,又增加了考问军事策略的科目,这是较为符合两宋文治天下的治国理念的。当然,也正是在这种思想的影响之下,武举制度时兴时废,武生也不如进士那么吃香。

到了明朝,不仅要考察武生的军事策略,还在考试的顺序上,注重"先之以谋略,次之以武艺"。也就是说,如果考生不能通过笔试,便不能再继续参加考试。这个笔试,时称"答策",前期考"四书"和试策,后期改"四书"为《武经七书》(《孙子兵法》《吴子兵法》

《六韬》《司马法》《三略》《尉缭子》《李卫公问对》)。

如此说来,明朝将领的素质一定很高吧?其实未必。因为武举选将只是作为武官世袭制的一个补充形式,大量武官承袭世荫,并不需要通过武举考试来获得官位。

据史料分析,明朝的武举创制时间还是很早的,但其施行制度却迟迟没有确定下来,私以为,这与明朝初期的武官世袭制不无关系。

《春明梦余录》中道:"初制,饬武之道,惟重世官;养材之方,惟练应袭。故令官舍随营操备,无所谓武举也。天顺八年,始开武举……及嘉靖间,此途渐重。"

必须说明的是,正统六年(1441年)时,朱祁镇已御准开设京卫武学,但却没有立设武举,而天顺八年(1464年)虽立武举,当时却又无人应举。

的确如此,直到成化十四年(1478年),朱见深仿照文举设置乡试、会试两级武举考试开始,其制度才算真正定型。至于武举殿试,一百多年间只开过五科,且皆集中在崇祯四年(1631年)至崇祯十六年(1643年)之间,这应该是因为"锐意重武"的朱由检,想要匡复祖业,故格外重视选拔将才。

到了弘治六年(1493年),朱祐樘规定武举时间为六年一次,后来又改为三年一次。到了万历晚年,还有人提议兵法、天文、地理三者并考,这种考法,理论上能选出素质更为全面的将才,可惜未被采纳。

说到将才,万历二十六年(1598年)的进士熊廷弼,虽以文举走上仕途,但却仍然可被视作一大将才。原来在弃武从文之前,他本是一个"身长七尺,有胆知兵,善左右射"的武人,还中过湖广武乡试第一名。这么说来,他完全当得起"三元天下有,两解世间无"的

自我评价。无怪乎,他能联合朝鲜牵制后金,拖缓其进犯步伐呢!

【小贴士】

【藩王和塞王】

朱元璋吸取前朝的经验教训,认为"天下之大,必建藩屏",如此才能"上卫国家,下安生民",确保明王朝的长治久安,因此,早在洪武三年(1370年)四月间,便开始分封宗王。藩王们有的驻守在腹里,有的扎根于塞地——被称为塞王,他们不但各有封地王府,享有设置官属的权力,还拥有极大的军事指挥权,只是不能干预地方民政而已。

明初的藩王们,日常要负责筑城屯田、调训兵将、巡视驻防等工作,故而待遇优渥,地位尊崇,仅次于皇帝太子。每个王府内,都设有亲王护卫指挥使司,其护卫甲士三千至一万九千人不等。而辽、宁、燕、谷、代、晋、秦、庆、肃九王,因为承担着防御外敌之责,理所应当地据有更多的护卫甲士。比如燕王朱棣拥兵十万,而宁王朱权也"带甲八万,革车六千",并掌管着朵颜三卫。

第五章

——靖难之役
削藩不慎，满盘皆输

按照宗法制度,有资格成为大明储副的,无疑是朱元璋的嫡长子朱标,然而朱标中年早逝,朱元璋便册立朱标之次子朱允炆为皇太孙。洪武三十一年(1398年),年仅二十一岁的朱允炆继位称帝,次年改元"建文"。建文帝践登九五之后,对其叔辈藩王们展开了连番打击,意在削藩固权,然而事与愿违,最终激起了靖难之役,乃至于丧失君位,下落不明。

平心而论,朱允炆主张"仁义化民""仁德治国",至少可以做个富于人情味的守成之主,但他因削藩不慎,成为皇权之争的输家,岂不惜哉?孟森在《明史讲义》中说:"果不主削藩,自当权有无强宗之利害;既主削藩,则贾谊之说、主父偃之谋不可废也……此不能不谓帝之暗,亦诸臣之疏也。"此言得之。

第一节　朱标的死因

在明朝万历进士何乔远的《名山藏》中,曾载有一事。

朱元璋晚年严酷暴戾,屡开杀戒,太子朱标心有不忍,便劝谏说:"陛下杀人过滥,恐伤和气。"到了第二天,朱元璋有意让太子捡起地上的棘杖。太子不明所以,且面露难色,朱元璋便趁机以此为喻,说自己做的正是帮他拔刺的事。谁是棘杖,谁是荆刺,不言而明。

朱标却不以为然,说道:"上有尧舜之君,下有尧舜之民。"意思是说,皇帝若是不贤德,臣民也贤德不到哪儿去。听了这话,朱元璋那叫一个气不打一处来,若不是朱标跑得快,一定会被他扔来的椅子砸中。

由此看来,父子俩因为性情和治国理念的不同,产生了诸多摩擦。朱标英年早逝,有很大一部分因素,在于压力过大。无独有偶,明末清初傅维麟在《明书》中,也曾说朱标是郁闷死的。

那么朱元璋对朱标施加的精神压力,是否就是他早亡的主因呢?应该说,这个说法或有一定的道理,但从朱元璋后来倾向于朱允炆的做法来看——固然有嫡长制的考虑——他是希望继任者以偃武修文的思想来治理国家的。

简言之,朱允炆像朱标,他们虽然荏弱忠厚,但却恰好符合一个守成之君的特点。乱世需用重典,那是在洪武初年,而如今的大明天下,物阜民丰熙熙和乐,已非昔日可比。

宽严相济的道理,朱元璋自然懂得。

从一开始,朱元璋便按照仁君的模子,对太子进行打造。包罗万象的大本堂(图书馆)、德高望重的硕彦名儒、才华横溢的诸多伴

读(国子监学生)……无一不表现出朱元璋栽培太子的良苦用心。

试问,朱元璋的初衷,便是将天性善良宽仁的太子,培养成一代仁君,他又何须因为对方的儒者之风而气恨难消呢?因为摩擦而大动肝火的事情应该是有的,但他自己已经拔去了那些荆刺,便没有必要再对太子施加过多的压力了。

洪武十三年(1380年),宋濂一家被扯进胡惟庸案中,幸得朱标及马皇后力保,才幸免于死(次年死于徙途)。洪武二十四年(1391年)八月,朱标受命巡抚陕西,兼调查风评极差的秦王朱樉。如果没有朱标的说情调解,朱樉将会受到更严厉的惩罚。

朱标二十二岁时,已经"日临群臣,听断诸司启事,以练习国政",相信假以时日,他必能实现他推行"宽通平易之政"的理想。

然而,事与愿违的是,洪武二十五年(1392年)五月间,朱标病薨了——或因风寒。朱元璋痛失爱子,悲痛不已,祔葬其于孝陵东,谥为"懿文太子"。

第二节　天下归心,宜登大位

洪武十年(1377年),懿文太子朱标的继室吕氏生下了朱允炆,被朱元璋视为嫡长孙(原配常氏所出的朱雄英已夭折)。朱标是善良宽仁之人,朱允炆亦是聪敏孝顺之子。无论是侍疾榻前,还是戴孝守丧,朱允炆都恪尽其分,堪为孝子贤孙的典范。

朱元璋见他水米不进、形销骨立,便安慰道:"而诚纯孝,顾不念我乎。"洪武二十五年九月,朱元璋听取刘三吾等人的建议,将朱允炆立为皇太孙。此事距离朱标病亡不过四个月,可见朱元璋对于再立储副一事没有多少纠结。

朱允炆儒雅仁柔,颇肖其父。洪武二十九年(1396年),朱允炆在研习《礼经》及历朝刑法的基础上,向祖父提出修改《大明律》的意见,关涉七十三条过分严苛的条文,此为一大善举,"天下莫不颂德焉"。

洪武三十一年(1398年)闰五月,朱元璋驾崩,临崩前,他密令宁国公主驸马梅殷等人辅佐皇太孙朱允炆继位。遗诏中称"皇太孙允炆仁明孝友,天下归心,宜登大位。内外文武臣僚同心辅政,以安吾民","诸王临国中,毋得至京师"。

按说,诸王入京为父哭丧,是人伦常情,但朱元璋的这个做法,却是于情不合、于势有利的一个选择。简单说来,是因为他悲哀地发现,他的儿子们并不那么重视亲情。

原来,朱元璋晚年,秦王朱樉和晋王朱㭎皆已离世,燕王朱棣便是诸王中最为年高德劭而又功勋卓著之人。从《太祖本纪》中"三十一年五月戊午,都督杨文从燕王棣、武定侯郭英从辽王植备御开平,俱听燕王节制"的记载来看,朱棣时为诸王之首,当无异议。

相权、军权和王权,历来都是皇权的最大威胁。本来,朱元璋已经废除了宰相制,改革了军制,而他对于血脉相亲之人,历来是抱有信心的。这样的心态,从他把提议削藩的山西平遥县训导叶伯巨下狱一事上,就不难看出一些端倪。

"洪武九年上书,称天下可患者三事:分封太侈、用刑太繁、求治太急。太祖盛怒,谓其离间骨肉,下刑部狱,瘐死。"事实证明,雄健果毅的藩王们,也许曾是朱元璋的蜜糖,但对于文弱的朱允炆来说,他们又是砒霜一般的存在。

那么,朱元璋是在什么时候开始怀疑起他的藩王儿子的?

相传,朱棣曾在某个私下场合,对朱允炆说:"不意儿乃有今日。"这话听得朱允炆心里很不舒服。又有一轶事说,在一次狩猎

的间歇,朱允炆曾有意问他祖父,如果将来有人造反,他应该如何应对。朱元璋说可以派藩王去平乱,但当对方问及若是藩王们造反又当如何之时,他便有些默然无语了。

多年来,对于藩王势大的问题,朱元璋有所觉察也有所压制,但他毕竟有着慈父心肠,他之所以在临崩前留下那样的遗诏,也是出于维护亲亲之情的考虑。

第三节 废削五王,激化矛盾

洪武三十一年(1398年)六月间,朱允炆在南京即位,时年二十一岁。甫一上台,朱允炆便任用兵部侍郎齐泰为尚书,翰林撰修黄子澄为太常卿,参掌机要。一番密议之后,朱允炆认为藩王势力尾大不掉,已对他的统治产生了极大威胁,因此便以雷霆之势,向周王朱橚展开了袭击。

当年,他以"以德怀之,以礼制之,不可则削其地,又不可则废置其人,又其甚则举兵伐之"一语来回应祖父,但在实际操作中,却没有秉持他一贯的"仁明孝友"的作风。

不过,我们也不可简单地用"虚伪做作""帝王心术"一类的词来判定他的做法,当王权侵害到皇权之时,他也只有削藩一途可走。

可问题是,削藩要怎么削,才能真正稳妥易行,遂心如愿?高巍认为,应该效法推恩令,让藩王的后人慢慢消化掉祖辈的势力;而齐泰和黄子澄则认为时不我待,当下必须以强硬的手段来削藩。最终,朱允炆采纳了黄子澄的意见,先剪断燕王朱棣的羽翼——周王朱橚是他的同母弟,以形成威慑力,然后徐徐图之。

应该说,齐泰所说直接拿枪头对准朱棣的办法会更为有效,因为有个词叫作"打草惊蛇"。遗憾的是,朱允炆不敢先拔最为棘手的荆刺,反倒令其生出了戒心,并且有机会组织抗击力量。这是年轻皇帝在削藩决策上的一大失误。

有道是"欲加之罪何患无辞",何况藩王们平日里多少做过一些为非作歹的事情,于是,周王朱橚、代王朱桂、湘王朱柏、齐王朱榑、岷王朱楩在一年之内相继被废贬。值得一提的是,朱柏是个暴脾气的"文艺愤青",他可不想以"私印钞票"的罪名被定罪,一怒之下,竟然"阖宫焚死",拒不受辱。

得知朱棣举兵之后,朱允炆特意叮嘱北征之将,"毋使朕有杀叔父名"。这样的交代,也应该与湘王自焚事件有关,朱允炆毕竟戴着仁孝的面具,他不想自己打自己的脸。

只是此言一出,又有几个人真敢对燕王下狠手呢?此为建文帝的又一大错。

第四节　必举兵诛讨,以清君侧

朱允炆削藩过速,作为名副其实的诸王之首,朱棣自然惶惶难安。

洪武三十一年(1398年)底,朱允炆以工部侍郎张昺为北平布政使,都指挥使谢贵、张信为北平都指挥使,都督宋忠屯兵开平。他又调走了朱棣所辖的军队,扣押了他的三个儿子。朱棣见势不妙,便以装疯称病的办法为自己争取举事的时间。建文元年(1399年)初,朱允炆将燕王三子放回北平——这是他犯的第三个错。

没有投鼠忌器之患,朱棣终于可以放胆一搏了。这年七月间,他与道衍和尚(姚广孝)诱杀了张昺、谢贵,处决了府内叛变的葛诚、卢振。虽然只有不足一千的兵马,朱棣也决定先发制人。

朱棣举事,有一个好听的名头,叫作"靖难"。早前,朱元璋便在《皇明祖训》中说:"朝无正臣,内有奸逆,必举兵诛讨,以清君侧。"但他又说,"清君侧"的前提是,皇帝有诏,并且,藩王除逆后五日内须离京。

这样的说法,是为了戒防权臣窃权之祸。而朱棣在利用太祖成法时,却只选择于己有利的那一条。"清君侧,靖国难"的口号一经提出,便直指朝中齐黄二人,具有一定的煽惑性。

在三年多的靖难之役中,朱棣每每剑指"朝中奸逆",而朱允炆为了平息舆潮,竟然将其罢官贬职(明贬暗用),岂不落人口实,承认他任人唯奸?这是朱允炆的第四个失误之处。

朱棣起兵后,当晚便攻下了北平九门。在已控制北平城的基础上,朱棣只花了不到一个月的时间,便得到了北面的居庸关、怀来、密云,和东面的蓟州、遵化、永平等州县。如此一来,周围的威胁势力尽数扫清,兵力也激增至数万。

第五节 偷袭大宁前后

燕军攻破怀来后,谷王朱橞直奔京师,齐泰建议对辽王、宁王削藩。辽王乖乖听话,立马从海路返京,而"带甲八万,革车六千"的宁王却拒而不从,被削了护卫。但宁王朱权拥有骁勇善战的朵颜三卫,不但足以自卫,而且还令朱棣垂涎三尺。

这也为朱棣骗兵整编一事埋下了伏笔。

由于朱元璋拔去了过多的荆刺,如今能为他孙子出力的元功宿将已寥若晨星。朱允炆无人可遣,便将本来擅长防守的长兴侯耿炳文委派为伐燕总兵,驸马都尉李坚为左副将军,都督宁忠为右副将军。

按说,官军既有十三万军队(号称百万)数路并进,又有山东、河南、山西三省提供军饷,他们应该能轻而易举地克敌制胜。更何况,在耿炳文的部署下,真定、河间、鄚州、雄县互为掎角之势,牢不可攻。

可令人跌破眼镜的是,朱棣趁着中秋之夜军情懈怠之时,先后偷袭了雄县、鄚州,并收编了官军残兵。再加上耿炳文输了滹沱河一战,退守于真定城中,故而官军士气大丧。

但别忘了,耿炳文擅长防守,如果假以时日,未必不能扭转败局。而事实上,官军在真定固守不出,燕军攻之不下,已经撤返北平了。从战术上来说,燕军怕的就是持久战,耿炳文的做法不是没道理。

可是,朱允炆又出一个昏招,听从黄子澄的建议,急着让曹国公李文忠之子李景隆取代耿炳文。听说新的对手是"寡谋而骄,色厉而馁"的纨绔子弟,朱棣已是喜不自胜了,再看那人将五十万兵马都驻扎在河间的做法,他便忍不住点评李景隆犯了兵法五败——政令不修、水土不服、深入趋利、智信不足、专任小人。

为了诱敌深入,朱棣"对症下药",一方面亲赴永平,撤去卢沟桥的守兵,故意令其以为北平空虚,乘虚而入;一方面又让智囊道衍和尚协助世子朱高炽留守北平。

朱高炽谨记父命,一心坚守不出,拒敌于外,为朱棣赴援永平和偷袭大宁一事赢得了宝贵的时间。当然,此计还是有一定风险的,如果李景隆成功攻下了北平,朱棣便会陷入"赢了夫人也折兵"的窘境。可惜的是,李景隆自己指挥失当攻城无力也就罢了,偏偏还嫉贤妒能,让杀入张掖门的都督瞿能慢慢等援军。

战事瞬息万变,这是能等的吗?错失时机的官军,最后得到的结果是,燕军泼水成冰,他们无法攀墙攻城。时间这么一延挨,朱

棣已经挟持了朱权,整编了朵颜三卫的有生力量,如虎添翼了。

第六节　从郑村坝之战到夺取济南

十一月里,双方在郑村坝展开了激战,官军丧师十余万人。惨败之下,李景隆急令残兵轻装撤退,但又来不及通知围攻北平的官军去收捡,是以,无形之中便将数十万人的辎重尽数留给了燕军。

李景隆灰溜溜地退守德州,决定来年开春再战,但却敌不过朱棣的诱敌伎俩,遂在大同一带疲于奔命,士气虚耗。反倒是朱棣在建文二年(1400)二月间,收降了保定府,收编了一股蒙古兵,又"发了一笔横财"。

白沟河会战之时,已是这年的四月了。因为官军的先锋平安是朱棣的故人,瞿能父子十分给力,郭英也在必经之路上埋了地雷,所以,朱棣吃了大亏。次日,朱棣急中生智,跃上河堤,举鞭佯作招呼援兵。就这样,李景隆中了朱棣的疑兵之计,而朱棣则为自己争取了一线喘息之机。

接下来,一阵天风吹来,刮断了李景隆的帅旗,导致官军大乱。朱棣伺机而动,阵斩了瞿能父子,逼退了郭英、李景隆。他们一个向西跑,一个向东逃,根本无暇顾及大量辎重和士兵。朱棣收获降卒十万,再攻德州、济南,生生将李景隆逼出济南。

朱允炆见李景隆不成器,十月间将其召回责骂,但却没有因他丢盔卸甲折损大军之事而真正问罪于他。将有过而不罚,君主如何立威?朱允炆因私废公宽纵罪将,这是他在靖难之役中的又一大失误。

济南被燕王围困已久,幸好左都督盛庸和山东参政铁铉合力守城,扛住了压力。五月间,铁铉诈降诱敌,险些击中朱棣,可惜城门的铁板落得太快,朱棣再次赢得了生机。

朱棣死里逃生,怒不可遏,对军事要地济南更是志在必得。岂料,对方竟拿出一些写有"高皇帝神牌"字样的神牌挂在城头,让他没有胆量再炮击济南。原因很简单,一个以"靖难"为义举的藩王,是不可以无视先父的"存在"的。

第七节 难得的东昌大捷

七月里,平安破坏了燕军的粮道。盛庸、铁铉在八月中旬,追击撤退中的燕军,一气收复了德州。朱允炆振奋不已,将铁铉一升再升,终至兵部尚书;又封盛庸为历城侯,平燕将军。

官军重获德州、定州、沧州之后,面对诡计迭出的对手,盛庸在东昌(今山东聊城)与燕军决战,也设置了大量的火枪、毒弩。此战中,朱棣不但中计受困,还损失了心腹爱将张玉,悲伤得无以复加。

建文三年(1401年)正月十六日,朱允炆得到了东昌大捷的喜讯。这一战,是官军在靖难之役中所获的第一次大胜利,朱允炆一高兴,便恢复了齐泰、黄子澄的官职。

哪知,朱棣是个越挫越勇的人,痛定思痛之后,他先后赢得了夹河、藁城之胜,重新掌握了战场的主动权。蹊跷的是,在这两次会战中,突来的大风都帮了朱棣的大忙,倒似受他指挥一般。

综合三次大风相助之势,朱棣的想法只有一个:天命在我!

实力强大,又信心爆棚的朱棣,在往后的南下途中,又收编了顺德、广平、大名的将士,斩断了南军饷道,打击了突袭永平的官军。

第八节 南下作战,成为最后的赢家

现如今,朱棣虽赢得了无数战役,但却只据有北平、保定、永平三个府,这成绩未免有些"叫好不叫座"。得到南京城内太监的密报,朱棣惊喜地得知,南京城内防守空虚。在智囊们的参谋下,他的思维也活络起来,不再死磕济南,而选择南下作战。

事实证明,战略对了,战果就大了。

建文三年(1401年)冬,朱棣举兵南下,先在馆陶渡河,再一路攻陷东阿、东平、汶上、沛县,火速抵达了徐州。徐州攻之不下,朱棣便继续南下,不再纠缠于此。

因有魏国公徐辉祖等人的援兵,官军赢得了齐眉山(灵璧县西南三十里)之战的胜利,时在四月二十二日。然而,徐辉祖又被急召回京,朱棣得以整顿军容,终于赢得了灵璧之战,生擒了包括陈晖、平安在内的三十七员大将。

于官军而言,这次的损失是空前的,短期内他们很难再次发起大规模的战争。燕军乘胜而下,直往东南方向突进。建文四年(1402年)五月里,朱棣击败盛庸,攻克盱眙,扬州望风而降。

之前,朱允炆就多次遣使求和,这次也不例外,甚至还派出了庆成郡主(朱棣的堂姐)这个重量级的人物,提出了割地的条件。然而朱棣已经识破了他的缓兵之计。当庆成郡主听他说出"此奸臣欲姑缓我,以俟远方之兵耳"这话时,已知其意在天下,只能无功而返。

六月初,在次子朱高煦的死战之下,燕军再次击败盛庸,战胜了官军最后一支水军,自瓜洲渡江而去,进抵镇江。初八那日,燕军驻扎于龙潭,距离南京不过三十里之遥。可以说,只需再走一步,京城便是他的囊中之物了。

朱棣誓师渡江,京中人心惶惶。依方孝孺之见,皇帝不能弃城而逃,而应以城中的二十万兵力坚守城池,等待增援——齐、黄已外出募兵,同时再派人谈判,投以烟幕弹。

接下来的两日,李景隆、茹瑺和谷王朱橞、安王朱楹分别负责谈判,但均以失败告终。朱棣始终将"靖难"二字挂在嘴边,似乎非得揪出朝中奸逆不可。

到了六月十三日,燕军直逼南京城下。徐辉祖之弟徐增寿欲为内应,被朱允炆亲手诛灭。饶是如此,负责守卫金川门的朱橞和李景隆,已经为朱棣打开了城门。

李景隆和谷王是在何时决定临阵倒戈的,尚无确论,但他二人都曾代表皇帝与燕王谈判,所以他们很可能从那时起就已经审时度势,做好开门迎降的准备了。

三年后,终于等来这日了!

燕王自城西北面入城。入城之时,文武百官都跪迎于道旁,以示臣服之意。此情此景,朱允炆又情何以堪,何去何从呢?

"宫中火起,帝不知所终。燕王遣中使出帝后尸于火中。"按照《明史》的说法,可怜的朱允炆,因削藩不慎,而满盘皆输,最终选择引火自焚,结束了自己短暂的皇帝生涯。《明实录》中也留下了朱棣即位后,对外宣称"不期建文为权奸逼胁,阖宫自己焚燃"的记录,但朱允炆遁逃为僧的说法和流亡海外的秘闻也甚嚣尘上。

建文帝的真正下落,已成为历史上的一大悬案,后人据此敷衍的小说戏剧也层出不穷,多加渲染。这也是出自同情弱者和尊重伦常的一种心理吧。

【小贴士】

【明初诗文三大家】

宋濂,浙江浦江人,明朝开国元勋。他在朝廷礼乐制度方面卓有贡献。宋濂志在弘扬儒家封建道统,在文学上取法唐宋,强调"宗经""师古",著有《宋学士文集》。其散文或质或雅,不拘一格。他被朱元璋赞为"开国文臣之首",被刘基称为"当今文章第一"。

刘基,浙江青田人,也是明朝开国元勋,以其通才和睿见,协助朱元璋打天下坐天下,被后人比作诸葛武侯。著有《诚意伯文集》《百战奇略》等。

高启,江苏长洲人,明代诗人。其人才情滔滔,但无心于政治,因被疑为作诗讥刺皇帝,而遭嫉恨,后被腰斩处死。高启"兼采众家之长",纪晓岚评之为,"其于诗,拟汉魏似汉魏,拟六朝似六朝,拟唐似唐,拟宋似宋,凡古之所长无不兼之"。

第六章

永乐盛世
——励精图治的雄武之君

在明朝历次农民起义之中,规模不大、为时不长的唐赛儿起义,本不会引起人们多大的关注,但它却因发生在永乐盛世期间,而具有非同一般的意义。

与元末农民起义一样,唐赛儿起义的思想基础是明教这种秘密宗教。山东蒲台人唐赛儿幼读佛经,时以"佛母"自称,她英年早逝的丈夫林三,也是明教的忠实信徒甚至可能是领导者。因受靖难之役、蝗旱灾害、徭役征敛的影响,山东百姓生活得尤其困苦。朱棣虽说过"今北方之民,如人重病初起,善调理之,庶几可安。不然,病将愈重。朕所以夙夜拳拳也"这样的话,但并未予其特殊的优免政策。

终于,这个精武艺懂兵法的唐赛儿,在永乐十八年(1420年)二月,召集数千教众发动了起义,自称为"白莲军"。对此,朱棣对安远侯柳升、都指挥使刘忠叮嘱道:"贼凭高无水,且乏资粮,当坐困之,勿图近攻。"起义在一两个月之间就被镇压下去了,有关唐赛儿的结局众说纷纭,版本迭出。这次起义暴露出了朱棣执政期间,恤民不全、工事过繁的问题。

第一节 削藩和边防政策的调整

朱棣于建文四年(1402年)七月登基,改建文元年为洪武三十二年。很显然,他不承认建文帝的存在。朱棣次年改年号为"永乐",这个年号一共用了二十二年。

当年,朱允炆为了解决藩王这个尾大不掉的问题,以雷霆之速展开了削藩行动,却没想到会因此丢掉皇位。如今,朱棣坐上了那把龙椅,是否便会容忍藩王尤其是塞王的存在呢?

答案当然是不。

俗语说,"心急吃不了热豆腐"。这块豆腐是一定要吃的,区别只在于怎么去吃。

一方面是安抚。

特别是对于之前被削号拘禁的藩王——比如周王、代王、齐王,一定要大力平反,好生抚问,要让他们从政治(提高王府官员的品级)和经济上都得到优待。这里面,最为典型的便是周王朱橚。要知道,他的同母弟周王第一个挨削,如今不厚待他厚待谁?《万历野获编》中就说到,朱棣对藩王兄弟们"倍加恩礼",温情脉脉。

另一方面,迁藩和夺爵。

朱棣刚即位时,就把大宁卫送给了朵颜三卫(兀良哈三卫),并为之在开原、广宁开设互市。这当然是因为他们在靖难之役中"从战有功",朱棣必须得意思意思。

从事后看来,朱棣并未完全兑现他的承诺,因为他不允许他们在大宁驻牧——出于防守的需要。三卫自然心存不满,这也为后来他们联合鞑靼部合攻明境之事埋下了伏笔。

说回到大宁本来的主人——宁王朱权——的身上。之前骗兵

时,朱棣已将大宁王府烧得个精光,此时即便让朱权回大宁去住,估计他也不会同意。

那么,朱权以后住哪儿呢?

他想去苏州、钱塘就藩,可朱棣每次都以种种理由搪塞了过去。直到永乐元年(1403年)二月,朱棣才做出决定。他将他的二十二弟改封至经济富庶的南昌,还亲自写诗送行。

怎么样?看起来似乎恩深义重吧!但其实,朱棣一直命人暗中监视他,甚至还听信人言以为他用巫术害人。朱权无奈至极,不敢有所异动,终日弹琴读书、专注学术,最终成为一个多才多艺的学者。

除了朱权以外,其他身在辽东、宣府等地的塞王,也被朱棣逐一调到了内地,削减了护卫军。到了最后,王府之中甚至只剩几十个护卫,根本没有能力与中央抗衡——何况朱棣还命藩王把对地方的军事指挥权交给都司卫所和边将。

当然,塞王内迁的同时,也带来了边防线内缩的问题,于此朱棣虽然也有迁都北京和一些因地制宜的应对之策,但其效果却不尽如人意。可以说,四十年后,明境突发土木之变;两百年后,努尔哈赤发兵侵边,与之不无关系。

塞王是要被内迁的,而本来就在内地建藩的王爷,却也没能逃脱削藩的"魔咒"。代王朱桂恢复爵位才半年,便被他四哥治了三十二条大罪,兵权也被削光殆尽。齐王朱榑本来就是个贪虐之人,肃王朱楧、岷王朱楩也都不是省油的灯,朱棣有的是理由褫夺他们的爵号。

对于周王朱橚,朱棣也没手软。因为朱橚仗着他的身份,也做出了不少猖狂犯上之事。被朱棣修理数次之后,朱橚终于在永乐十八年(1420年)彻底悔悟,此后老老实实地埋首钻研,成为一代中医药大家。

此外,朱棣还将祖宗成法中对藩王的限制条例发挥到了极致,在重重压制下,藩王们不能擅役军民,不能随意出城,不能与官府结纳,也不能从事士农工商之类的行业……

他们是锦衣玉食的藩王吗?是,但他们也是大明皇帝的终生囚徒。

第二节 "旁搜博采,汇聚群分"的永乐大典

洪武二十一年(1388年),朱元璋有意修纂类书,他打算"编辑经史百家之言为《类要》"。所谓"易代修史""盛世修书",北宋就曾编修过了《太平御览》《太平广记》《文苑英华》《册府元龟》这样的大部头,朱元璋自然也不愿落后。

只是,由于种种原因,这事儿最终没能办成。朱棣上台之后,带着整理知识和积攒人望的双重目的,命解缙等人修著一部文献集,并说道:"凡书契以来经史子集百家之书,至于天文、地志、阴阳、医卜、僧道、技艺之言,备辑为一书,毋厌浩繁!"

这便是计有22877卷(60卷目录)11095册,字数多达3.7亿字的文献集《永乐大典》的来历。不比不知道,一比吓一跳,《永乐大典》中所录的古籍数量,不仅是北宋类书的五六倍,也是清朝《四库全书》的两倍多。所以我们说它是空前绝后的古代典籍,世界最大的百科全书,这绝非夸张之言。

当然,这样卷帙浩繁的大部头,不可能是一次性编修完成的。

解缙在永乐元年(1403年)接到任命后,与一百多位同侪一起编纂此书,次年便将《文献集成》献了上去。这时候,解缙可能还没摸准朱棣的心思,这位皇帝要的不是"快",而是一个"大"。

果然,朱棣不怎么满意,说《文献集成》是"所纂尚多未备",还有很大的扩容空间。

到了永乐三年(1405年),朱棣再诏姚广孝、解缙等人续修《文献集成》。这一次,他给总编们配备了两千多位文学之臣,并把南京文渊阁的全部藏书"贡献"出来,又向社会广泛征集古籍。终于,永乐五年(1407年)时,续修的文献集呈现在了朱棣的眼前。

朱棣欢喜之余,将之命名为《永乐大典》,并亲自作序:

> 昔者,圣王之治天下也,尽开物成务之道,极裁成辅相之宜,修礼乐而明教化,阐至理而宣人文。粤自伏羲氏始画八卦,通神明之德,类万物之情,造书契以易结绳之治。神农氏为耒耜之利,以教天下。黄帝尧舜氏作通其变,使民不倦;神而化之,使民宜之,垂衣裳而天下治。……孔子生周之末,有其德而无其位,承乎数圣人之后而制作已备,乃赞《易》、序《书》、修《春秋》。……迄秦,有燔禁之祸而斯道中绝。汉兴,六艺之教渐传,而典籍之存可考。繇汉而唐,繇唐而宋,其制作沿袭,盖有足征。……洪惟我太祖高皇帝膺受天命混一舆图,以神圣之资,广述作之奥,兴造礼乐,制度文为,博大悠远,同乎圣帝明王之道。朕嗣承鸿基,勔思缵述,尚惟有大混一之时,必有一统之制作,所以齐政治而同风俗,序百王之传,总历代之典。世远祀绵,简编繁伙,恒慨其难一。……譬之淘金于沙,探珠于海,戛戛乎其不可易得也。乃命文学之臣,纂集四库之书,及购募天下遗籍,上自古初,迄于当世,旁搜博采,汇聚群分,著为典奥。……包括宇宙之广大,统会古今之异同,巨细粲然明备;其余杂家之言,亦皆得以附见。盖网罗无遗,以存考索,使观者因韵以求字,因字以考事,自源徂流,如射中鹄,开卷而无所隐。……未有圣人,道在天地,未有六经,道在

圣人;六经作,圣人之道著。所谓道者,弥纶乎天地,贯通乎古今。统之则为一理,散之则为万事,支流蔓衍,其绪纷纭。不以统之,则无以一之。聚其散而兼总其条贯,于以见斯道之大而无物不赅也。朕深潜圣道,志在斯文。盖尝讨论其旨矣,然万机浩繁,实资观览,姑述其概,以冠诸篇,将以垂示无穷,庶几或有裨于万一云。

定稿之后,编纂人员一直誊抄至次年冬日,才正式成书。

与《四库全书》等大部头相比,《永乐大典》的优点是十分突出的,所录古籍的数量更多是一方面,而更重要的是,它的宗旨立意更为纯正。在整个修书过程中,编纂人员"不曾擅减片语",并未对古籍予以修改。后世研究者虽对此提出过质疑,但想来,编修的目的本就在于兼收并取,尽量保持书籍原貌,个别错漏之处更有可能是清抄失误造成的。

反观《四库全书》,录删各半,功过相参。比如,乾隆五十二年(1787年),在复勘《四库全书》时,他们发现周亮工的《读画录》"语有违碍",便干脆将其存目、著述尽数撤删。

《永乐大典》的原书本来只有一部,存放于南京。后来,明世宗朱厚熜在嘉靖四十一年(1562年)八月下令相关人员重抄一部。现今所存的版本,即为嘉靖年间的抄本,而即便是这个抄本,也因战乱流离而散藏于世界各地,其中,我国的国家图书馆只收藏了161册。

那么原本的《永乐大典》到哪儿去了呢?

学术界对此多有猜测,有说是全部散佚了,有说是给朱厚熜陪葬了。相对来说,后者的可能性的确比较大。嘉靖抄本仅有八千册,这或许是抄本尚未完成而皇帝已薨所致的。永陵因积水问题无法被开掘,所以如果《永乐大典》的原书确为陪葬品,如今我们已

无机会再见到它的真容了。

第三节 中央集权，"为治之道在宽猛适中"

《明史·成祖本纪》对朱棣评价道："文皇少长习兵，据幽燕形胜之地，乘建文孱弱，长驱内向，奄有四海。即位以后，躬行节俭，水旱朝告夕振，无有壅蔽。知人善任，表里洞达，雄武之略，同符高祖。六师屡出，漠北尘清。至其季年，威德遐被，四方宾服，明命而入贡者殆三十国。幅陨之广，远迈汉、唐。成功骏烈，卓乎盛矣。然而革除之际，倒行逆施，惭德亦曷可掩哉。"

这里所说的"倒行逆施"主要是说他残酷屠杀建文诸臣，株连过甚（灭十族、活剐宫女之事系谣传，可参看学者专文），以及以厂卫势力控制臣民等事。撇开这些不算，就其治绩而言，明成祖朱棣可说是功业仅次于其父的明朝皇帝。

洪武、建文两朝的国策，一个严一个松。朱棣根据实际情况，制定了宽猛适中的国策。

在政治方面，他改殿阁为内阁，发挥阁臣参与机务的积极作用，逐渐完善了行政机构；他也以御史巡行天下，增强监察官员的力度；他还通过锦衣卫、东厂、监军等机构和个人，对臣民加以控制，为其专制统治保驾护航。

在经济方面，朱棣沿袭了太祖迁民于宽乡的政策，极力督民垦荒。他也尽量合理征派赋役，并不时蠲免赈济，以达到恢复发展社会经济的目的。与此同时，屯田制度和开中之法大力实施，边地的军粮问题基本上得到了解决。永乐年间，"家给人足""赋入盈羡"的治平局面由此形成，唐赛儿起义毕竟只是个别现象。

在文化方面，他大力宣扬儒学；借由修书名义和科举制度，来笼络知识分子。关于明朝的科举制度和官员任用,在此很有必要稍做解说。

明朝建立之后,科举制也迎来了它的鼎盛期。起初,凡进入国子监学习的监生,日后都能当上或大或小的官。明成祖朱棣之后,监生虽不一定能直接做官,但却能通过科举走上仕途。

关于乡试、会试、殿试这三级考试制度,和乡试、会试中要考八股文的考试规范,想必大家都比较了解。这里要特别说明的是,明朝选拔官员,不唯科举一途,荐举这种选贤任能的传统形式依然存在。

春秋时的祁羊,认为"外举不避仇,内举不避亲";南北朝的殷景仁,也曾说"百官荐材,以所荐之能否黜陟";明朝的左光斗荐举过史可法;清朝的王鼎也荐举了林则徐……

在荐举制度的补充之下,明王朝凭借科举制度,不但予以寒门学子鲤跃龙门的机会,也借此培养了大量人才,巩固了封建王朝的统治。

第四节　五征蒙古与永乐大阅兵

"雄武之略,同符高祖",励精图治的朱棣,在军事上的天赋和才能是十分出众的,说他丝毫不逊于史上大多数名将也不为过。

朱棣在位期间,为了稳定北方边境,打击蒙古残余势力,预防蒙古各部重新统一,他在军事上采取了积极进攻的办法,而不似后来明朝帝王们所行的消极抵御之策。

从永乐八年(1410年)年到永乐二十二年(1424年),朱棣曾五次亲征蒙古,最后驾崩于班师回朝的途中——榆木川(今内蒙古乌珠穆沁),终年不过六十四岁。

第一次出征,是因为东蒙古的首领本雅失里汗,先在永乐七年(1409年)主动挑衅,又在胪朐河之战中歼灭十万明军,朱棣不得不御驾亲征,还以颜色。三十万大军,于永乐八年(1410年)出发。朱棣在斡难河畔和贝尔湖东,将本雅失里汗、东蒙古太师阿鲁台一一击溃。

第二次出征,是在永乐十二年(1414年)。蒙古瓦剌部已然崛起,但却被朱棣的铁拳,击败于图拉河边。瓦剌部受此大挫,很快被阿鲁台收为己用。

阿鲁台势力坐大之后,不再臣服于明廷。朱棣遂在永乐二十年(1422年)四月,对其展开军事行动。阿鲁台见势不妙,赶紧"溜号"。这一次,朱棣也不恋战,只打了五个月便下令回军了。

第四、五次北伐之战时间极为接近,分别发生在永乐二十一年(1423年)和下一年。狡猾的阿鲁台很不安分,对明军采取了迂回战术。无奈明军实力强大,阿鲁台的势力受到了重创,最终灭于死灰复燃的瓦剌部之手。

有人说,蒙古诸部就像是很多只"小强",这只打不死,那只又冒出来。朱棣应该多采取防御政策,而不是不停地御驾亲征。这个说法不是全无道理,但若明朝在防线内缩的情况下,还一味采取消极抵御的方略,就不怕积弱积贫,走上两宋的老路吗?看看朱棣远征交趾的强硬手段,便知他以武强国、以文兴国的治国理念。

在第三次亲征蒙古之前,朱棣还在北京的怀来,举行了一场明朝历史上绝无仅有的阅兵大典。

永乐十九年(1421年)三月,朱棣调发十万将士,以狩猎的形式展开阅兵活动。其间,无论是三大营的精锐们,还是地方上的土狼兵、白杆兵,都拿出了自己的绝学,表演了多种令人拍手叫绝的项目。

在长达一月的盛大的阅兵典礼中,二十七个前来观礼的国家,都不禁为之深深震撼。很显然,朱棣是想借由阅兵典礼,炫示本朝的军事实力,并扩大其国际影响力,以期对中亚各国的"反华势力"形成威慑力。其中,埃及使臣归国之后,他们便立刻解除了红海对东方商船的禁令,与郑和提供方便。

阅兵结束之后,朱棣还在土木堡的行营亲自招待了各国使节。史载,帖木儿国的使臣为了表达敬服之意,还献上了老国王曾用过的御用坐骑。

可笑的是,二十八年后,同样是在土木堡,朱棣的重孙却为瓦剌人所俘。对于大明王朝而言,这真是一出令人哭笑不得的剧本!

【小贴士】

【奴儿干都指挥使司】

百年前,元朝政府曾在位于黑龙江、阿速江(今乌苏里江)、松花江和脑温江(今嫩江)流域的奴尔干地区,设置过征东元帅府。过去,他们试图以此为据点,抄袭日本北海道和东北地区。

洪武年间,奴儿干的前元故臣,大多已归降明廷。为了加强对奴儿干的管理,永乐九年(1411年)时,朱棣在此建立起一个地方军政机构——都指挥使司。奴儿干都司的主要官员,最初是流官(相对于可以世袭的"土官"而言,任期有限),后改为世袭。

在都司所辖范围之内,以蒙古、女真、吉里迷、苦夷(苦兀)、达斡尔等族人民为多。在充分尊重少数民族生活习惯的基础上,他们依然承担着朝贡等义务。明政府分别在永乐十一年(1413年)和宣德八年(1433年)在其境内修建永宁寺,其碑记至今仍在,藏于俄罗斯阿尔谢涅夫博物馆中。

第七章

——特务机关三厂一卫，助长欺罔之风

为了窃取敌方军事政治情报,控制本朝臣民思想,加强中央集权统治,历代君王或权臣巨阉都设立了不少间谍机构和特务机关。

远的如西周的士师,春秋晋的候正,两汉的候骑、斥候、候吏,三国的校事、中书、典校;又如北魏的候官,武周的内卫部门,宋朝的皇城司,明朝的三厂一卫(东厂、西厂、内行厂、锦衣卫),清朝的粘杆处(尚虞备用处),民国的中统和军统等等。

《明史·刑法志》曰:"东厂之设,始于成祖。锦衣卫之狱,太祖尝用之,后已禁止,其复用亦自永乐时。厂与卫相倚,故言者并称厂卫。"大明的特务机关,最早要从锦衣卫说起。

第一节　锦衣卫的兴衰史

至正二十四年(1364年)，朱元璋在应天府即吴王位，"其年十二月设拱卫司，领校尉，隶都督府"。这个拱卫司，后改称为亲军都尉府，统辖仪鸾司，最初只负责皇帝仪仗和侍卫。它便是后来集守卫值宿、侦察缉捕、内外刑狱为一体的特务机关锦衣卫的前身。

在锦衣卫正式设置之前，朱元璋是以检校来察听臣吏之私的。检校行踪诡秘，令人生畏，诸如钱宰、宋濂都曾因检校的揭发，而被朱元璋传去问话。大概是觉得只管察听告密而无处置权的检校还不能真的为君分忧，到了洪武十五年(1382年)，朱元璋便做出了裁撤亲军都尉府和仪鸾司，改置锦衣卫的决定。

回溯历史，北魏文成帝所增设的内外侯官，和唐肃宗时李辅国所秘密组织的察事，都是针对文武百官的，因此它们带来的负面影响较为有限。而真正意义上的第一个直属于皇帝的特务机关，是宋朝的皇城司。"盗贼奸宄"的锦衣卫，其性质与皇城司基本一致，但其伺察缉捕的范围，已经由官及民，无孔不入了。

明朝的军制，有卫、所之分。锦衣卫是十二个亲军卫中的一分子，下辖十六所，直辖经历司、镇抚司。其中镇抚司，后分南北两司，分掌行政事务和缉捕、审讯之事。

腰挂绣春刀、身着飞鱼服是我们对锦衣卫的形象认识，不过这身打扮的锦衣卫，只是其中的高官。论起编制来，锦衣卫里共有指挥使(正三品)、指挥同知(从三品)、指挥佥事(正四品)、镇抚使(从四品)、千户(正五品)、副千户(从五品)、百户(正六品)、试百户(从六品)、总旗(正七品)、小旗(从七品)等不同层级。

锦衣卫的首领历来由皇帝的亲信武将担任。其指挥使的职权

很大,可以逮捕审讯包括皇亲国戚在内的所有人。久而久之,权欲膨胀的锦衣卫制造了不少冤案。如此滥用职权、恃宠生恶,怎能不惹来臣民的非议呢?

五年之后,朱元璋便有心要削弱锦衣卫的势力。到了洪武二十六年(1393年)时,他下令焚毁锦衣卫刑具,正式将内外刑狱这一条,从锦衣卫职责中剔除,交由三法司会审。

那么既然朱元璋早就不满锦衣卫的所作所为,为何直到洪武晚年,才开始压制他们的势力呢?原因很简单,除了朱元璋想为太子朱标铺路之外,也因为锦衣卫对明初三大案的顺利查办"贡献"甚大。后来,胡蓝之狱牵涉甚广,引来汹汹物议,为了平息众怒,朱元璋不惜斩杀了锦衣卫指挥使毛骧。

客观来说,锦衣卫并非只充当皇帝的鹰犬,他们也曾参与过收集军情、策反敌将的工作,在往后的万历朝鲜之役中,他们便发挥了获取情报的长处,真正为家国做出了应有的贡献。

虽说朱元璋对锦衣卫施以重拳,但终明一世,锦衣卫也没有被裁撤。他们的势力,很快便因明成祖朱棣的上位,而寒灰复燃。朱棣名为靖难,实为篡位,为了监视臣民、巩固统治,他确实很有必要再次给予锦衣卫伺察缉捕的职权。

当时,朱棣信赖的亲卫军指挥使,主要是纪纲、刘江、袁刚三人。因为发音相近,朱棣每以"三纲"并称。"朕之生死,有赖三纲",朱棣如是说。特别是身为锦衣卫指挥使的纪纲,因为承担着"广布校尉,日摘臣民阴事"的任务,更是荣宠备至,煊赫一时。

到了明英宗朱祁镇、明宪宗朱见深时期,锦衣卫的职权再度扩大,揽走了原属宪司的一些权力。而锦衣卫之下的镇抚司,也可以越过它的上级单位,直接向皇帝奏事。不难看出,锦衣卫的手越伸长,而镇抚司也不甘其下,获得了一些特权。

后来,明武宗朱厚照耽好玩乐,太监刘瑾得以一手遮天,故而,其时锦衣卫指挥使石义文也不得不对厂公卑躬屈膝。就此,厂卫之间平起平坐的格局,发生了一些变化。

直至正德八年(1513年)时,朱厚照以其"皇庶子"钱宁(赐姓朱)掌管锦衣卫,锦衣位的地位才得以再度上升。

由于明世宗朱厚熜对发小及救命恩人(嘉靖十八年,在失火的行宫中救出皇帝)陆炳的感情极为深厚,故而锦衣卫便托他的福,狠狠压了东厂一头。在这一时期,锦衣卫的权力达到了巅峰。

巅峰过后,锦衣卫的发展便进入了平台期,乃至于到了天启、崇祯年间,几乎沦为东厂的附庸,连某些锦衣卫指挥使的任命,都要经过东厂的安排。

比较值得一提的,是明神宗时期的锦衣卫指挥使朱希孝,和明熹宗时的锦衣卫镇抚司指挥刘侨。这两人前者规行矩步,作风谨慎;后者"不肯献媚,不肯杀人",正直清白。两人堪称特务机关里的一股清流。

第二节　东厂势起,宦官也能干政

"不得干预政事,预者斩!"这是洪武十七年(1384年)时,朱元璋命人刻在宫门铁牌上的禁令,这道禁令看似严酷,实则只针对内廷的宦官。到了正统七年(1442年),宦官王振得以擅权预政,他便将这块铁牌摘了下来,把它扔进历史的尘堆里。

其实,朱元璋的做法还是很有道理的。汉唐以来,权宦危国的往事还摆在那里,不近也不远,他自是要吸取历史教训的。所以,在明初,宦官的职位至多不过四品,他们不被允许读书识字,也不可与诸司传送文件,只负责侍奉内廷。

然而，有意思的是，朱元璋虽认为宦官是"若用为耳目，即耳目弊；用为心腹，即心腹病"的人群，但在日常生活中，又给予了他们较为广泛的职权。比如，二十四衙门中的管理者，多由宦官来充任；某些宦官也被外派去完成市马、吊祭、宣旨等工作。

这种看似矛盾的做法，实际上不难理解，放权给宦官不是不行，只要不沾染政事，一切好说。真正对宦官管束严苛的皇帝，是朱允炆。朱允炆在位期间，宦官们连大气都不敢喘一口，故而不少人暗投燕王，也是情理之中的事。

打这以后，朱棣认为宦官不但可用，而且可堪大用。

永乐初年时，朱棣便已尝试让宦官管理市舶，驻守边地；也让郑和几下西洋，一扬国威。到了永乐十八年（1420年）十二月，朱棣正式设立东缉事厂（简称东厂）这个监察机构、特务机关。东厂的首领为钦差总督东厂官校办事太监（简称提督东厂、厂公、督主），都由亲信宦官来担任。

之所以如此，一则，为了感谢宦官们"刺探宫中事，多以建文帝左右为耳"的心意；二则，为了褒赏家阉狗儿等人在靖难之役中的功劳；三则，锦衣卫驻守于宫外，传召起来不是那么方便；四则，东厂势起，势必对锦衣卫的活动有所牵制。

朱棣在不少方面都恢复了祖制，但将"宦官不得干政"的祖训打破的第一人，也是他。

所谓"近水楼台先得月"，东厂成员与皇帝朝夕相处，自然更容易得到皇帝的信任。除了明成祖、明世宗时代，东厂都凌驾于锦衣卫之上。在厂权势力最为猖獗之时，许多锦衣卫指挥使甚至要对厂公俯首称礼。

只是，东厂没有自己的监狱，所缉捕的犯人，最终还是要移交锦衣卫北镇抚司处理。这是锦衣卫较之东厂为数不多的一个优势。

当然，互惠共赢的道理，厂、卫的一把手们也都是懂得的。所以，争宠归争宠，他们即便貌合神离，也都必须做出同气连枝的姿态。由此，这两个系统的人员编制往往呈现出这样的画风——东厂的办事人员，大多来自锦衣卫；而东厂的司礼太监亲信，往往又在锦衣卫任事。

如果说，锦衣卫的名声时好时坏，那么东厂的风评便是臭名昭著，恶声远扬。除了冯保、曹化淳、王承恩等人之外，包括王振、刘瑾、魏忠贤在内的大多数厂公，几乎都遭到了后世的唾弃怨骂。然而，令人哭笑不得的是，这一特务机构，竟然以英雄岳飞为偶像，甚至在其大堂前树了一座"流芳百世"的牌坊。

这样的大幅岳飞画像，本是为了提醒缇骑办案要毋枉毋纵，可是，他们虽如此自我标榜，却没做出什么"流芳百世"的事情来。此何异于贾似道之"后乐园"呢？

第三节　西厂和内厂

与锦衣卫和东厂的设立不同，西厂的成立本不在皇帝的规划之中。成化十二年（1476年）间，京中"妖孽"横行，先有"妖狐夜出"一事，再有妖道李子龙势力渗入朝中企图弑君之事。

明宪宗朱见深也就二十岁的光景，实在经不住吓，为此骇得夜难成寐，急令宦官汪直挑选一些锦衣卫成员，微服外出伺察民情。汪直借机给皇帝制造恐怖气氛，怂恿他建立一个新的特务机关——西厂，以保日常安全。

西厂的厂址设在灵济宫前，其军官也在锦衣卫中选拔，军官上任之后，忙不迭为自己拣选部下，是以短时间内编制爆满。

西厂与东厂同为内廷机构,性质也极为雷同,本无存在之必要。然而,汪直为了一己之私,在数月内罗织罪名,构置大案,引得朝廷上下怒声如潮,纷纷请撤。

朱见深震惊莫名,赶紧撤去了西厂,遣散了编制成员。可比起自身安全而言,臣民的呼声实在不那么重要。仅仅一个月后,朱见深便在戴缙的"劝慰"下,再次恢复了西厂。

"气焰熏灼,凡西厂逮捕朝臣,初不俟奏请",汪直复出之后,变本加厉地炮制要案,打击政敌。几年后,汪直失宠被贬,凄凉而死,西厂也就随之解散了。再后来,明武宗朱厚照复开西厂,令谷大用担任西厂提督,马永成担任东厂提督,但东西二厂的幕后老大,都是刘瑾。

大概是这两个机构的恶性竞争已经恶心到了刘瑾,他便灵机一动,开设了一个内行厂。因为刘瑾直接统领内行厂,所以内行厂的权势一度超过了东西厂和锦衣卫。

这下子,四大特务机关齐齐发力,一时之间,闹得举国惶惶,妖风大炽。还好,刘瑾在正德五年(1495年)时终于倒台了,朱厚照也跟着撤销了西厂和内行厂。

此后,锦衣卫和东厂一直并存下去,直至明王朝日落西山,不复再起。

【小贴士】

【二十四衙门】

明代侍奉皇室的机构,内设十二监(司礼监,御马监,内官监,司设监,御用监,神官监,尚膳监,尚宝监,印绶监,直殿监,尚衣监,都知监)、四司(惜薪司,钟鼓司,宝钞司,混堂司)、八局(兵仗局,银作局,浣衣局,巾帽局,针工局,内织染局,酒醋面局,司苑局)。

必须说明的两点是,宝钞司是掌管造办粗细草纸,而非印制钞票之所;而二十四衙门虽多委宦官掌职,但其成员多由民间抽调而来的工匠轮班,所以该衙不被计入宦官体系。

第八章

——两京制度以北平为京师而已填之

"陪都"是指政府在首都之外另设的副都,它能以其地缘政治的优势,对首都的运转体系起到配合辅助的作用。一般来说,陪都和首都被合称作"两京",二者并存的制度,便被称为两京制度或者陪都制度。

"陪都"这个说法来源于西周。为了加强王权,严防商朝残余势力反扑,周武王在镐京之外,也建立了陪都洛阳。此后,历代王朝以此为鉴,多有设置两京或多京的做法。其因大致有四,一是都城地偏,仅以此为全国的政治、经济中心,不利于控扼全境;二是因其势力的拓展,而迁都于中原地区,遂将原都降为陪都;三是考虑到经济、文化中心业已转移,需要营建陪都以迎合潮流;四是皇帝因巡幸或避乱,临时在当地修建了宫城。

第一节　朱元璋眼中的西安

洪武元年(1368年),朱元璋以应天府为南京,称其为京师。

第二年,他将奉元路改为西安府,并在唐长安城皇城的基础上,重新修整了城墙。五百年来,风吹雨打,兵燹灾害,幸而明城墙至今犹在,后人大可一睹其貌,一发幽思。笔者便曾在永宁门前驻留过,彼时的激动心绪实难言状。

考较朱元璋对西安古都的建设,不难发现,他以南京为都不过是权宜之计。综合各方因素,开封和西安都是定都的候选之所。最后,朱元璋和太子朱标将目光投向了西安。

"天下山川唯秦中号为险固",西安正是位于关中盆地这个风水宝地。关中素有"八百里秦川"之称,北邻陕北黄土高原,南接陕南山地、秦巴山脉。地理上得天独厚的优势,滋育了众多的人口,促进了兴旺的农业。非但如此,关中也是黄河流域都城文化的象征,有着非常突出的政治意义。

四百多年前,在基本平定南方诸国及大小割据势力后,西巡洛阳的赵匡胤便曾以开封"形势涣散,防维为难"为由,打算先迁洛阳,再迁长安。只举此一例,便不难看出洛阳、长安在历代帝王们眼中的地位。

"吾欲西迁,据山河之胜,以去冗兵;循周汉故事,以安天下也。"赵匡胤如是说。

"据百二河山之险,可以耸诸侯之望,举天下形胜所在,莫如关中。"这是监察御史胡子祺,在洪武二十四年(1391年)的一封奏疏中提到的核心内容。毫无疑问,这句话带给朱元璋的触动是极大的,他虽没有立即表态,但却在此年间,委派太子巡视陕西,"省观

风俗,慰劳秦民"。

朱标归来后,献上了《陕西地图》,并将西安和洛阳加以比较,得出以西安为都更能彰显皇家风范、追效汉唐气度的结论。然而,遗憾的是,朱标次年病逝,令朱元璋备受打击,再无心力思考迁都一事。

这年年底,朱元璋在《祀灶文》中写道:"朕经营天下数十年,事事按古就绪。维宫城前昂后洼,形势不称。本欲迁都,今朕年老,精力已倦,又天下初定,不欲劳民。且兴废有数,只得听天。惟愿鉴朕此心,福其子孙。"

很显然,垂垂老矣的皇帝,已经将迁都一事交托给后人和命运了。

只不过,大明命运的掌舵人不是朱允炆,而是朱棣。

第二节 彼书生之见,乌足达英雄之略哉

朱棣迁都北京,在许多人看来,是因为他的藩地在北平,对于这个肇基之地,他有着割舍不下的情结。并非没有道理,何况,朱棣在北平经营了十八九年,其政治经济基础都较为雄厚。但我们别忘了,朱棣自小在南京长大,他对南京的感情也不会不深厚。

那么,他为何坚持要迁都呢?是因为他背负着弑君篡位之恶名,需要发展更好的群众基础吗?这种说法不是完全没有道理的。因为,在建文旧臣中,识时务者有之;誓死效君者亦有之;再不济的,也避世而去,不欲出仕。

人心这种东西,可以压制胁迫,但却无法完全收服。《罪惟录》中,便留下了朱棣询问尚书茹常"朕毋得罪天地祖宗乎"一事。茹常忙宽慰道:"陛下应天顺人,克成先志,何罪!"

宽慰归宽慰,对于自己受不受臣民待见之事,朱棣心中还是有数的,所以他时常在两京之间往来,并将北京作为主要的办公地点。至于南京,有敦厚沉稳的太子朱高炽留守,他也并不担心朝中会生出多大的乱子。

不过群众基础不够好,并不是朱棣迁都的主因。

其实,朱棣迁都的理由,早已从他的口中道出了。《日下旧闻》中记载道:"彼书生之见,乌足以达英雄之略哉!"这是在永乐十九年(1421年)时发生的事。当时,新建的奉天殿等三大殿横遭大火,早前反对迁都的臣子们便纷纷借题发挥,直指其非。朱棣先是处死了主事的萧仪,后又说了这样的话。

结合永乐十四年(1416年)的一道奏疏和永乐十八年(1420年)时的迁都诏,不难明白"英雄之略"的具体所指:

第一,从地理历史上来说,北平是"山川形胜"之地,"足以控四夷,制天下",助他达成"君主华夷"的政治理想。西安、凤阳、开封(洪武时代的北京)虽各有优势,但北平也是一个"东临辽碣,西依太行,北连朔漠,背扼军都,南控中原"的三朝古都。不然,辽、金、元三朝,为何会在此建都呢?

以元朝为例,元朝以此为大都,是想将漠北与中原地区统一起来,置于同一个政治中心之下。如此才有利于他们建立一个华夷一体、四海混一的多民族国家。朱棣读懂了元人的用心,并且也愿意继续推进这一历史进程,完成这一历史使命。

第二,从军事政治上来说,北平也是最适合定都的地方。出于削藩的考虑,朱棣将宁王、谷王等塞王尽数内迁,以免他们也效而法之抢班夺位——九十九年后宁王朱宸濠确实这么做了。塞王不存,大宁都指挥使司和山西行都司的一些卫所,自然也没有存在的必要,朱棣将它们逐步内迁,必然会造成防线内缩的局面,于防御

蒙古骑兵的军事部署大为不利。

"成祖以燕藩起兵,以后唯恐强藩在边,兵力难制,尽徙五王于内地,以北平为京师而已填之。"孟森在《明史讲义》中,便有此论断。细察这个"填"字,说的就是天子居重御轻、调度军事、控扼东北之事。

第三节 拖延十年之久的工事

打从永乐元年(1403年)起,朱棣便将北平改为北京,又设行后军都督府、行部与国子监等机构。接下来,他还花费了大量物力、财力,来疏浚大运河、发展漕运,将粮食绸布运往北京。与此同时,朱棣又以罪民来垦荒,迁富户落籍北京,以此来发展农业、充实人口。

很显然,朱棣是想把北京打造成一个格局宏大的大都市。

《明史》中称,永乐四年(1406年)闰七月,朱棣才正式下诏,定于次年五月开始营建北京城。做好先期准备工作之后,军士、工匠、民夫和采来的良材、巨木很快便集中在了北京,等待诏令。不过,计划没有变化快,营建北京宫殿一事却被暂时搁置了。十年后,营建工事正式开始。在准备充足的情况下,宫殿、门阙、城池、郊庙、钟楼、鼓楼等建筑,很快得以竣工,耗时不过三年半左右。

为何营建一事拖延十年之久呢?简言之,因为永乐四年(1406年)时,明朝与安南爆发了战争;永乐五年(1407年)时,徐皇后去世,不宜营建新都;永乐七年(1409年)时,朱棣开始在北京昌平天寿山营建山陵;永乐八年(1410年)、十二年(1414年)时,朱棣先后亲征鞑靼、瓦剌,开支巨大……

永乐十九年(1421年)初,成祖下诏迁都。

按照他的要求,北京城要在元大都旧城基础上,进行改建重建,最终要达成"规划悉如南京,而高敞壮丽过之"的效果。

为此,匠人们沿用了明中都的规划制度,又翻版了南京城的殿门阙,并将宫城位置南移,南城墙推展了千米。太庙、社稷分别建在五门前东侧和前西侧。紫禁城后,一座由废土筑成的万岁山(镇山),则模仿中都席山建殿的形制,既科学环保地处理了建筑残料,又寓托了镇压前朝风水的意义。

至于紫禁城这个核心工程,则为长方形建筑群,占地七十二公顷,处于"午门—玄武门"这一全城的南北中轴线上,周以高墙、护城河。中轴线上,前三殿(奉天殿、华盖殿、谨身殿)、后三宫(乾清宫、交泰殿、坤宁宫)依次而建,分别用于举行朝会和日常起居。

第四节 用南京之财富,会西北之戎马

洪熙元年(1425年)三月,仁宗决意复都南京,并给北京城冠上了"行在"二字。因其两个月后过世,复都南京一事无法成行。宣宗继位之后,并未撤去"行在"一称。到了明英宗朱祁镇继位之后,北京城才正式成为了明王朝的都城,继续展开了营建工事。终于,在正统五年(1440年)时,三殿和乾清宫、坤宁宫得以重修完毕,朱祁镇在次年正式宣布定都北京。

总的来说,明成祖朱棣迁都之举,是极为明智的做法。《大学衍义补》中说:"并建两京,用南京之财富,会西北之戎马,无敌于天下。"这官样文章是想说,定都北京利于整合南北资源。这个说法不是没有道理的。

钱谦益在《袁伯应南征吟小引》中说道:"今长安关河四塞,自古帝王之州,一旦为蚁贼残破,伯应(袁可立子)之忧愤视子美又何

如?"此番言论的背景,是指向李自成在西安建立大顺政权,再出师攻灭明朝一事。

他似乎是在为西安未能成为首都而遗憾。但历史不能假设,倘使天子不守国门,很有可能早就国土半失,重蹈北宋之覆辙了。

那么朱棣如果保留边藩,是不是就不用迁都了呢?非也!削藩之事,势在必行,实属必要。历史已用事实加以证明——削藩利于加强中央集权的封建统治。明成祖朱棣的一番苦心,当世之人未必能明了;但这样一个雄才大略的皇帝,这样一个富于远见的经国大业,却是经得起时间验证的。

再者,元人虽已打造出了京杭大运河的格局,但从未全线通航过。永乐九年(1411年),朱棣始浚运河,这才打通了大运河的"任督二脉",保障了北京的物资供应,也加速了南北之间的经济交流。

【小贴士】

【南旺导汶】

清朝的方志《汶上县志·山川》曾载:"永乐九年,命工部尚书宋礼浚会通河,用老人白英计大汶口之西,西距东平城六十里之戴村坝,遏汶南流,由戴村南开河九十里至南旺分水口,入会通河济运。"

小汶河的得名,与白英老人献策通河之事有关。这位老人是汶上县人,因工作而极富治水经验。在对山东的地势、水情进行过考察和思考之后,白英为不耻下问的工部尚书宋礼献上奇招,以筑坝堵水和新开小汶河水道的方式,将汶水导向南旺分水口。

其后,在配套工程的辅助下,运河通航五百余年,不再梗堵自塞。世人说,白英老人的治河之功,堪比战国时的李冰父子。朱棣在白英过世之后,敕封其为"功漕神",后又修造了"白公祠"用于纪念和褒扬。

第九章

——七下西洋 宣布纶音,播撒和平

在西沙群岛、南沙群岛一带的范围里，有很多岛屿和岛礁的名字特别有意思，比如永乐群岛、景弘岛、马欢岛、费信岛、郑和群礁。不难看出，它们的命名，是和大明王朝有关系的，因为永乐是明成祖朱棣的年号，郑和是完成七下西洋壮举的航海家，而王景弘、马欢、费信，分别是郑和的副使、议员、幕僚。

船队所达之处，多以人名为岛名，这既说明明朝曾在那里进行过勘察、行使过主权，又能彰显泱泱大国的文化自信。

第一节　郑和其人

郑和本姓马,小字三宝,又作三保,是云南昆阳人。由于他出生于回族家庭,其父祖都曾亲去麦加圣地朝圣,所以郑和从小便富于冒险精神,对于异国风光充满无限渴望。

依照《故马公墓志铭》的说法(存疑),郑和是马哈只(巡礼人的意思,本名已佚)的第二子,他还有哥哥马文铭和姐妹四人。应该说,这本该是个很幸福的家庭。可不幸的是,因为洪武十五年(1382年)沐英平定云南一事(史家的推论),郑和不幸丧父。父亲病死之后,年仅十二岁的郑和便被明军俘至军营,遭受了宫刑。

此时的郑和是不幸的,但万幸的是,他辗转入了燕王府,并且参与了"靖难之役",立下了不少汗马功劳,以其从龙之功得到了朱棣的绝对信任,被赐姓为"郑"。更为庆幸的是,郑和幼时对父祖辈航海经历的神往之情,不但没有被时间消磨掉,反而愈发炽烈燃烧;而他的皇帝陛下,也恰恰需要他这么一个知兵习战、志力兼具的人,来实现自己的抱负。

永乐元年(1403年),道衍和尚将郑和收为菩萨戒弟子,法名福吉祥。如此一来,郑和便皈依了佛教。

第二年,郑和因功被擢为四品内官监太监,地位仅次于司礼监。就在这一年里,郑和出使日本,展现出了杰出的外交才能。据史载,郑和"身长九尺,腰大十围,洪音虎步","姿貌才智,内侍中无与比者",朱棣相中郑和为航海代表,"不拘一格用人才",可说是富于卓见。

第二节 且欲耀兵异域,示中国富强

前人普遍认为,在政治上宣扬国威,在经济上拓展海外贸易,是七下西洋的主因。但明成祖借机"寻访"传闻中流亡海外的建文帝,包抄帖木儿帝国、扫荡张士诚旧部等动机,也有可能存在。

先来看宣扬国威的说法。这个"威"字,不是倚强凌弱的"威",而是对邻邦们展现出一种居高临下而又恩权并重的大国姿态。早在洪武时代,朱元璋便吸取了元朝征伐过度损害邦交的经验教训。于是乎,"海外蛮夷之国,有为患于中国者,不可不讨;不为中国患者,不可辄自兴兵"的和平发展的理念,便成了他治国思想的一部分。

对十二个国家遣使三十次,换来的是十七个国家遣使一百三十五次的成果。这说明,朱元璋睦邻友好的外交政策,是行之有效的。虽说明王朝对于"贡赐"这项贸易活动,历来是"薄来厚往",看似增加了不少经济负担,但能与邻邦互通有无、友好往来,其政治意义更值得关注。

现存最早的中国人绘制的世界地图,是朱元璋命人在洪武二十二年(1389年)绘制的《大明混一图》。很显然,这幅以大明王朝版图为中心的世界地图,正是一代雄主开创经国大业的理想象征。

经过洪武三十余年的休养生息,以"天朝上国"自居的大明王朝,已称得上是一个国力强盛而又府藏衍溢的国家,故而,朱棣想要完成下西洋的盛举,自有其雄厚的物质基础。

此外,朱棣也有意要让邻邦肯定他的皇帝身份,以此来制造舆论,巩固他的帝位。因此,这一项利于宣示国威的政治活动,正中朱棣下怀。

再来看拓展海外贸易的说法。为了管理海外贸易,朱元璋曾经设置过明州、泉州、广州这三个市舶司,因为担心原割据势力的残部与倭寇勾结,祸害百姓,他又迫于无奈地发布了"海禁"的法令。这样一来,安全是安全了,但海外贸易便只余贡赐这一条。

朱棣是个雄心勃勃的皇帝,他不满足于既得的一切。他一方面遵行海禁政策,而另一方面却采取了弹性的做法——在三市舶司敞开国门,对诸番使臣带来交易的土物,抱着"悉听其便"的态度。

郑和下西洋,势必能招徕海外诸国前来朝贡,拓展与亚非国家之间的海上贸易。朱棣委派郑和去与邻邦进行经济文化交流,在理论上可以达成互惠共赢的目的,不失为明智之举。

至于寻人、御敌这几种看法,不能说完全没有道理,但它们都不是郑和下西洋的主要目的。况且,出使队伍规模甚浩,建文帝不太可能不闻风而匿,如此岂能"寻访"到他?

总之,大明船队纵横西洋,终至万国朝贡、"共享太平之福"的盛况,其势可追迹汉唐,永垂青史。

第三节　凡事预则立

要远航亚非,进行经济政治活动,除了物质上的必要准备,翻译人才的培养以外,科技尤其是航海技术,都需要达到一定的水平。

永乐年间,造船业已经足够发达,航海技术也有了长足进步,加上元朝的远洋贸易基础,明朝在航海业方面具有港口大、海军强、商船多这几个优势。

咱们主要来说说航海技术。

　　根据约成于洪熙元年(1425年)至宣德五年(1430年)间的《郑和航海图》看来,船队使用了领先世界的牵星术——结合航海天文定位与导航罗盘,指南针、星象、水罗盘多管齐下,十分有利于保证航向的准确性和安全性。此外,高精密的计程仪、测深仪等航海仪器,都严格按照海图、针路(航行的线路)簿的记载,来制定它们的航行路线。

　　再加上,"宝船高大如楼,底尖上阔,可容千人""大船长四十四丈(约138米),阔一十八丈(约56米)",因此,纵它"洪涛接天,巨浪如山",郑和的船队却依然能"云帆高张,昼夜星驰",很少发生安全事故。

　　与哥伦布远洋航行相比照,不难发现,早于西方八十余年的郑和航行,无论是在船数、航船大小和随行人员数目(主要来自沿海卫所)方面,都呈现出数倍乃至数十倍的优势。要管理这样的船队,殊为不易。

　　为了增加安全系数,他们采用军事组织形式组建船队。舟师(前营、后营、中营、左营、右营)、两栖部队、仪仗队这三个序列,分别承担了日常工作、登陆行动和往来礼仪等任务。

　　英国的李约瑟博士曾说:"明代海军在历史上可能比任何亚洲国家都出色,甚至同时代的任何欧洲国家,以致所有欧洲国家联合起来,都无法与明代海军匹敌。"这是对明朝海军实力的高度评价。

第四节　鲸舟吼浪泛沧溟,远涉洪涛渺无极

　　从永乐三年(1405年)算起,截至宣德八年(1433年),郑和七下西洋,前后长达二十八年。船队曾抵达过亚非三十余国,至远来到了非洲东海岸及红海沿岸。

值得注意的是,由于明朝时以婆罗洲为中心,以西称"西洋",所以"郑和下西洋"的"西洋"与今有别,大概相当于今文莱以西之南洋各地和印度洋沿岸一带。

永乐三年(1405年),郑和南下来到了爪哇岛上的满者伯夷国。这一次,船员们被卷入了"爪哇事件"中,损失了约一百七十名将士。这是因为,当时东王、西王内战不休,西王误以为郑和船队的人员是来增援东王的。面对野蛮滥杀的"敌人",郑和的部下大多以为,应该宣战示威,讨回公道。

郑和不愧为成熟的外交家。对于西王认错赔偿一事,他选择以宽容的方式来处理纷争,以体现"共享太平之福"的外交思想,"宣布纶音"的政治目的。

塞·约翰逊说:"人最重要的价值在于克制自己本能的冲动。"一个能够克制自我、委曲求全的郑和,向邻邦展现了"以和为贵"的文明礼仪,堪称一位和平使者。

在归航中,郑和于三佛齐旧港捕杀了海盗五千余人,生擒海盗陈祖义等匪首。当和则和,是远航船队的光荣使命;该战则战,亦是大明海军的智勇之力!

第二次下西洋,是在永乐五年(1407年)冬。郑和在护送外国使节回国之后,顺便出访了占城、暹罗、真腊等地,即今越南中南部、文莱、泰国、柬埔寨等地。

时隔两年,郑和三下西洋,到达了满剌加、锡兰山国、竹步、木骨都束,苏禄等二十余国。值得一提的是,满剌加本为暹罗属国,但郑和奉旨对其赐以双台银印,并建碑封域一事,暹罗只能默认许之。这自然是因为,"宣扬国威"的目的已经达到了。

另有一事可以看出郑和船队的智勇之力。原来,锡兰山国对他们极不友善,甚至做下"负固不恭,谋害舟师"之事。回程时,其

国王阿烈苦奈儿诱骗郑和未果,反倒被郑和破城而入,受到了应有的惩罚。早年的靖难勇士,而今的领兵"将军",郑和永远在路上。

四下西洋,已是在永乐十一年(1413年)十一月了。郑和赐予占城王冠带,又抵达苏门答腊,锁拿了伪王苏干剌。四年之后,郑和五下西洋,护送各国使者及旧港宣慰使之余,又在柯枝册封国中大山为镇国山。这一次,得到西洋诸国进贡的种类和数量都尤为可观。

永乐十九年(1421年)正月,郑和奉旨护卫十六国使臣返国,并进行第六次远航,先后出访了占城、暹罗、忽鲁谟斯、苏门答剌、幔八萨等二十多个国家。这里面,既有旧交,又有新朋。第二年秋,郑和踏上归程,随船回访国朝的,便有暹罗、苏门答剌和阿丹等国的大使。

于郑和而言,七下西洋不仅是他人生中最后一次远航,也是大明航海事业的一次波折。永乐二十二年(1424年),朱棣驾崩于榆木川,太子朱高炽即位,是为仁宗。考虑到营建北京、五征蒙古带来的经济负担,朱高炽采取了内减赋外收缩的政策,暂罢了出海远洋一事。

直到明宣宗宣德五年(1430年),安南再次独立,中南半岛诸国也有些蠢蠢欲动,才不得不派六十高龄的郑和,再度前往西洋忽鲁谟斯等国,希望能重树大国声威。

依照祝允明(即祝枝山)《前闻记下西洋》的记载,此次计有官校、旗军、火长、舵工等各色随从二万七千余人。

第二年,郑和在福建长乐港暂停半年,重修了湄州天妃宫,亲树《天妃灵应之记》碑,并铸下一口刻有"永远长生供养,祈保西洋往回平安,吉祥如意者"铭文的铜钟。

正式的航行从竹步向西行,最终抵达非洲南端,靠近了莫桑比克海峡。郑和是在什么时候过世的呢？普遍的说法是,他在宣德八年(1433年)时,途径古里(今印度卡利卡特)时病逝。

这年七月,归国的船队将郑和的骨灰葬在南京弘觉寺地宫里(死地与墓葬均有多种说法)。

第五节　郑和之后,再无郑和

宣德九年(1434年)六月,郑和从前的副使王景弘,受命荣升正使,继续前辈未竟的事业。南洋诸国对此皆表达了极大的热情。归国时,苏门答剌国王还派遣他的弟弟随船赴京朝贡。

朱瞻基驾崩之后,年幼的朱祁镇继位为帝,是为英宗。正统元年(1436年),辅政大臣们罢去有关航海的采买营造之事。王景弘终于没能成为第二个郑和,唯有以著书托志,晚年时写成《赴西洋水程》等著作。这,应该是对峥嵘岁月的最好纪念吧。

郑和的长兄马文铭曾把长子马恩来过继给郑和,因此郑万显、郑庭显便成了郑和的孙子,如此开枝散叶,子孙相继。现今,云南玉溪、江苏南京、泰国清迈皆有郑和之后,因郑和出生于昆阳,故此玉溪、南京、清迈、昆阳便被美称为"三支四地"。

【小贴士】

【马欢《纪行诗》】

皇华使者承天敕,宣布纶音往夷域。

鲸舟吼浪泛沧溟,远涉洪涛渺无极。

洪涛浩浩涌琼波,群山隐隐浮青螺。

占城港口暂停憩,扬帆迅速来阇婆。

阇婆远隔中华地,天气烦蒸人物异。

科头裸足语侏离,不习衣冠疏礼义。
天书到处多欢声,蛮魁酋长争相迎。
南金异宝远驰贡,怀恩慕义摅忠诚。
阇婆又往西洋去,三佛齐过临五屿。
苏门答剌峙中流,海舶番商经此聚。
自此分艅往锡兰,柯枝古里连诸番。
弱水南滨溜山国,去路茫茫更险艰。
欲投西域遥凝目,但见波光接天绿。
舟人矫首混西东,惟指星辰定南北。
忽鲁谟斯近海傍,大宛米息通行商。
曾闻博望使绝域,何如当代覃恩光。
书生从役何卑贱,使节叨陪游览遍。
高山巨浪罕曾观,异宝奇珍今始见。
俯仰堪舆无有垠,际天极地皆王臣。
圣明一统混华夏,旷古于今孰可伦。
使节勤劳恐迟暮,时值南风指归路。
舟行巨浪若游龙,回首遐荒隔烟雾。
归到京华觐紫宸,龙墀献纳皆奇珍。
重瞳一顾天颜喜,爵禄均颁雨露新。

第十章

仁政之肇
——德化之盛，岂不与文景比隆哉

永乐二十二年(1424年),明成祖朱棣于榆木川驾崩,太子朱高炽继位为帝,是为明仁宗。朱高炽次年改元洪熙,而在当年五月,他便猝然而逝,执政时间不过十个月,在所有的明朝皇帝中,他在位时间仅比一月天子朱常洛多几个月。

仁宗、宣宗两朝,是明王朝的鼎盛时期。永乐盛世固有其盛世风采,但明成祖频年征战、好大喜功,也给国家带来了较为沉重的经济负担。有鉴于此,洪熙、宣德年间的国策,已由洪武、永乐两朝的严苛扩张,转为平稳内缩。

第一节 不招待见的监国太子

朱高炽是朱棣长子,他和汉王朱高煦、赵王朱高燧,同为仁孝文皇后徐氏所出。应该说,朱高炽是幸运的,因为他早在洪武二十八年(1395年)时,就成了燕王世子;永乐二年(1404年)时又摇身一变,被册立为皇太子——此时他不过是个二十六七岁的年轻人。

相传,徐皇后生朱高炽时,梦见了"冠冕执圭者上谒"的情形。论来,这是天命所归的象征,说明朱高炽生来就不寻常。然而,时人都知,他的东宫之位虽然来之容易,却保之艰难,因为朱高炽并不招朱棣待见。

原来,朱高炽体型肥胖,行动不便,偶尔还有跌跌撞撞之举,并不是什么灵活的胖子。朱棣勇武有力,马上得天下,自然觉得长子的尊容有些辣眼睛。再加上朱高炽为人仁厚、生性端静、嗜好读书,对箭术之类的武技不感兴趣,所以很难赢得父皇的欢心。

那么朱棣喜欢的孩子是谁呢?是老二。再次之,老三。

身体原因,朱棣靖难之时,只能命朱高炽留守北平。朱高炽在母亲和道衍和尚等人的帮助下,以万人之军,抵住了五十万官军,圆满地完成了任务,这也是臣工们支持他成为储副的一个重要原因。

此外,到了靖难后期,建文帝还曾离间过朱高炽与朱棣的感情,对其许以封王,但朱高炽却将诏书和诏使统统送到朱棣跟前,以示仁孝之心、坦荡之怀。朱棣大为感动,不由啃道:"留守之功胜于征讨。"

这个评价,是极为中肯的,只是话虽这么说,朱棣却始终疼爱他英爽好武、伶俐百端的次子。朱高煦经常与父亲并肩作战,立下

不少汗马功劳,这份亲密的父子情感,是朱高炽难以企及的。有一次,朱棣也曾对朱高煦说,世子身体不好,你要多多努力。言下之意,朱高煦自是心领神会。

从那时起,朱高煦就暗暗激励自己,他是在为他自己而战斗。

然而朱高煦的梦想泡泡很快便幻灭了。儒雅友仁,"好学问,从儒臣讲论不辍",且在靖难中也立下大功的燕王世子,是大多数臣工尤其是左班文臣心目中的最佳人选。兵部尚书金忠、内阁学士解缙等人,都是他的忠实"拥趸",为了帮助皇帝定下心意,故意陈举前朝历代立嫡掌故,大赞其深得民心称美天下。解缙甚至抛出了"好圣孙"三个字。

解缙明白,比起朱高煦来,皇帝更喜欢朱高炽的长子朱瞻基。要是皇位传给了朱高煦,朱瞻基也与皇位绝缘了。权衡利弊,朱棣终于颔首示意,在永乐二年(1404年)时给了朱高炽皇太子的名分。同一日,朱高煦和朱高燧分别被封为汉王和赵王。

因为朱高煦直接参与了靖难之役,并且在军中拥有较高的声望,所以其支持者也是有的。多年来,朱高煦本着"不抛弃不放弃"的思想,力改天命,搞出了不少事情。

在父亲面前,朱高煦卖萌撒娇,无所不至,无论是云南、青州,还是乐安州,他都不愿去就藩,即便朱棣疑心他有夺嫡之意(杨士奇暗示过),催他前去封国,他也不肯动身,还做出了一些犯上作乱之事——好在朱高炽为他求情才未被严惩。

在旁人面前,朱高煦却是每每口出狂言,以李世民自比,只可惜,他不是李世民,朱高炽也不是李建成。倒是他在父皇面前鼓唇弄舌,构陷太子不孝,以致解缙冤死、黄淮入狱之事,暴露了他的狭隘心胸。这样的人,竟敢比美于唐太宗,也是一桩笑谈了。

自打永乐七年(1409年)以后,朱棣常驻于北京,且食少事繁,朱高炽便奉旨监国,代父理政,直至正式迁都之后才来到北京。监国的日子,对于朱高炽来说,可谓是如坐针毡,惊险迭生。

朱高煦固然狡诈做作,朱高燧也不是个省油的灯。朱棣疑心病重,曾命礼部侍郎胡濙监视太子,但对方却给出了"以皇太子诚敬晓谨七事密奏之"的结论。这之后,朱棣才真的放心了。

必须说明的是,朱高炽虽不招他父亲待见,但却很得他皇爷爷的欢心。据说,朱元璋曾同时让秦、晋、燕三王的世子去检阅部队,朱高炽却等着军士们用完饭再检阅。眼见孙子这般体恤属下,朱元璋倍觉欣慰。

朱高炽为人也很宽容。他在奉命批答奏章之时,不去计较个别错别字和小毛病,认为此小过不足以上渎天听。他的这种襟怀,自然能为自己赢得不少好名声。

反观性情凶悍而轻佻胡为的朱高煦,不仅为朱元璋所厌恶,也惹来了舅舅徐辉祖的责骂。更可恨的是,他还偷过徐辉祖的宝马,多次残害过无辜的官民。写至此,不由在想,此人若掌一国之生杀大权,该是多可怕的一件事!

第二节 蹇夏三杨,治世能臣

永乐二十二年(1424年)七月里,朱棣驾崩于班师途中。英国公张辅等人决定封锁消息,一面命杨荣、海寿密报太子做好登基准备,一面费尽苦心将大行皇帝的遗体送回京师。就这样,汉王朱高煦错过了抢班夺权的最佳时机。

九月七日,朱高炽荣登大宝,大赦天下。被关押许久的右春坊大学士黄淮、洗马杨溥、前户部尚书夏元吉等重臣,都在他登基前后获释归家,以备国用。

三日后,大行皇帝上庙号为太宗。嘉靖十七年(1538年)时,又被改为成祖。

朱高炽甫一上台,便与吏部尚书蹇义、大学士杨士奇和杨荣议定加强北京治安,委派太监王贵通镇守南京。政权交接之时,两京的安全问题不可轻忽。

朱高炽在短短的执政期内,能得到史家的高度评价,和他十余年监国理政的经历,和他继位后重用"蹇夏""三杨"的明智之举,是分不开的。

这五个人,皆为年高德劭的老臣,政治经验十分丰富,且能优势互补,皆为治世能臣。

蹇义,是洪武十八年(1385年)进士,一路从中书舍人,做到了尚书。在永乐年间,他以其谙熟典章的优势,辅助太子监国,"不顾身家,前后二十余年,多次挽救危难"。到了永乐二十年(1422年),太子受谤之时,蹇义亦曾受累入狱。朱高炽十分倚重蹇义,将他晋为少师,还御赐一枚刻有"绳愆纠缪"的银章。蹇义在仁宗年间,曾监修《太宗实录》,态度审慎,令人称道。

夏元吉,是在洪武年间被荐入太学,而后以禁中书省制诰身份起家的。夏元吉担任过建文时期的户部右侍郎、采访使,但朱棣依然看重他,将其与蹇义一起升为尚书。夏元吉感其知遇之恩,在改进赋税徭役制度、治理浙西水患饥荒等方面,都颇有建树。尤为难得的是,夏元吉还为受唐赛儿谋反牵连的人求情,又努力调停谷王朱橞与皇帝的矛盾,甚至不惜用全家性命作保。可惜的是,永乐十九年(1421年)冬,夏元吉因为反对三征蒙古之事,而深陷牢狱。朱棣弥留之际,对夏元吉极为歉疚。朱高炽用人不疑,对于夏元吉所提出的赈灾免税、停建宝船、罢采金银的建言一概采纳。

杨士奇,是著名学者。在"三杨"里,"西杨"杨士奇以"学行"见长,因王叔英的推荐而得以纂修《太祖实录》,官至礼部侍郎、华盖殿大学士兼兵部尚书。他在内阁共担任辅臣四十余年,首辅二十一年。永乐十二年(1414年)、永乐十八年(1420年),曾因辅佐太子之故,两度入狱,旋又释放。在洪熙年间,杨士奇为礼部侍郎兼华盖殿大学士,曾进数次正直之言,匡正皇帝,亦得一枚"绳愆纠缪"章。其后,他又晋升少傅,参与了《太宗实录》的编纂。

杨荣,是文学家,为"台阁体"文学代表人物之一,引领一代文风。他又是政治家,在内阁先后担任辅臣三十八年,长期高居首辅之位。"东杨"杨荣是"三杨"里以武略见长的一位,一方面,他警敏善断,可比唐之姚崇;另一方面,他又有些恃才傲物、收受贿赂之举。不过这点瑕疵,比起其辅君登位的功劳,便显得无关紧要了。杨荣在仁宗年间,拜太子少傅、谨身殿大学士兼工部尚书。

杨溥,身份与杨荣相同。在"三杨"中,"南杨"杨溥以雅操著称。建文二年(1400年)时,杨溥进士及第,授翰林编修。永乐十二年,太子洗马杨溥为太子所累,被关进诏狱十年之久,但他从不自暴自弃,竟在狱中钻研经书史籍,而后大有所成。杨溥获释后,被授为翰林学士,在洪熙年间入弘文阁,又升任太常寺卿。至于杨溥接替西杨为首辅,已是正统年间的事情了。

第三节 改组内阁,仁政自我而始

明仁宗朱高炽的政绩,可从平反冤案、休养生息、改组内阁、裁汰冗官、南北分榜等方面来简要介绍一下。

朱高炽在继位之初,便赦免了饱受凌辱的建文旧臣和永乐年间一些犯事的官员。活着的官吏可返原籍,陷身教坊的释归从良,已死的便恩以昭雪。包括方孝孺、解缙在内的冤案,都被一一平反。平反冤案的做法,能够在短期内为新君积攒人望,在一定程度上矫前朝之枉错,聚当世之民心。

说到休养生息,先前所说的赈灾免税、停建宝船、罢采金银等事,都是朱高炽在发展经济方面做出的重大决定。要走出财政困境,首先要惠之于民、爱惜民力。所以过去那种征用木材和金银等商品的做法,是不为朱高炽所赞同的。

为此他打算以公平购买的制度替之。即便如购买祭祀所用的纯金色的全体羊之事,朱高炽也敕令有司不得低价收购。更不用说,他下令把太仆寺的马匹分给卫所牧养了,不过是担心他们擅自摊派,误了农时。

朱高炽继位刚一个月时,黄河猛然间决口泛滥,淹了河南开封,导致百姓流离失所,无以为家。为此,他忧心如焚,急免当年赋税,并派遣右都御史王彰前去赈灾慰民。当年十月,次年二月、三月,山东、舞阳、乐亭等地先后爆发水灾、饥荒之事,朱高炽都尽力免赋赈灾,不遗余力。

至于苏州、松江、嘉兴等纳税大府,朱高炽也适当地减轻了它们的负担。

为了提高行政效率,建文四年(1402年)时,朱允炆继续任用阁臣(一人至七人不等)为秘书。不过,那时的内阁尚未成为明朝的行政中枢。等到仁宗、宣宗时期,阁臣的地位才得以确立。

朱高炽多以其东宫旧人为阁臣,似乎是为了补偿他们在他监国期间所受之辱。为此,他将阁臣们封为一品高官,并兼兵部尚书(杨士奇)、工部尚书(杨荣)、户部尚书(黄淮)等职。

如此一来,阁臣们不仅能建言执笔,还能亲自参与决策。北宋的文官政治,是从第二位皇帝宋太宗而始的;此政治格局搁在明朝,却是从第四位皇帝正式开始的。

伴随改组内阁而来的,便是裁汰冗官。年老者,能力不称者,皆在裁汰的范围之内。

对于并不成熟的科举制度,朱高炽也做出了一些相应的调整。南北分榜便是一个有益的尝试。历史原因,北方士子的文化水平相对较低,以同样的准绳来衡量他们,虽然看似公平,但却浇灭了北方人入仕参政的热情。

洪武年间,已经开始进行南北分榜。而重新规定录取份额,是科举制度改革的必然选择。最后,朱高炽裁定录取比例为"南六十、北四十"。这一制度为后世所认可,后来出现的南卷、北卷、中卷三种分区域制度,一直沿用至清朝。

《明史》赞曰:"当靖难师起,仁宗以世子居守,全城济师。其后成祖乘舆,岁出北征,东宫监国,朝无废事。然中遘媒孽,濒于危疑者屡矣,而终以诚敬获全。善乎其告人曰'吾知尽子职而已,不知有逸人也',是可为万世子臣之法矣。在位一载。用人行政,善不胜书。使天假之年,涵濡休养,德化之盛,岂不与文、景比隆哉。"

明仁宗英年早逝,确为明朝历史上的一大憾事。

【小贴士】

【明朝三大才子】分别为博学、博文、博才之士。

解缙,江西吉水人,书香门第,洪武三十一年(1398年)进士,明成祖时官至翰林学士,又兼右春坊大学士。解缙天赋异禀,才华出众,且有安邦济世之才,主持纂修了《永乐大典》,被公推为博学第一。永乐十三年(1415年)冬,因触怒成祖被活活冻死。著有《解学士集》《天潢玉牒》等。

杨慎,四川新都人,杨廷和之子,正德六年(1511年)状元,授翰林院修撰。少年成名,被公推为明朝三大才子之首。曾上疏抗谏

武宗出游。嘉靖三年(1524年),杨慎担任世宗的经筵讲官,因"大议礼"事件遭受廷杖,三十年后死于戍地云南。著述甚丰,题材多样,现存诗约两千三百首,总体上呈现"浓丽婉至"的诗歌风格。其妻黄娥,有"曲中李易安"之誉。

徐渭,浙江山阴人,诗、书、字、画、兵法无一不通。他参加过嘉靖年间东南沿海的抗倭斗争,曾入狱七八年之久,又辅导过辽东总兵李成梁之子,最后以艺糊口,落魄而死。徐渭最重书法,自称"吾书第一、诗二、文三、画四",郑板桥、齐白石皆说愿为其门下走狗。

第十一章

宣宗治国——促织天子创造的太平盛世

"宣德间,宫中尚促织之戏,岁征民间。"这是清人蒲松龄在《聊斋志异·促织》中的描述。本来,君王也是人,有一些自己的爱好,只要张弛有道,亦是无可厚非。然而,翻开明人吕毖在《明朝小史》中的记载,可能会令人瞠目结舌。

"帝酷好促织之戏,遣取之江南,其价腾贵,至十数金。时枫桥一粮长,以郡督遣,觅得其最良者,用所乘骏马易之。妻妾以为骏马易虫,必异,窃视之,乃跃去。妻惧,自经死,夫归,伤其妻,且畏法,亦经焉。"

这个记载,应该就是《促织》这个故事的原型了。无怪乎朱瞻基这样一个创造了"仁宣之治"的太平天子,会被人们戏称为"促织天子""促织皇帝"。朱瞻基驾崩之后,张太后命人"将宫中一切玩好之物、不急之务悉皆罢去,革中官不差"。因此,存世的宣德蟋蟀罐仅有三个。

第一节 文人皇帝的成长史

与父亲朱高炽一样,朱瞻基出生之时,也是有异兆的。据闻,洪武三十一年(1398年)二月,燕王朱棣曾梦见朱元璋赐给他一个大圭,其上刻着"传之子孙,永世其昌"这八个意味不凡的字。大圭者,至权也。朱棣醒后,正品咂着此中滋味,世子长孙朱瞻基出生了。

之前说过,因为朱瞻基受宠,朱高炽的储君之位稳靠了不少。自小以聪慧好学著称的朱瞻基,也练就了一副好口才,每每让祖父开怀大笑。

永乐十一年(1413年)端午节时,宫中照例要举行射柳活动。当时,朱瞻基百发百中无虚弦,朱棣看着已是十分欢喜;而当他立马对出"一统山河日月明"的下联(御出上联"万方玉帛风云会")时,朱棣自然是喜上眉梢,情不能已了。

其实,打从永乐五年(1407年)起,朱棣便命靖难第一功臣姚广孝(道衍不愿蓄发还俗,一直住在寺里)和翰林院的内阁大臣,为他讲学论经。除此以外,朱棣在巡狩北平和亲征蒙古之时,也时常将他带在身边,施以言传身教,让他养成体恤民情的态度,体会杀伐酷烈的战争。永乐八年(1410年)开始,朱瞻基还在尚书夏元吉的辅佐下,留守北京处理国事。到了第二年,他皇太孙的地位也得以确立。

姚广孝博古通今精于战略,儒臣们深谙治国平天下的道理,朱棣给予的种种实践机会,综合在一起,便成就了一个身具祖父之英武,又兼父亲之智谋的好孩子。朱棣见他读书时,有意从中汲取历朝治乱的经验,时常忍不住称赞自己的孙儿,将来必为太平天子。

因其长于诗赋书画,重视图书文化事业的发展,朱瞻基可被视为一位出色的文人皇帝。

继位之后,他屡次与臣子们共登万寿山,同游太液池,"赋诗赓和,从容问民间疾"。如今,我们还能看到朱瞻基宣扬其治国理念的唱和之作和他着墨细腻的山水花鸟之作。《戏猿图》《花下狸奴图》《瓜鼠图轴》等,都是其中的经典名品。他也时常以书画作品御赐重臣,以表君臣之谊,故此宣宗御笔多传后世。

宣德八年(1433年)间,朱瞻基曾命杨士奇、杨荣等人,在广寒殿、清暑殿及琼华岛储放五经、《说苑》等副本;后又修建贮藏古籍的通集库、皇史宬。"当是之时,典籍最盛",内阁藏书约有百万卷,二万余部,且多为抄本。"世既承平,文物益盛",这便是仁宣盛世的一种气象。

不唯如此,朱瞻基也是一位致力于仁政的儒家君主,身体力行是一方面,他还编写了堪称为君指南的《帝训》和申饬官员的《官箴》,可想而知,在他的思想体系里,儒学占据了绝对的分量。

第二节 更有后人知警也

彼时,朱高煦的夺嫡之心昭然若揭,对此朱瞻基也是心知肚明的。有一次,朱棣命子辈们去拜谒朱元璋的陵墓。朱高炽行走不易,即便有内侍搀扶还是保持了跌跌撞撞的"一贯风格"。汉王朱高煦怎能放过这个打击太子的机会呢?"前人失跌,后人知警"这句话听来好不刺耳。

岂知,他刚说完这话,好口才的朱瞻基便接口道:"更有后人知警也!"朱高煦回身一看,大惊失色,心知这不是个好对付的主。虽说如此,但凶悍惯了的朱高煦,显然是一个不见棺材不掉泪的人。

当他还在为错过夺位最佳时机而懊丧之时,朱高炽的死讯便传到了他的耳中。

洪熙元年(1425年)五月,朱瞻基因南京地震,居守于南京赈灾善后。父皇突然病故(世有朱瞻基想及早登位谋害父君的阴谋论),朱瞻基料想他二叔会有所行动,旋即夜以继日地赶往北京奔丧。由于朱高煦的伏兵不太给力,朱瞻基又快马加鞭不好邀击,所以朱高煦的阴谋未能得逞。

对此,朱高煦当然不死心。

在他看来,重用文臣的侄儿,似极了当年的朱允炆;而英武盖世的自己,完全可以再走一次"靖难之路"。藩守在乐安州的朱高煦,很快开始试探那个嘴巴不饶人的小皇帝。

朱瞻基在六月登基。下一月,朱高煦故意向朱瞻基上陈所谓的"立国安民"之策;次年(1426年)正月里,朱高煦又命人入京进献元宵灯。对此,朱瞻基二话不说,全盘接收,制造一种真诚温和好说话的假象。

朱高煦以为朱瞻基不过是病猫一只,却没想到他原是猛虎一头。起事于八月间的新版"靖难之役",很快以朱高煦的彻底失败而告终。

这一次,夏元吉很"荣幸"地成了朱高煦口中的"齐泰""黄子澄"。朱瞻基本打算派出阳武侯薛禄前去征讨,但杨荣、夏元吉都认为朱高煦只是一只纸老虎,皇帝一旦御驾亲征,"以天威临之",必然马到功成,"事无不济"。

有三个细节,足以预见朱高煦的失败。一是英国公张辅拒绝与朱高煦合作,并将其亲信枚青送交朝廷;二是朱高煦本与山东指挥使靳荣约定在济南作乱,没想却被人察觉戒防了;三是朱高煦在叛乱的路上,鲜有人应,陷于孤立无援之境。

末了,朱瞻基一边派人传召,一边开始围城,乐安州城里的人心便哄然瓦解了。朱高煦不得不投降献城,成为阶下之囚。此战中,计有两千余人,或伏诛(如王斌),或戍边,得到了极重的惩罚。平乱之后,朱瞻基将前后经过写成《东征记》一篇,借以昭示群臣,树立君威。

与此同时,朱瞻基又暗示三叔朱高燧交出兵权,对方非常识时务地交出了三卫兵马。如此一来,"藩王尾大不掉"这个三朝遗留问题,终于得到了有效的解决。

如果,朱高煦安心做个庶人,或许没有往后的悲惨遭遇。可他一点也不安分,居然还伸脚绊倒对他网开一面的皇帝侄儿。朱瞻基怒不可遏,用三百斤重的铜缸和木炭结果了他。事后,朱高煦的儿子们也被铲除殆尽。"一蛇吞象,厥大何如",这是何苦来哉!

第三节 循吏清官,世所广誉

藩王之势尽去,朱瞻基初步稳定了政治局面,进一步加强了皇权。

正所谓:"仁宣之治,吏称其职,政得其平,纲纪修明,仓庾充羡,闾阎乐业,岁不能灾。盖明兴至是历年六十,民气渐舒,蒸然有治平之象矣。"十年统治时间,并不算太长,但朱瞻基一方面亲近贤士名臣,以"蹇夏"、"三杨"、金幼孜、张辅、胡濙等人为股肱辅弼(权谨、黄淮因年老而致仕,后入阁的张瑛与陈山,因"寡学多欲"而被降职);一方面又重用循吏清官,尽量让顾佐、周忱、况钟、于谦等人展其所长,故此方能造就一个太平盛世。

多年以来,朱瞻基努力制造一种宽松的君臣关系。宣德六年(1432年)七月里,朱瞻基夜访杨士奇家宅,明人焦竑载曰:"漏下十二刻,从四骑至士奇宅。士奇仓皇出迎,顿首曰:'陛下奈何以宗庙社稷之身自轻?'上曰:'朕欲与卿一言,故来耳。'"

朱瞻基纡尊降贵的情形,与过去赵匡胤骤访赵普雪夜定策一事,倒有一些相似之处。更为难能可贵的是,朱瞻基将这种君臣间的和谐气氛维系到了最后。同时,他也十分善于调和臣子间的矛盾。

因为杨荣时有贪墨之行,朱瞻基便生出了罢黜之意,但杨士奇不希望皇帝因小过而对有用之臣弃置不用。朱瞻基闻言,才说起杨荣曾说过他和夏原吉的坏话。后来,杨荣得知杨士奇的宽广心胸,二人之间便前嫌冰释,相知白首了。

在政府结构上,朱瞻基大体上保持了原有的官员编制,但又在行政制度方面做了一些改动。

比如,官居一品的阁臣们虽人在内阁,但却同时在外廷兼任尚书(杨士奇为兵部尚书,黄淮为户部尚书,金幼孜为礼部尚书),他们拥有着六部没有的票拟之权。所谓票拟,指的是内阁学士先阅奏章,再"用小票墨书"处理意见呈交皇帝批示的一种行政制度。很显然,阁臣的意见对于皇帝而言,会有不小的参考价值。由此,负责传达的内阁,真正拥有了建策的权力,故而在宣德年间,明朝的阁权第一次超过了六部之权。

又比如,对于都察院中怠于政事、滥用职权的官员,予以不同程度的惩罚,转以廉能之士替之。比如,宣德三年(1428年)八月里,顾佐便取代了都御史刘观,得以大展拳脚。经此一事,人浮于事的情形好了许多,御史们也不得不作风干练、直言少讳,真正认真负责起来。

再比如,在地方行政中,朱瞻基也试图将巡抚这样的职务加以制度化。所谓"巡抚",便是指高级官员(主要是六部侍郎)被临时

指派,代表皇帝去某个地区"巡视安抚"。宣德年间,某些官员因为长期巡视变成了专使,其职务也慢慢地被制度化了。

如果巡抚所涉区域超过一个辖区,便成了具有协调、监督职权的总督。宣德五年(1430年)五月间,工部右侍郎周忱便有幸成为第一个总督,负责督运自长江解往北京的漕粮。

巡抚、总督,在正统年间,也有一些军事方面的任事,其职务也得以进一步制度化。到后来,清朝也沿用了这样的制度。

周忱这个人,是朱瞻基进行财政改革时最为有力的帮手。

为了加大苏州、松江等府的减赋力度,改变大量人口出逃的现状,周忱在进行调研之后,先后发明或采用了水次仓、平米法、济农仓、金花银(即折粮银、京库折银)等制度,又改革了粮长制度,切实减轻了农民的负担,在一定程度上刺激了南方各府货币经济的发展。

从宣德五年起,况钟开始担任苏州府知府。他和周忱一样,是个富有改革热情的直臣,受到地方百姓的真心拥戴。可惜的是,因为户部等部门的反对,周忱的改革受到不少阻力,其效果也打了不少折扣,但是,周忱的辞世,也没带走大家对财政改革的探索。再后来,嘉隆万时期的张居正,也以之为参考,对长江下游的财政制度进行改革。

周忱、况钟,可谓是功在当代,利达后世。

第四节 休养生息,弭患于未萌

在明王朝二百七十六年时间里,仁宣盛世以其"仓庾充羡,闾阎乐业"的特点,被认为是可比文景、贞观、开元的极盛时期。作为一个守成之主,休养生息必是其主要的治国之策。

朱瞻基极为重视农业。一方面,他经常劝课农桑,鼓励辟荒;另一方面,他又较为体恤民情,时有救济之举。宣德五年(1430年)三月,朱瞻基微服出访时,曾取来耕田农具,亲自犁地。哪知,朱瞻基推了几下就已经乏力了,他便忍不住感慨道,农民们长年耕作,的确是备尝辛苦。

当年六月,在得知京畿地区发生蝗灾时,朱瞻基急派官员指挥灭蝗,又谕旨户部要严防官员从中谋利。"蝗螽虽微物,为患良不细。其生实蕃滋,殄灭端匪易……除患与养患,昔人论已备。拯民于水火,勖哉勿玩愒。"一首《捕蝗诗示尚书郭敦》写得情真意切,又切中肯綮。

对于遭受种种灾荒的地区,当然也要施以不同程度的减免赋税。诸如采木、采珠这类的事,朱瞻基能免则免,绝少扰民。部分年迈残疾的工匠,也被解除了匠籍,得以归乡养老。

不滥用民力,"将弭患于未萌",是朱瞻基执政思想中的另一个中心。为此,他大力清查军队腐败,采取军事收缩政策,尽量减少对外作战,甚至放弃对安南的所有权。

单有物质层面的富裕还不够,当诸如《嫖经》之类的狎妓指南满天飞的时候,朱瞻基猛然意识到,官员们腐朽荒淫的私生活,将助长腐化之风,造成国家政纲松弛的恶劣影响,于是他在宣德四年(1429年)时,下令废除了原有的官妓制度,查封了两京一十三省的官营妓馆,禁绝达官显贵狎妓作乐。

因为此令对民间娼妓业没有多大的限制,故而文武百官只是短时间内规矩了些,事后又故态复萌,在家里蓄养女乐家妓。宣德十年(1435年),朱瞻基英年早逝,此后色情业迅速反弹,淫风大炽、靡乱不堪的社会风气,在晚明时期达于极致。

【小贴士】

【明朝瓷器】

有宋以来,窑口竞争激烈,制瓷工艺百花齐放,但明朝在元青花的基础上,形成了由景德镇瓷窑为中心的新局面。明朝的瓷器仍以青花为主,但在各个时期又呈现出不同的特色。

洪武时期的青花瓷,淡化了元代繁密的风格,转而追求清逸留白之美;永宣时期的青花瓷,则以胎釉细腻、纹饰艳美而著称;成化、弘治、正德时期的青花瓷,讲究胎薄色淡;嘉万时期的青花瓷,注重花色的浓厚,且在蓝中泛出紫来;万历之后的青花瓷,又在蓝中浮出灰调。

除了青花瓷,釉里红、甜白釉、红釉、青釉、蓝釉、酱釉、仿哥釉、仿汝釉瓷器、斗彩、黄釉、孔雀绿釉、素三彩、五彩等瓷器,也都各具风采。至于形制,压手杯、双耳扁瓶、天球瓶、斗彩鸡缸杯、大龙缸、方斗碗、葫芦瓶、文房器物(笔管、瓷砚、水注、镇纸等)、棋具等,应有尽有,无不精巧绝伦,异彩纷呈。

第十二章

王振弄权
——主少国疑，奸宦窃柄

宣德十年(1435年),明英宗朱祁镇继位。自他而起,景宗朱祁钰、宪宗朱见深、孝宗朱祐樘陆续执政,前后大约七十年。这一段时期,被普遍认为是明朝的中衰时期。这个中衰,以皇帝怠政、政局不稳、边防骚动、财政危机、起义迭起、文化贫乏为特征。

其间,虽有朱祁钰的力挽狂澜,朱见深的一团和气,朱祐樘的弘治中兴,大明的航船仍然驶向了一个礁石林立、逼仄难行的彼岸,一去不返。

幼主当国,贤士难求,不得不说,古人以"主少国疑"为忧,并非杞人忧天。

第一节 仁宣之治的缺憾

仁宣执政十一年以来,宽松养民,一改过往的严猛国策。是时,百姓安居乐业,生活富庶有余,生产持续发展,贸易不断增加,连农民起义也鲜少发生。"明有仁、宣,犹周有成、康,汉有文、景。"可谓名副其实。

在个人德行上,仁宣二帝也有不少可圈可点之处。以朱瞻基为例,他有两个优点,是大多数古代封建帝王难以企及的。其一,对于卫家女儿剖肝疗母之事,朱瞻基认为不值得表彰和提倡,这不仅仅是因为"身体发肤,受之父母",还因为孝心应有价值有智慧地体现;其二,对于一个和尚讨钱修庙以祝福他长寿安康之事,朱瞻基表示嗤之以鼻,因为他并不相信长生不老之说,还认为秦始皇、梁武帝、宋徽宗尊佛崇道的做法,十分无稽。

孝而有方、破除迷信,这是非常难得的为政思想。然而,仁宣二帝是否就是完人呢?

非也!倘使细察其政,也能发现盛世之下的波荡微澜,也能看见仁厚爱民的君主,还有一些做得不尽如人意的地方。

首先,咱们来说虚心纳谏这个层面。

仁宣二帝,在历史上享有广开言路的名声。杨士奇备受父子皇帝信任,有一个重要原因,便是他敢于进谏,并善于进谏。当初,杨士奇劝宣宗应该让流民附籍时,就曾说:"弭患于未萌。"朱瞻基深知,强行将流民撵回原所,很可能会激化阶级矛盾,得不偿失,遂欣然纳谏。

可是,仁宣二帝的耳中,并不能容下所有的逆耳之言。比如,虞谦上言时的尖锐措辞,便触怒了朱高炽,朱高炽虽为自己惩罚虞

谦的行为下过罪己诏,但后来却将其明升暗降,予以打击报复。再如,李时勉也因为上疏言弊之事,触怒过朱高炽。

尤其是李时勉,过于刚耿不阿,惹得朱高炽气怒难当,招来了武士一顿毒打。金瓜"伺候"之下,李时勉的肋骨都断了三根,后来又被投进了锦衣卫监狱。朱高炽临死之前,提起李时勉都有些气咻咻的,吓得夏原吉好一顿劝。

朱瞻基继位之后,也曾想"修理"李时勉,为父报仇,但总算克制住了。然而对于在东宫时得罪过自己的老师戴纶、林长懋,进言时"不分轻重"的陈祚,朱瞻基就克制不住自己的怒气,或斩或贬了。

然后一起来看看朱瞻基在军事上的失误。

朱瞻基对于军队十分关心,特意制定了清除营私舞弊的条款,举行公开的军事检阅,着力提高军队士气和战斗力。然而,对于军屯等军事制度中的症结,朱瞻基却没有给出行之有效的解决方案。此外,大概是为了体现仁君风范,他对犯罪军官的处理也较为宽大,说他们毕竟缺乏教育,犯错也是在所难免的。

试问,如此"宽大为怀",军队的纪律性又如何保障?自此以后,明军的战斗力持续滑坡,到了正统十四年(1449年)时,付出了惨重的代价。

在退军安南一事的处理上,朱瞻基的做法也有些欠妥。为了建立一个天下混一的大帝国,明成祖朱棣曾兴兵讨伐安南,在那里设省置吏,加以羁縻统治。但安南不服管制,时有叛举。为了剿灭镇压叛军,明朝投入了大量的人力、物力、财力。

朱瞻基时期,自言"反复思之,只欲如洪武中、永乐初,使(安南)自为一国,岁奉常贡,以全一方民命,亦以休息中土之人",采取剿抚并用的息兵政策,恢复其附属国的地位。

安南再次独立，固然换来了两国的多年和平，省却了许多开支，但明朝在扔掉沉重包袱的同时，其国际声望也受到了损害。简言之，失安南则失西洋，明朝在西洋地区的宗主国地位也不再那么稳固了。

再说边疆政策。朱瞻基虽有亲征之举斩获甚丰，但他却秉持息事休兵、单纯防御的思想，在前代收缩北防线——九边三卫——的基础上，再度将防线内缩，迁走了开平卫所，无形中纵容了瓦剌势力的崛起，埋下了隐患。

再然后，仁宣二帝提高了宦官的地位，为以后出现的宦官专政埋下了伏笔。

最后，朱瞻基的个人好恶，也有些不加节制。

因为宠爱孙贵妃而废黜无辜的胡皇后，因为贪慕女色而惩罚拒予房中术的太医，因为让各地采办蟋蟀而惊扰百姓……都是他的一些个人污点。

但总而言之，仁宣盛世时，外无强兵犯境，内无党派之争，政府行政能力强，百姓生活质量高，无怪后世将其作为治世的标本，加以咏唱和纪念了。

第二节 司礼监有个"王先生"

明朝宦官弄权的历史，要从王振说起。

洪武、建文年间，宦官不能参与政治；永乐年间，朱棣重用宦官参与征税、采办、监军等事，但对其监督严厉，扬长避短；洪熙、宣德年间，朱瞻基设置"内书堂"，挑选伶俐的宦官读书习文，以便为其分担政务。

不久后，朱瞻基又设置了司礼监秉笔太监、司礼监掌印太监等

职,给予部分宦官以充分的信任。他还下放了与票拟相应的权限——批红(皇帝收到文书票拟后,仅亲批数本,其余则由司礼监官照录或是更改,以朱笔批之,代行皇权)。批红下发之后,再交内阁撰拟诏谕,颁发有司。

毫无疑问,这种做法可以切实减轻皇帝的负担,提高行政效率,但如果遇上皇帝年幼无知,君主龙体抱恙,或是懈怠怠懒的情况,便有可能无法复审批红,从而给司礼监官提供了篡改圣意上下其手的机会。

机会一多,经手人的权欲自然也就膨胀起来了。

所幸朱瞻基勤政,底下的宦官不敢张牙舞爪,可不幸的是,宣宗本欲将王振作为可用之才,遗给自己的宝贝太子,却料想不到,正是这个令朱祁镇敬服万分的王先生,掀起了大明王朝的滔天巨祸。

王振本是蔚州(今河北蔚县)的一个落第秀才,因为科举无望,便把心一横自阉入宫,开始他别样的"征程"。经过永乐末年和仁宣时期的奋斗,巧言令色、善于伺察人意的王振,得到了朱瞻基的高度信任。比起没有文化的宦官们,王振无疑是矮子里的大高个,朱瞻基任之为东宫局郎,日夜伺候在太子身边。

渐渐地,朱祁镇也以之为长者,尊敬地称他为"王先生"。

宣德十年(1435年)正月间,虚龄九岁的朱祁镇继位为帝,次年改元正统。因为他年龄实在太小,无法独立执政,权力中枢只能由太皇太后张氏(祖母)与内阁"三杨"合力运作。与两宋时期的许多太后不同,张太后虽有垂帘之名,但无听政之心,因此国家大事依然由"三杨"统摄。

只是,因为朱祁镇不想委屈了王先生,便命其替代金英,成为司礼太监。

王振忍辱多年，终于得到了这样的机会，当然想要一逞其势——事实上他也这么做了。像工部侍郎王佑和兵部侍郎徐晞这样的觍颜谄媚之人，都得到了王振的提拔。

不过，正统初年时，张太后对他有所戒防，不时对他敲敲打打，甚至还在小皇帝面前摆出斩杀权奸的架势。王振吃一堑长一智，往后不仅低调做人，还对张太后和"三杨"殷勤周致，时常教育太子不可贪玩好耍——在外人面前，俨然一正人君子、有德先生。

史载，王振曾在"三杨"面前，说朱祁镇与小宦官击球玩耍，是无视江山社稷的做法。每次需要去内阁传旨之时，王振连内阁的门都不进去。

一个"忠心耿耿"而又"卑微谨慎"的宦官，简直就是内臣中的清流啊！"三杨"皆作此想，对王振也不由得客气起来，偶尔还请他去阁中就座。

第三节　两面人的春天

人的面貌往往是两面的。

这位王先生一旦与他的"学生"独处之时，便一改温顺纯良的模样，"规劝"他要重典御下、远离"经筵"、以武治国，甚至教唆他带领文武大臣到朝阳门外阅兵。

借着皇帝的宠任，王振私下也在悄悄培植自己的势力，他借阅兵之机，将心腹纪广报为骑射第一，一举提升为都督佥事，便是一个明证。

当然不可否认的是，王振之所以能赢得四朝皇帝的好评，也确实有些讨好人的本事。

正统四年（1439年）十月间，因为各自的同乡犯案，杨溥、杨士

奇在处理意见上产生了分歧,张太后感觉这事非常棘手,而王振却给出了一个折中的办法——杨士奇的乡里杀人者廖谟可以降级处理。

经此一事,张太后在心中给王振点了一个赞。

冯梦龙在《智囊》里,也摘引了一件逸事。书中说,王振曾用巧妙的方式,劝服张太后和小皇帝不要在功德寺里逗留。您想,毕竟是一国之君,时常在寺里流连不归,甚至在那里过夜,成何体统!

对此,"三杨"没有什么好的解决办法,但王振却密造了一尊佛像,并请皇帝进言太后。这太后一高兴啊,就命人将金字藏经供奉在东西二房。这样的房间,是不能让人就寝的,故此,祖孙留宿的问题迎刃而解。

原载者文林叹道:"当时名臣尚多,而使宦者为此,可叹也!"冯梦龙亦评道:"君子之智,亦有一短。小人之智,亦有一长。小人每拾君子之短,所以为小人;君子不弃小人之长,所以为君子。"

总之,张太后对王振,是又要打又要用;"三杨"对王振,是从为其蒙蔽到逐渐识破,但后来他们已经动不了羽翼丰满的对手了;至于辅臣中的张辅和胡濙,对王振则睁只眼闭只眼,大有才疏学浅、滥竽充数之嫌。

杨荣病逝于正统五年(1439年),杨士奇因为不肖子而引咎辞职,杨溥年迈力弱,新入内阁的大学士马愉、曹鼐也有心无力。如此一来,两面人王振的权势越来越大,几乎到了一手遮天的地步。

张太后是在正统七年(1441年)过世的。头一年十月,奉天、华盖、谨身三大殿重建竣工,朱祁镇开筵庆贺。照例,宦官是没有资格参加这种宫宴的,但因为王振十分生气,皇帝也不忍慢待,"乃命东华开中门,听振出入"。就这样,王振终于威风凛凛地来了,来都来了,还做出一副委屈巴巴的样子,说他明明是周公一样的角色,但却得不到应有的尊重。

想当年,张太后(指挥使张麒之女)还是燕王世子妃的时候,便以贤德精明著称。朱高炽储君地位得保,与她大有关系;朱瞻基遇军国大事,也不忘听取她的意见。因此,史家评曰:"太后贤明,有汉马氏、宋高后风。"

可惜的是,女中尧舜张太后,已经卧于病榻,再没能力修理王振了。在她病逝后的冬天,王振毁掉了早就看不顺眼的太祖铁牌。到了第二年,杨溥也过世了。

好,成了!王振弄权的所有条件,完全成熟了。大理寺少卿薛瑄竟然不依附他,罢黜!驸马石璟竟然辱骂太监,下狱!锦衣卫士兵竟然敢写传单"黑"他,凌迟……至于入京连土产品都不带一包给他的于谦,算了,惹不起周王、晋王还有伏阙上书的百姓,就降他为大理寺少卿吧。

为了提高行政效率,为免皇权旁落于内阁,明宣宗朱瞻基任用宦官代行批红,但他未曾想到,一开明朝宦官弄权先河的,正是他最信任的那个宦官。

【小贴士】

【经筵】

经筵制度起于汉唐,终于明清。它是一种特殊的帝王教育制度,其负责讲论经史的御前讲席,专为帝王而设,意在以对道统的强调,来"革君心、正君心",达到制约皇权政统的目的。因为经筵制度植根于理学,故此直至两宋时期,它才得以正式命名,逐渐被制度化。

"经筵一日不废,则圣学圣德加一日之进;一月不废,则圣学圣德加一月之进。盖人之心思精神有所繁属,则自然强敏。经筵讲

学,正人主开广心思,耸励精神之所也。"在明人看来,讲学是帝王教育的头等大事。

明朝的皇帝和太子,几乎都接受过这种道德教育,但其效果却视皇帝的自觉性和悟性而定,并非每个人都能参会圣学有所收获。例如,"三杨"曾为冲龄即位的明英宗朱祁镇开设经筵,地点在文华殿内,御前讲席须在每月二日、十二日、廿二日到班。经筵以外,还设有规模较小的日讲。不过,事与愿违的是,小皇帝对于经筵几无兴趣。

第十三章

土木之变
——偶然的败仗，必然的败局

这一章,我们从劳民伤财的麓川之役说起。

宣德年间,滇西南的麓川宣慰使思任发很是不守规矩,时常侵扰相邻的土司。正统三年(1438年)时,明王朝发兵十万,一举震慑了思任发。虽说明军为此付出了较为惨重的代价,但有鉴于放弃安南的决策失误,这场战役仍然具有一定的政治意义,不可被视为穷兵黩武之举。

然而,在这之后,王振和兵部尚书王骥为了谋取自己的利益,持续出兵麓川,故此,从正统六年(1441年)起,截至正统十四年(1449年,土木堡之变之前),麓川烽火从未熄灭。

翰林侍讲刘球以为,为此弹丸之地发动旷日持久的战争,同时却荒怠于蒙古边务,是军事策略上的一大错误,遂进《伐麓川疏》一封。王振憎恶刘球反复进谏和奏请皇帝独揽实权的做法,而将其下狱,暗中处死。

第一节 "好人"惹出的祸事

正统四年(1439年),原打算侵犯明境的瓦剌军丞相脱欢病死于军中,其子也先继位之后,自号为太师淮王。在个人能力和野心方面,也先都是"青出于蓝而胜于蓝"的,在他的经营之下,脱脱不花这个汗王的势力被迅速架空,徒具虚名。

令人无语的是,在朝贡贸易这方面,也先与脱脱不花各行其是,都跑来讨要赏赐。明王朝虽然大方阔绰,却也不胜其扰,负担极为沉重。只是,也先将使团发展至千人,不时前来朝贡,不全是为了占经济上的便宜。明朝愈发腐败的政治和松弛无度的武备,都被也先看在眼里,记在心里。这一切,对于野心勃勃的异族首领来说,自是数载难逢的机会。

正统十四年(1449年)正月间,也先又派出了一个一千七百余人的朝贡使团,人数本来就超标了,他还当明政府是冤大头,又虚报了一千多人上去。不仅如此,也先带来的贡品——马,也是劣等货。

也先一直对王振行贿,并有走私军火的生意往来,按说王振该对这件事视若无睹才是,但可能是分赃不均的原因,王先生这次想做个"好人"。马价是一定要削减下来的,之前许嫁公主的事,也别想了。

可是,受到这样的惩罚,也先不服。

左右没有借口犯境,也先口里说不服,心里却是美得不行。这一年夏天,也先伙同其他部落,发兵越过长城,分别攻打辽东、甘州和边防重镇大同、宣府。

边地急报雪片般飞进北京,打破了朱祁镇的"岁月静好"。也

先在大同外杀死了边将吴浩,朱祁镇急派驸马井源等四将,各率一万人马前去增援。不知道北宋时扬威沙场的大宦官童贯是不是王振的偶像,我们只知道,他建功立业的热情远胜以往,极力怂恿皇帝御驾亲征。

想起祖辈五伐蒙古的旧事,二十来岁的皇帝热血沸腾,不甘平凡,自是欣然应允,立马跟群臣商讨出兵计划。冷水,一盆冷水。和群臣一商讨,才知道他们都不是他的知心人。吏部尚书王直认为,也先在水草不丰的时节犯境,没有天时地利,如果我方坚壁清野,他们没有胜算,最终只能人马困顿而还。再者,亲征不是闹着玩的,万乘之尊切不可轻陷危境。

朱祁镇接受了王直的分析,却不赞同他的结论。既然大有胜算,他凭什么不出去"保卫江山社稷"?除了王直,包括兵部尚书邝埜和右侍郎于谦在内的朝臣们,都采用各种方式谏止皇帝,甚至拿天象不吉来说事。然而,朱祁镇一意孤行,已经决定三日后出征。

三天时间到底够不够?

彼时,分权管理的兵制是这样的:都督府管将帅调度,兵部管士兵征发,工部管军械应用,户部管军费开支。一句话,互相制衡。换句话,军士若想造反门都没有!

且不说几个部门的协调运转需要时间,单说士兵的征发集结,以及操练演戏,都存在很大的问题。原因?耗在麓川之役上了。

无论朝臣们窝着怎样的火气,吐出怎样的词锋,都挡不住朱祁镇御驾亲征的步伐。

第二节 御驾亲征,并非百试百灵

七月十六日那天,明廷发兵二十万(《明实录》中无载,《天顺日录》《否泰录》中称二十万),号称五十万,浩浩荡荡地开往大同。他们想要直接与也先交战,以威慑敌人,安邦定国。仓促调来的军士们,事前只得到了一些物资和极少使用的高精密火器,心里并没什么谱。

令人愕异的是,心里没谱却又爱乱弹琴的王振,竟然越过邝埜,成为明军的实际指挥者。古来,长于纸上谈兵的赵括,喜欢阵图遥控的宋太宗,都没什么战绩可言,天知道王振哪来的自信,敢在毫无军事指挥常识的情况下,指挥这样大规模的部队。

这场仗注定是打得像儿戏,败得像喜剧。

序幕:七月十五日,也先灭了阳和口的明军,三位主将死了两个,左参将都督石亨跑得快——此人之后还有不少戏份,王振的私党郭敬也溜了。

第一幕:八月初一,亲征军经居庸关、宣府,到达大同,在得知井源已阵亡的消息后,王振骇得面无人色,急劝皇帝回銮。

第二幕:北线相当于原路返回,安全;南线内有关道,外有长城,靠谱。王振择了南线,但却抱着光耀门第的想法,无视富有经验的军士们,抄近路从紫荆关回京的意见,而邀请皇帝去他老家走一走。

第三幕:亲征军走了四十里路,王振担心他受贿的那些"辎重"跟不上趟,以怕踏坏庄家为由,折进北线,将其侧背暴露于瓦剌军的眼皮子底下。

第四幕:八月中旬,同样是为了等辎重,亲征军不得不服从王振,驻扎在几乎没有水源的高冈——土木堡。此前几日,也先已经从宣府追过来了,吴克忠和朱勇的部队,都全军覆没了。实际上,再多走二十里,就是怀来县,再不济也可据地而守,比之现状安全得多。可惜,提意见的邝埜被架走了。

第五幕:"八月十五日也,将午,人马一二日不饮水,渴极,掘井至二丈,深无泉"(《天顺日录》),也先又切断了土木堡南边的水源地,闹得亲征军焦渴难耐,斗志低沉。

第六幕:其后,亲征军突围不利,又上了也先诈和的当,欢欢喜喜地跑去喝水,结果被也先斩杀过半,辎重全无。

第七幕:朱祁镇坐在尸山中,倒还镇定自若、气节不折,但终究为也先部下所俘;在这前后,王振被护卫将军樊忠一锤子送去了极乐世界。

第三节 偶然的土木之变,必然的军事失败

李贤在《天顺日录》中评道:"幸而胡人贪得利,不专于杀,二十余万人中伤居半,死者三之一,骡马亦二十余万,衣甲兵器尽为胡人所得,满载而还。自古胡人得中国之利未有盛于此举者,胡人亦自谓出于望外,况乘舆为其所获,其偶然哉?"

很多人也说,亲征军败于土木堡,朱祁镇"北狩"于瓦剌,是个偶然事件——因为王振瞎指挥,但综合多方因素看来,明军即便没输掉皇帝(朱祁镇原本可以不亲征),也不见得会打赢这场仗。

何以见得呢? 不妨先来看看也先在战前的作为。

其实,他之所以敢在天不时地不利的情况下主动挑衅明朝,乃是因为他具备"人和"的条件。原来,也先要向外扩张,兵指长城,早前便采取了离间明朝与西北民族关系的策略。

历来,臣附明朝的蒙古和回民,大多被安置于嘉峪关以西的沙洲、赤斤、罕东、哈密等卫,负责捍卫明廷的北部防线。也先以联姻之法结好他们,致其与明朝离心离德。

而明廷对诸卫的态度也有些奇怪,当也先带着"合作伙伴"先

后攻打哈密和东面的兀良哈三卫时,明廷没有做出任何反应。哈密忠顺王亲人被俘,受损巨大,但明廷对也先的做法听之任之,岂不令人心寒?此外,也先也试探性地建立甘肃行省,见明廷也没反应,胆子愈发大了。

经过也先的经营,其势力直追当年的元帝国,明朝的边防事务岌岌可危。

再来看看边防政务。

因为明朝内务的腐败,边防也不可避免地陷入武备弛废的困境中。一则,卫所制以其世袭之特点,有一些天然的缺点,军士们时常受到军官的欺压;二则,军官屡占屯田,破坏了军屯制,但还是向军士们征收同样的军粮,进行变相剥削。时日一久,无法承担重负的军士,纷纷逃亡出奔。

对于因军士逃亡而造成的缺员状况,朱祁镇还是有所了解的,但他只是命人与前代一样设立清军御史,而没有去约束军官、改良机制,此举可谓治标不治本。

因为内务的腐败,铸造军备时偷工减料、倒卖军粮甚至走私军火的现象,都不同程度地存在着。这个不难理解,没有风清气正的政治,哪有健康发展的边防政务?而边政腐败,势必导致责任心淡漠、机动能力差,大同附近的军士们之所以没赶往土木堡护驾,亦有情报不及时的原因。

古来,我国便有一种防范骑兵的办法,叫作"烧荒"——秋日纵火焚烧野草,其目的在于阻绝骑兵入侵。《日知录》中曾引《英宗实录》,称:"近年烧荒,远者不过百里,近者五六十里,卤马来侵,半日可至。"

明知道,只要烧荒到位,便能达到"在我虽有一时之劳,而一冬坐卧可安"的效果,但边将们却未曾做好这项工作,这难道不是边

防政务方面出了问题吗?

最后不得不说,国家将大量的兵力和精力,都投入到了不必要的麓川之役和纷然四起的流民起义中,能够被调派出的亲征军,又能指望他们有多高的战斗素质呢?

第四节　赶鸭子上架

也先意外地俘虏了明廷皇帝,自是"如获至宝"大喜过望,打算用这人质换钱换银。

不过,除了孙太后和钱皇后在积极筹措金银之外,满朝上下都知道也先是一头喂不饱的贪狼,故此对其不加理会。他们更担心的是,也先会利用朱祁镇签订丧权辱国的条约(可参考徽钦二帝),或是被迫开道入城。

事后证明,太上皇朱祁镇虽然拒绝签订这种条约,但却多次被也先押去叫开城门。

说朱祁镇是太上皇,这是因为孙太后、于谦等人已经想到了最佳的解决方案——救不回皇帝就换个皇帝。一旦朱祁镇不是皇帝,也先便很难利用他再作妖了。

是的,只要朱祁镇成了空质,也先的如意算盘也落空了。

大明的新皇帝,是被赶鸭子上架的。在此之前,他从没想过自己会一登九五,受万民瞻仰。他便是明朝第七位皇帝朱祁钰。一看这个字辈,就知道他不是朱祁镇的儿子。

原来,明宣宗只有两个儿子,郕王朱祁钰是朱祁镇的异母弟。

兄弟俩的感情非常好,朱祁镇也十分信赖他的弟弟,这是他在出征前,命其监国理政的重要原因。因为兵部尚书要随行亲征,兵部右侍郎于谦,便成了兵部的最高领导。

土木之变后,京城震荡、人心惶惶。翰林侍讲徐珵排众而出,建议以迁都之法暂避瓦剌锋芒。因为两京制度本在正统一朝才正式实施,故而此说具有一定的煽惑性,但于谦却在关键时刻,喝骂徐珵该死。要知道,宋室南渡的前史之鉴,还摆在那儿的呢!

都御史陈镒奏请诛杀罪人王振及其党羽。想想十余万将士的惨死,想想皇帝北狩的奇耻大辱,想想大厦将倾的危险局面,愤怒不已的群臣,在午门前将马顺、毛贵和王长殴打至死。锦衣卫指挥使马顺,是第一个"享受"这个"待遇"的,一开始他就被咬掉了脸上的肉。

多少年来,何曾听说在皇帝或是监国面前,发生什么群殴杀人的事?这也是千古一大奇闻了,难怪郕王朱祁钰被吓得"两股战战,几欲先走"了。

好在,于谦劝他在此稳定大局,这才不致事态扩大,发生锦衣卫和群臣混打乱杀之事。

其后,王振的侄儿王山也被凌迟处死,王振家族获斩无赦,家产被尽数充公。在华丽的屋宇中,六十余库金银,百余个玉盘,二十余株大珊瑚,海量的珍玩重器……都闪瞎了办公人员的眼,可想而知,王振权势有多煊赫,物欲有多旺盛。

"社稷为重,君为轻",在这样的思路下,于谦和群臣纷纷奏请太后,以郕王朱祁钰为帝,年仅两岁的太子朱见深为嗣君。想想亲孙将来依然能继承皇位,孙太后也没有异议。于是,尽管朱祁钰百般推辞——此时的皇位是个烫手山芋,终于还是抵不住各方压力,在九月初六继位为帝,定次年为景泰元年,并遥尊朱祁镇为太上皇。

朱祁钰任命于谦为兵部尚书(邝埜已阵亡),主理一国军务。肩上的担子很重,但于谦挺起脊背,已做好了应对一切的精神

准备!

【小贴士】

【明长城】

"千古胡兵屈仰止,万重血肉铸安宁。"与史上多个朝代以长城作为防御工程的做法一致,明朝自建国以来,便从未停止长城的修筑工事。

明太祖以长城(又称边墙)以及其北面的卫所系统为四道防线(另有山西、河北、山东的防线,黄河、淮河到大散关的防线,长江天险)之一。它东起鸭绿江,衔接秦长城,西抵嘉峪关,盘绕六千余千米,其工程之大世所罕见。嘉峪关扼控着河西走廊,是如今保存最为完整的一座关隘,有"天下雄关"之美誉。

明长城的修建过程,大致可分三个阶段,一是洪武至永乐年间,防线被推至大兴安岭、阴山、贺兰山以西以北一带;二是正统至嘉靖年间,"土木之变"后,出于防范需要,明王朝大规模筑建长城,增修了许多墩堡、重镇;三是隆庆至万历年间,因为此时的边患主要来自满族,所以明政府将修缮的重点放在了辽东边墙上,他们以空心墙台来增加安全系数。

第十四章

——南宫夺门
龙座之上无兄弟

正统七年(1442年)十月,张太后气息奄奄,急召杨士奇、杨溥入宫,询以国家大事。杨士奇奏道:应为建文帝朱允炆编修实录,解除太宗对收藏方孝孺诸臣遗书者死的禁令。杨士奇本欲奏第三事,张太后已经崩逝。那么这道奏事到底是什么呢?现已无人知晓。但根据前二事看来,它应该也与建文遗留问题有关。

当年,朱允炆与其长子朱文奎不知所终,朱棣将两岁的朱文圭一直幽禁在中都广安宫。朱祁镇复辟成功之后,对其产生了恻隐之心,打算将其释放,他对李贤说:"亲亲之意,实所不忍。"他还认为"有天命者,任自为之",并不担心对方生出事端。

从朱祁镇北狩边塞、囚禁南宫、夺门复辟的传奇经历来看,他是深信"天命"的,这既是他的幸运,也是他的不幸。

第一节 来吧！北京保卫战

"为国分忧，如于公者宁有二人？"这是太监兴安为于谦分辩时所说的一句话。

于谦，字廷益，号节庵，为杭州府钱塘县人。永乐十九年（1421年）时，二十四岁的于谦登进士第，出任御史。到了宣德元年（1426年），于谦奉旨斥责兴兵作乱的朱高煦，其声铿然，其气也壮。于谦以文天祥为范，生就一股凛然正气，因此赢得了朱瞻基和阁臣们的一致好评。

于谦在巡按江西之后，又多有治绩，誉声远扬。"等闲吸尽四海水，化作甘霖拯旱干"，诗中满溢的豪情壮怀，令人不由为之心折。

从宣德五年（1430年）开始，于谦以兵部右侍郎的身份，巡抚山西、河南等地。十九年间，他安置流民、力减赋役、调节市场、兴修水利，可谓是造福于民，甘霖遍地。阁臣们对于于谦的上疏，也总是朝进夕准，格外看重。据说因为于谦名声响亮，连"太行伏盗"都"避匿"而去，很少在他跟前生事。

这样一个广受尊敬的廉正之人，到了正统年间，自然也不会屈身于阉宦之下。正统七年（1442年）时，王振便因为于谦的"两袖清风"找过他的麻烦。

土木之变后，朝野震荡，山河飘摇，于谦力排南迁之议，固守京师。现今，于谦已是兵部的最高指挥长，朝廷将京中所余不到十万的老弱之兵，交到了他的手里。也先的算盘无非是抱着"奇货可居"之心，以明廷皇帝为人质，赚取经济、政治上的种种好处。如今京师空虚，乘胜而进的道理谁都懂得，也先随时都有可能打过来。

战守大计,纷繁多绪。在除去王党、拥立新君之后,于谦把整顿内政、调遣兵将、加强防务的工作,视为第一要务。一个月之内,于谦调遣了多地的备操军、备倭军、运粮军驻守京师;让一众文武自行去通州领取俸粮;征用顺天府的州粮入京;用赶制兵器、调动南京库存、收集土木堡残器等办法整饬兵备;将城里的工匠集中起来,加固京师的城墙,增修崇文、正阳、宣武、东直、朝阳、西直、阜成、德胜、安定九门;传檄京畿百姓持兵待阵,切断敌人的后路……

在这一个月里,京中虽涌动着同仇敌忾的气氛,但也有人酸溜溜地说:"帝用谦太过。"

按照军制,兵部侍郎没有直接指挥军队的权限,朱祁钰先授于谦"提督各营军马"的特权,后又升其为兵部尚书,在某些人看来,的确有一些"孤注一掷"的嫌疑。兴安看不过去,才为于谦进行分辩。下一月的"北京保卫战",便用铁一般的事实,证明皇帝用人是用得其所,于谦效君是恰逢其时。

二十二万多人的守军,远多于瓦剌军,他们兵精粮足,士气盈旺,以保家卫国为己任。

来了!也先在十月间挟持着"过期皇帝"攻入明境了!

守军们列阵北京九门外,经过五天五夜的激战,不仅将瓦剌军打得怀疑人生,还连议和停战的机会都不给他们。那几日,派往居庸关的那支瓦剌军被拒挡于外,增援京师的明军也火速赶来,也先痛失爱弟,瓦剌军又挨了城头百姓的砖头,他的心都凉了大半截,赶紧一路烧抢着一路狼狈撤离。

十一月八日,瓦剌军全面溃退,北京保卫战完胜!

第二节 从茫茫草原,到寂寂南宫

君臣一心,再造社稷。事后,于谦又饬令边将紧守关塞,特作诗一首,名曰《出塞》。

"健儿马上吹胡笳,旌旗五色如云霞。紫髯将军挂金印,意气平吞瓦刺家。瓦刺穷胡真犬豕,敢向边疆挠赤子。狼贪鼠窃去复来,不解偷生求速死。将军出塞整戎行,十万戈矛映雪霜。左将才看收部落,前军又复缚戎王。羽书奏捷上神州,喜动天颜宠数优。不愿千金万户侯,凯歌但愿早回头。"

论功行赏时,于谦辞让不已,只接受了少保这个头衔。倒是奉命守城的石亨——战前于谦起用了一些逃兵,被封为武清侯;广平县带领民兵守城的王伟,被于谦提拔为兵部侍郎。比较讽刺的是,最后这两个人都与于谦为敌了,也许这便是人们所说的"木秀于林风必摧之"吧!

保卫战是胜利了,但这并不意味着局势就完全安定了。为了恢复国家实力,于谦开始在军制和边防事务上下功夫。他先从三大营(五军营、三千营、神机营,属京军编制,隶属于五军都督府)中择选十万人,分十团营操练,以备紧急征调,提高了军队作战能力。其后,他又整顿边务,选派将领驻守重地,对于太上皇朱祁镇所策划的斩除奸细喜宁(受俘后投降也先)、小田儿等做法,予以了相当程度的配合。

对于朱祁镇这个人质,也先起初还是较为尊重的,但由于塞外苦寒,这个昔日养尊处优的太上皇可没少吃苦。好在,锦衣卫校尉袁彬和翻译官哈铭对他忠心耿耿、倾心照料。在也先打算以"美人计"达到逼降目的之时,袁彬也对其陈以利害,婉转拒绝。可能因为朱祁镇为人温和,富有吸引力,在为期不长的北狩期间,他与也先的弟弟伯颜帖木儿结为了至交,故当也先后来几次三番想迫害他时,伯颜帖木儿都跳出来拼命反对。

为也先出谋划策的宦官喜宁死了,奸细小田儿也死了,也先既

不能杀掉"蹭吃蹭喝"的朱祁镇,又没在出兵塞外时讨到什么便宜,还得到了一片怨骂之声——断掉朝贡、互市之后,瓦剌人的生活水平急剧下降。他只能听从大家的意见,真心与明廷讲和,送还太上皇。

可是问题来了,如果也先要送回的是皇帝,自然皆大欢喜,恩怨勾销一切好说。可他送回的是太上皇,而这位太上皇是正宫所出(也有孙皇后夺人之子的说法),年纪轻轻,只比现任皇帝大一岁,对方能爽快地答应吗?

有一种说法,是说也先之所以将朱祁镇送回明廷,经济的考虑还在其次,主要是希望兄弟俩为了皇位火并一番,闹得朝纲震荡。这个说法不是没有道理的。

如今大明上下谁最反对迎回皇帝?想想三百年前对迎回徽钦二帝并不上心的宋高宗,便不难想知,这个人是谁。

于谦揣度出了朱祁钰的心思,便在他抱怨过去被逼登位之时,说了一些类似于"天位已定"的话,他这才面色初霁,说道:"从汝,从汝。"说是这么说,实际上,礼部右侍郎李实和右都御史杨善两拨人,在出使迎接太上皇时,几乎没拿到必要的出行物资。

想要空手换人质,哪有那么容易!很显然,朱祁钰还是不想让他哥哥回来。

好在,杨善此人舌灿莲花,在他的运作下,迎接太上皇归京的事,居然还真让他给办成了。得知此事,朱祁钰的脸色别提有多难看了,封赏这种事杨善想都别想。

八月十五月圆之日,朱祁镇穿安定门,回到了京师。二人见面的情形,在《明实录》中被记载为"帝迎见于东安门,驾入南宫,文武百官行朝见礼",在《明史纪事本末》中则被说成是兄弟俩泪涕沾襟谦让有加。

148

实情已不可知,但有一点是可以肯定的——太上皇朱祁镇居于南宫(崇质宫)长达七年之久。按说,朱祁镇不是皇帝,为皇帝移宫别处本属应当,不过,在这七年里,朱祁钰克扣阖宫用度(钱太后率后妃以女红补贴家用之事或有一定程度的夸张),并对南宫监锁严密,甚至做出砍伐宫树以免外人联络太上皇的无稽之事,未免有损孝悌之义,亲亲之道。

第三节　不被理解的人之常情

皇室乃一国之表率,在以儒治国的年代里,朱祁钰薄待亲哥哥的偏狭思想,很难得到臣民的认同。更何况,他还做出了另外一件不光彩的事情——易储。

父子相传,本为人之常情,在能够子承父业的情况下,很少有人愿意兄终弟及,或者将皇位传给侄儿养子。看着一天天长大的亲儿子朱见济,朱祁钰越发觉得委屈了他。于是朱祁钰开始构思一出易储的剧本。

要知道,当初孙太后同意朱祁钰登位,也是以亲孙子朱见深得封太子为前提的。所以,朱祁钰想要易储,还须得到多方支持才行。他先试探资历深厚的太监金英,金英说东宫的生日是十一月初二日,而非七月初二日(朱见济的生日)。言外之意自然是大明的太子是朱见深,您就别多想了!

朱祁钰消停一段时间后,又开始了新的试探,甚至还做出贿赂朝臣的事情来。以帝王之尊贿赂臣子,倒也不是"前无古人"的,但却可能是"后无来者"。

北宋时期,宋真宗曾为了促成封禅一事,而用一坛珍珠屈尊贿赂宰相王旦。王旦不敢违拗皇帝,可接受贿赂之后愧恨不已,死前

都耿耿于心无法释怀。

一日,朱祁钰召开内阁会议,和首辅陈循、次辅高穀、阁员商辂、江渊、王一宁、萧镃等拉拉家常,说了一大堆不着边际的话。事后,心腹太监兴安,才按照级别,赏赐给阁臣们一百两或是五十两。

被迫收受贿赂,也是无奈,但阁臣们没人想冒天下之大不韪,既然皇帝不点破,他们也都装傻充愣,一切如常。最终,朱祁钰的易储大计,是因为黄㵾、袁洪等人的投机行为,才得以实现的。

景泰三年(1452年)五月,朱见深被废,朱见济继任为太子。因为汪皇后反声激烈,朱祁钰一怒之下废其后位,而立扶持朱见济的生母杭氏为后。

这下子朱祁钰本已高枕无忧,哪知朱见济没有做皇帝的命,在立储的第二年就夭折了。遭受沉重打击的朱祁钰,急着再立新太子,为此他不但长期流连于后宫,还将娼妓李惜儿等人召进宫中加以宠幸。然而,朱祁钰却始终没等来一个儿子,他的身体状况也每况愈下。

见此情形,朝中复立朱见深的声音,也日渐频繁起来。景泰五年(1454年)时,御史钟同在奏疏中说道:"太子薨逝,足知天命有在。"几日后,又与礼部侍郎章纶再次上书言事,并陈以时弊,朱祁钰怒不可遏,将两人都逮捕下狱,还迫使他们构害太上皇,说是今日所为皆是与南宫勾结所致。最后钟同死于杖刑,章纶幸保一命,被关押在牢中,直到天顺时期才得以重见天日。

总之,朱祁钰再造社稷于国有功,如果能励精图治、持之以恒,不失为一代明君。而他薄待亲兄弟、废黜太子等行为,显得私心过重,难免会有损君望,有失民心。谷应泰评曰:"景诚英主。而乃恋恋神器,则又未闻乎大道者也。"

第四节 夺门复位，只在朝夕

景泰八年(1457年)正月初,朱祁钰重病缠身,移至斋宫休养,连祭典都委托给了武清侯石亨。众臣们忧心忡忡,不得不重新考虑起皇储一事。到了十六日,内宫传出皇帝病愈的消息,但就在这一晚,南宫夺门事件发生了。

原来,石亨担心皇帝行将就木,想要捞取马上能变现的政治资本,便与都督张𫐐、太常卿许彬、太监曹吉祥、左副都御史徐有贞、杨善等人,进行秘密策划,准备迎请太上皇复辟。为了给宫变打造一个坚实的后盾,他们还密奏张太后,得到了她的懿旨。

后人说,夺门事变的成功,偶然因素为多。但只要想想,这次事变具备了武官出力、文官谋划、太监内应这三个要素,就不难明白它的失败概率是很小的。

为了防止军队作乱,明朝逐渐形成了武官坐镇、内官监军、文官提督的三方会同管理军队的体制。正因如此,天顺年间的曹石之变——石亨、曹吉祥先后造反,必然陷入孤掌难鸣之境,很难复制从前的"辉煌"。

正月十七日凌晨,石亨、徐有贞以边境急报为借口,先带兵控制了长安门、东华门,再撞开南宫大门,奉请太上皇朱祁镇登舆。奉天殿的守卫见太上皇发了话,也只能收声退避。

五更前便候在午门外朝房的文武百官,直到徐有贞踩着钟鼓声宣布复辟之事,方才得知一夜之间乾坤大变。无法可想,他们只能入宫拜贺新皇帝。朱祁镇复辟成功,四天后改年号为"天顺"。

政变之后,一大波政治清算避无可避。兵部尚书于谦、大学士王文等大臣和一批太监,以谋逆大罪纷纷下狱,其间,于谦获罪身

死,天下冤之。朱祁钰复为郕王,背上了"不孝、不悌、不仁、不义,秽德彰闻,神人共愤"之名,被软禁在西内永安宫,一个月后离奇死亡,被谥为"戾",以亲王之礼葬于北京西山,与帝王陵寝无缘。

可笑的是,当朱祁钰听到钟鼓声时,第一反应竟是于谦造反夺位,可想君臣之间因立储等事早就产生了裂痕。而于谦为社稷江山倾力一世,最终却沦为政治的牺牲品。

再深入思考一下,私以为,即便没有石亨等人的构陷,于谦也难逃一死。因为自明朝开国以来,还没有一个人能像于谦这样独掌军队大权的(朱元璋能较为顺利地铲除那么多的武将,有一个重要的原因便是他们没有调兵权)。故而对于于谦,无论是朱祁镇还是朱祁钰,都不可能放心他的存在。这种事,无关乎于谦的内心是否忠诚,而只关乎帝王的心胸是否博大。

《明史》赞曰:"景帝当倥偬之时,奉命居摄,旋王大位以系人心,事之权而得其正者也。笃任贤能,励精政治,强寇深入而宗社乂安,再造之绩良云伟矣。而乃汲汲易储,南内深锢,朝谒不许,恩谊恝然。终于舆疾斋宫,小人乘间窃发,事起仓猝,不克以令名终,惜夫!"

【小贴士】

【天顺政治】

若用一个词来概括朱祁镇复辟后的天顺八年的政治,可用"时昏时明"一词。"昏"之所指,一是说他在徐有贞的挑唆下,以为于谦有意让襄王朱瞻墡即位,便以"意欲迎立外藩"的谋逆罪戮杀了于谦等社稷之臣;二是说他因"感恩之心",而对复辟团队——徐、石、曹等人倍加宠幸,以致养虎为患,酿成"曹石之乱";三是说他重用门达、逯杲等参与"夺门"的锦衣卫为心腹,监视朝臣吏民,制造了一些冤狱;四是说他对王振念念不忘,为之正名塑像,还在智化寺为其建立旌忠祠。

"明"之所指,一是说朱祁镇任用了李贤、王翱等贤臣;二是说他较为勤政,"早晨拜天、拜祖毕,视朝。既罢,进膳后阅奏章",连奏章上被磨改之处都看得出来;三是说他恢复宣宗废后胡氏的名号;四是他对残疾的钱皇后感情深厚,遗诏废殉之事也与之有一定关系——之前的明朝皇帝皆以不同数量的后妃殉葬;五是他释放并优待建庶人。《明史》赞曰"盛德之事可法后世者矣"。

天顺八年(1464年)正月,朱祁镇驾崩于文华殿。简言之,他的治国能力较为有限,也容易感情用事,但却不算一个昏暴之君。

第十五章

白银之国——自下而上,又自上而下的货币改革在《大明会典》有关典章制度的内容中，只有"钞法""钱法"这样的字眼，而没有"银法"这个说法。究其原因，主要是打从建国开始，统治者们就没将白银作为合法货币，民间的金银交易也未获允许。

"永乐中……虽岁贡银三十万两有奇，而民间交易用银，仍有厉禁。"通过《明史》的记载，可以看出即便是在永乐时代，政府的禁令也没有松弛过。然而，"上有政策，下有对策"，百姓们往往是怎么方便怎么来，依然会在市场贸易中或多或少地使用白银。

更重要的是，商人们手中掌握着大量白银，他们很有必要也很有能力去推动白银货币化的历史进程，于是这种演变趋势便自下而上地发生了。等到了正统年间，它又因统治者们的因时制宜，而成了自上而下的政府行为。

第一节 大明宝钞，天下通行

明朝肇基之前，四境荒凉、民生凋敝，朱元璋不仅关注占区内社会生产的恢复，工商业的整顿，还开始对货币制度改革进行探索。他深知，元末之所以会产生通货膨胀、货币贬值之事，主要是因为纸币发行过滥，没有节制。

前车为鉴，刚攻占集庆的朱元璋也不敢贸然发行纸币。他选择铸币——大中通宝钱。建国以后，朱元璋又铸造了洪武通宝钱，分其为五等。京城里的宝源局和行省中的宝泉局是负责铸造宝钱的官方机构，对于民间私铸行为，政府则予以严厉打击。

洪武四年(1371年)时，朱元璋将大中、洪武通宝大钱改铸为小钱，可商贾们却沿袭旧俗，多用纸钞，这是因为小钱体重价低，不适合携带出门。

考虑到这一点，朱元璋决定在洪武七年(1374年)设立宝钞提举司。一切准备就绪之后，次年他们便造出了第一批大明宝钞，方便民间通行，与此同时，再次发布民间不能以金银进行物货交易的禁令。

宝钞"以桑穰为料"，在横题其额曰"大明通行宝钞"的横额两旁，有"大明宝钞，天下通行"的八个篆字。其面额分为相当于一贯、五百文、四百文、三百文、二百文、一百文这六个等次。十四年后，明朝又造出十文至五十文面额的小钞。

按说，宝钞币值较多，又便于携带，商民使用起来会极为方便。然而宝钞发行以来，他们很少以贵金属或其他物资作为储备金(初期有钞本并能以钞币兑金银)，几乎都依赖于政府信用，加上后来没能严控发行量，私印或假造的宝钞也"大行其道"——朱允炆便

是以私印钞票之罪抓捕湘王朱柏的,因此必然造成宝钞信用骤降、物价腾贵的现象。

当时,商民们不愿使用宝钞,金银交易的势头又日渐高涨起来。要维护宝钞的通行,明政府不得不继续用行政命令加以控制。然而,洪武末年时,"杭州诸郡商贾,不论货物贵贱,一以金银定价",便是明朝政府调控失败的一个明证。

不过二十余年,大明宝钞已是一再贬值,寸步难行。明朝政府的这一轮货币改革政策,最后以失败告终。

第二节 田赋折银和徭役折银

嘉靖年间,浙江巡抚庞尚鹏首倡一条鞭法,其后,张居正又在万历年间进行了大刀阔斧的改革,经过商人与政府之间的长期博弈,白银的主币化地位逐渐实现,终于占据了货币流通领域的主导地位。(详见第二十五章)

根据《明史》的说法,正统初年时明政府"弛用银之禁""朝野率皆用银",但这并不表明明朝廷已经承认了白银作为货币的合法地位(正统十三年又开始禁止白银交易,直到天顺年间,才正式解禁)。不过,英宗一朝对白银使用开禁,的确是白银货币化历程中的一个重要阶段。

其实,官方不愿以白银作为合法货币,主要原因有三:

一是,我国的白银资源并不丰富,在很大程度上依赖于日本和美洲的进口。如果不限制它的使用,很容易陷入"僧多粥少"的窘境。明朝中后期,白银通过海上贸易源源不断地输送过来,故而此时才有可能放心地将白银作为流通货币。

二是,在历史上,白银从来没成为合法货币。比如说,秦汉时期,白银是作为储藏之用;唐朝时金银主要是为上层所用;两宋之后,黄金和白银,一个是作储藏和大宗支付之用,一个则流入民间与钱并用。经济上的惯性,决定了明政府不可能在一开始就承认白银的货币地位,更不用说什么主币地位了。

三是,白银与铜钱一样,没有绝对统一的度量衡标准,在差额大的时候,可能会影响交易市场的公平原则。

然而,比起纸币来,白银的优势也很明显。简言之,它比较值钱,它可以兑换,它不易贬值。于是,在民间白银货币化的推动下,明政府也必须对货币政策进行调整或是改革。

很快在田赋、徭役、关税、盐课、茶课方面,都陆续出现了折银现象。

洪武初年时,田赋折银的政府行为首次出现。

在田赋折银之前,明朝的田赋征收,沿袭唐朝的两税法。两税法,是由唐德宗的宰相杨炎提议颁行的,其核心在于统一地税、户税,分夏秋两季征收。几年之后,朱元璋发现,这一套办法不完全适用于当今,便尝试对税粮进行改折。改折,即将应征收的田赋等按一定比例兑现成白银。

洪武年间的田赋改折行为,基本上是临时性行为,尤其适用于僻远之地的百姓。想想也是,倘若产地和赋地相距太远,必然会增加农民运输的难度。所以先在产地以米折银,再在赋地换米交税,无疑是更具操作性的办法。

徭役折银的改革,也几乎同时展开。在南京,宣德年间的江南巡抚周忱率先将里甲费用摊入田粮。正统年间的均徭改革,则在一定范围内将杂役——明初的徭役分为里甲正役和杂役两种——也算了进去。到了均徭改革全面展开,最终汇为一条鞭法之后,赋徭完全合一,操作起来十分方便。在成化年间,工匠们也可以银代

役,免去赴京之劳。当然,想要免役,南匠和北匠须得各自支付月银九钱、六钱,这笔花销也不是每个人都能承担得起的。

总的来说,税粮折银与徭役折银,是中国古代赋役制度方面的一大进步,具有里程碑式的意义。尤其是税粮折银的做法,它切实减少了农民输送税粮的时间成本,从而推动了商品经济的发展。

第三节 财政支出的货币化

因为田赋折银的政策较为便民,正统年间便决定取其精髓,运用到军官俸禄的支付上去。永乐年间,北京官员们要拿着俸帖,跑去南京领取禄米,别提有多麻烦了。有些时候,以米易货,还会出现贵买贱售的情况,相当于工资被打了折扣。

改革之后,金花银开始在江南、湖广、福建、广东、广西等地试行,后来逐渐推广到全国。金花银的定名,是因拿来折银的银两,是足色而有金花的上好银两。税粮折收之后,皇帝可用其赏赐群下,或是折放官员月俸。

财政改革的影响,也扩散到了军屯当中。起先是在屯粮征收的方面,产生了屯粮折银的现象;而后便是在边饷的支付上面,形成了"年例银"的制度。

本来,在世军制的体制下,士兵们大可通过参加屯田,实现军饷自给——不足处可以开中制作为补充。然而,到了明朝中期,却大面积地出现了军士因不堪忍受盘剥而逃亡,屯田制度遭到了破坏的局面。在清军、勾补、佥发民壮之法都无法解决问题的情况下,政府唯有启用募兵制填充兵源。要招募士兵,不能不发粮饷。由于白银日趋货币化,年例银这个边饷制度,便应运而生了。

不过,募兵制兴起之后,年例银的发放数额越来越大。据统计,所谓的万历三大征,花掉了一千一百六十余万两白银。至于战事频繁,政府将养兵成本摊派在矿税和田赋上头,导致民变迭起,乃是明朝末年发生的事情了。

政府财政收入的货币化,必然促使其财政支出的全面货币化。继正统年间军官禄米折银,景泰年间文官禄米折银之后,成化年间的宗室子弟,也提出了这样的要求,史称"不收本色,勒要银两",说得再明白不过。

万历《大明会典》中记载道:"(隆庆元年)凡买卖货物,值银一钱以上者,银钱兼使;一钱以下只许用钱。"这条"银钱兼使"的法令告诉我们,自明穆宗登基(1567年)以来,白银不仅只是合法货币,还是商品交流时的主币。

【小贴士】

【叶宗留、邓茂七起义】

正统年间,朱祁镇解除了用银之禁,允许民间以银代币值进行大宗交易。因为对白银的需求量持续增加,明政府垄断了银矿业,并三令五申地禁止民间私采行为,封禁了闽、浙、赣的部分山区。严令之下,盗矿的行为仍然时有发生,军民间不可避免地产生矛盾。

正统十二年(1447年)十月,浙江叶宗留聚众起义;次年四月,福建邓茂七也因朝廷横征暴敛,而自立政权,号为"铲平王"。都督刘聚、都督佥事陈荣和参将刘得新分别负责镇压两支义军。叶宗留中箭身亡;邓茂七被击败后,顽强抗争,到了正统十四年(1449年)二月间,因遭叛徒出卖遇伏而死。邓茂七余部势力一直坚持到景泰元年(1450年),才尽数败散。

第十六章

——一团和气 恢恢有人君之度

成化元年(1465年)六月,年仅十八岁的明宪宗朱见深,画了一幅《一团和气图》。画作形如圆球,画着一位笑呵呵的老者,但若加细视就会发现,朱见深画的是抱作一团的三个人。其创意,来源于虎溪三笑的典故。

"朕闻晋陶渊明乃儒门之秀,陆修静亦隐居学道之良,而慧远法师则释氏之翘楚者也。法师居庐山,送客不过虎溪。一日,陶、陆二人访之,与语,道合,不觉送过虎溪,因相与大笑,世传为三笑图,此岂非一团和气所自邪?"朱见深自赞道。

据后人分析,此画表面上是体现儒、释、道三教合一的思想,实则也是在表达自己对朝野安定、万民一心这种局面的期待之情。为于谦平反,承认明代宗朱祁钰的历史地位,就是"一团和气"思想的具体体现。

第一节 两度为储，经历坎坷

正统十四年(1449年)的中秋节,朱见深的父亲,在土木堡为瓦剌军所俘。

一时间,朝野震荡、哀声盈宫。当孙太后、钱皇后正在积极筹措赎金,兵部侍郎于谦开始部署国事之时,朱见深还是一个不懂人事,只知在母亲周氏身边撒娇的两岁小娃娃。

在于谦等朝臣的提议下,孙太后同意以郕王朱祁钰为新君,同时册立皇帝的庶长子朱见深为皇太子。孙太后历经几朝,虽无过人的政治头脑,但也懂得将权力紧抓在自己手中。

朱祁镇深陷敌手凶多吉少,万一不幸,朱祁钰极有可能凭借"国赖长君"的优势登上皇位,如此一来,这个后宫最尊贵的女人,就不再是她孙氏,而是朱祁钰的生母贤妃吴氏;与此同时,皇储的候选人也不可能是自己的孙儿。

由于朱祁镇没有嫡长子,孙太后也只能选择周氏之子作为皇太子。朱见深尚自懵懂,而周氏本不算受宠,骤然成为地位尊贵的太妃,不免暗生庆幸之心。不过她也没能庆幸多久,朱祁钰在当年九月初六日即皇帝位,仅过了三年,便废除了朱见深的太子身份,转立亲儿子朱见济为储君。

关于朱祁钰先后试探金英、群臣之事,已见前述,这里补充一个可以看出朱祁钰易储之心过切,以致丧失原则的细节。朱祁钰因为恼怒金英耍滑头,寻了个由头将其下狱;而那些股肱大臣,却是不能轻易惩治的。就在他愁闷难纾之时,从五千里外的广西来了一道劝其易储的奏疏。

"黄𬭚以私怨戕其弟思明知府冈,灭其家,所司闻于朝。𬭚惧

罪,急遣千户袁洪走京师,上疏劝帝早与亲信大臣密定大计,易建东宫,以一中外之心,绝觊觎之望。"从《明史》中,明显可以看出广西土官都指挥使黄䎖,是因为强烈的求生欲,才投其所好向皇帝"进言"的。

然而,朱祁钰却评道:"万里之外,乃有此忠臣。"他决定对这个杀人凶手提出褒赏,"令释䎖罪,进阶都督",作为人君,乱行赏罚的行为势必会惹人非议。

在司礼监太监兴安的威吓下,群臣见于谦都被迫在"联名上书"上签了字,也只能签字署议了。孙太后心里恨着,嘴上却也只能说一些"今心既如此,当顺人心行"的话。

景泰三年(1452年)五月,朱祁钰废朱见深为沂王。周太妃气得死去活来,但朱见深毕竟年幼,不懂得大人们的事。直到朱祁钰砍去南宫的树木,加高朱见深居所的围墙,他才慢慢感受到权欲的可怕之处,人情的冷暖之别。因为,朱祁镇虽才具平庸,不算个好皇帝,但对这个弟弟好得没话说,甚至舍不得让他之藩,所以朱祁钰在易储一事上的确做得不太厚道。

当人身自由被限制,周遭的人投来异样目光之时,朱见深的内心也泛起了波澜。想他小小年纪便被卷入储位之争中,岂能不承担比一般孩子更大的压力? 在长期的精神重压下,朱见深的口齿也慢慢变得不太伶俐。

复立为储,已是父皇复辟之后的事情了。因为钱皇后依然没有子嗣,在无法立嫡的情况下,理论上应立长。值得玩味的是,天顺元年(1457年)三月初六,在册封朱见深为太子的时候,诏书中竟将"深"字误写成"濡",朱祁镇第二子(母万宸妃)的名字,也由"清"字写作了"潾"。

其实,礼部官员忙中出错的可能性并不太大,更有可能的是,朱祁镇有改立太子的想法，后又以为不妥，因此才对外宣称长子和二子的名字写错了。

史载，朱祁镇在病危期间，还有易储的打算，问李贤道："然则必传位于太子乎？"好在，李贤以"宗社幸甚"答之，方才保住了他的储位。

第二节　宽严相济，力除前朝弊政

天顺八年（1464年）正月，明英宗驾崩，以李贤、彭时、商辂等人为托孤之臣。朱见深继位后，改次年为成化元年。眼下，为在世的长者确立名分，是朱见深的当务之急。

当初，周贵妃没有母凭子贵，一跃成为皇后，心中一直咽不下这口气，如今儿子荣登大宝，哪能不想在名分上压过正宫一头呢？然而因为朝臣的强烈反对，朱见深之只能听取臣意，决定并尊两宫太后，以明英宗皇后为慈懿皇太后，其生母周氏为皇太后。

这是当年三月间发生的事。到了成化四年（1468年）六月，钱太后过世之后，周太后也不同意按照制度和遗诏，让其与先皇合葬。周太后咄咄逼人，一心只顾自己的利益。此举令朝臣们大为不满，他们不断上疏言事，甚至跪在宫阙之前为钱太后请命，最终迫使皇帝服软妥协。虽说周太后暗中使绊，使得帝后之墓无法相通，但朝臣们的一片赤心，也十分令人感动。

年轻人大多是有一份干劲儿的，朱见深也不例外——何况他的父皇为他留下了不错的辅政班子。在成化初年里，朱见深大赦天下，减税于民，下令罢黜近年的镇守太监，先后处置了锦衣卫都指挥使门达、东宫内侍王纶，又下令考核地方官、复行武举法、疏浚大运河。

更为难得的是,他一早便赦免了于冕,为其父于谦平冤昭雪。到了成化十一年(1475年)册立太子朱祐樘之后不久,又恢复了郕王朱祁钰的帝号,定谥号为"恭仁康定景皇帝"。

对于自己这位叔父,孙太后说他是"不孝、不悌、不仁、不义";名臣李贤认为他令臣民大失所望;成化三年(1467年)时,左庶子黎淳也说他曾废黜太子其心不良;而朱见深却一笑了之,称其"戡难保邦,奠安宗社",功不可没。《明史》赞其"恢恢有人君之度",此言非虚。

总的来说,年轻时的朱见深,留在史书中的形象,是相当正面的。当是时,最受朱见深信任的,是李贤、彭石、商辂等人。

宣德八年(1433年)时,李贤登进士第,以吏部验封主事起家。作为翰林学士,李贤在天顺年间与徐有贞一起参赞机要,仕途较为顺利。在他的劝导之下,朱祁镇渐渐疏远了石亨、曹吉祥之流。李贤还提醒皇帝,当年之事,说是"迎驾"即可,将之说成"夺门",反而显得他的帝位有些名不正言不顺。朱祁镇明白"开国承家,小人勿用"的道理后,很快下旨不准在奏疏中使用"夺门"这种字眼,并将冒功领赏的四千多人一一革职。

到了天顺五年(1461年),曹吉祥之侄曹钦谋反,李贤护驾有功,此后更深获信任,被加为太子太保。在天顺一朝中,首辅李贤的地位,一直高于吕原和彭时。

朱见深即位之后,李贤进为少保、华盖殿大学士,知经筵事。在尊钱太后为正宫、抚谕荆襄流民、奏请征讨河套鞑靼等方面,李贤都给出了合理的建议。朱见深也十分尊重他,当他面临门达党羽的构陷和言官的污蔑时,朱见深不由分说加以维护,派驻卫士保其平安。李贤病逝于成化二年(1467年)底,死后哀荣备至,朱见深又以其子李璋为尚宝司司丞。

从连中三元(第一个获此殊荣的黄观被朱棣除名)的明朝顶级学霸,到成为"贤佐第一"的股肱之臣,商辂的高颜值、高智商、高情商,一直为后世津津乐道。

正统十年(1445年)时,状元商辂以翰林院修撰的身份起家,在朱祁钰继位前后进入内阁。夺门之变后,他暂时被削去了籍名,直到成化三年(1467年)时,才被朱见深起用复职,依旧在内阁参预国要。

商辂刚一到任,就奏陈八事,其中特别提到了"纳谏"一事,这是说他希望皇帝能召回继位以后因言遭贬的人。很显然,商辂希望这位小皇帝能广开言路。优秀的人总是容易招人嫉妒,成化四年(1468年),给事中董旻,御史胡深、林诚等人便趁着彗星出现一事,弹劾商辂曾在废储上书中签字,试图离间君臣关系。

在皇帝的恳留之下,商辂没有辞职,但也请求皇帝不要惩罚言官。当年十月,商辂晋升为兵部尚书,后又接连在户部、吏部担任尚书,兼任文渊阁大学士。

关于立储之事,因朱祐极早夭,纪氏所生之子直到成化十一年(1475年)才为朱见深所知(也有皇帝早知其存在,而不为之取名的说法,但非主流意见),商辂立马请求为之拟名造册,过了几日又恳请皇帝建储安民。如此,朱祐樘的太子之位,方才得以确立。

此外,从为迁居永寿宫的纪氏隆重发丧、恢复郕王名号、罢建玉皇阁、无视钱溥讽语、弹劾汪直等事看来,商辂都是一个恢廓大度、忠直刚正的人。时人曰:"我朝贤佐,商公第一。"得此誉声,商辂可谓是实至名归。

第三节 "桃源"里的抗争

李贤辅政不久,于成化二年(1466年)冬过世。

就在当年前后,南北两京、四川、湖广地区,都相继发生了民变。这里面,规模较大的,应属荆襄流民起义。

明朝有不少封禁山区,以郧阳为中心的荆襄山区,位于今湖北、河南、陕西、四川的交界处,占地面积很大,且无明确归属。此处峰峦叠嶂、林深水绕,易于藏人,因此凡逢灾荒之年、战乱之事,便会吸引大量流民前来躲避。颠沛流离得太久了,来到深山老林中的流民,无一不将之视为摆脱封建压迫的世外桃源。

明政府对荆襄山区的管制是可以理解的,因为元朝末年的流民,就曾逃亡山中,建立起一些反抗元朝的据点。朱家天下依然是封建王朝,百姓也依然是平民阶层,朱元璋没有理由不防着民乱。所以最简便的办法,当然还是封禁。

正统年间,流民几乎遍及全国,潜入荆襄山区垦荒之人甚多,造成户口锐减,租税难收的局面。因着祖宗家法,成化元年(1465年)四月,当得知刘通领导着百万流民,反抗政府再度封山,并自称为汉王的举动时,朱见深给出的解决办法极为粗暴——剿。

这一次,抚宁伯朱永为总兵官,兵部尚书白圭提督军务。成化二年(1466年)春夏,义军被残酷镇压下去了。不过,刘通、石龙虽死,大量流民却仍然藏匿山中,不愿离开这片"桃源"。

到了成化六年(1470年)十月间,为饥荒所迫的流民再次掀起起义的高潮。自号为"太平原"的李原,也拉起了百万人的队伍,声势更胜之前。都御史项忠明抚暗剿,以卑劣的手段诱骗流民归乡复业,屠杀流放了不少人。即便是已经踏上归程的流民,也因饥渴瘟疫客死途中,计有九十万人之多。

项忠视人命如草芥,却恬不知耻地竖立了一块《平荆襄碑》,可叹的是,当地百姓却认为这是一块"堕泪碑",其悲其痛无以复加。就这样,项忠硬是将流民的血泪筑成了自己的"丰碑"。

最后一次荆襄起义,是在成化十二年(1476年)发生的。解决矛盾之后,这里再也没有出现过什么大的抗争。流民终于得以安居乐业,此地成为真正的"桃源"。其因何在?

一是,朱见深等上层阶级对之前的滥杀行为有所反思,国子监祭酒周洪谟和一位叫作文会的小官,都提出了增设府县,让流民成为编户齐民的建议。他们都深以为然。

二是,都察院左御史原杰,本着仁心办事,善于抚恤流民。他先是对流民登记造册,再依其意愿还乡或是编户。

三是,明王朝增设郧阳县为府,安排地方官上任。

最终,在不费一兵一卒,不动一枪一炮的情况下,原杰圆满解决了困扰朝廷多时的流民问题,还为财政增加了一万多石的年税粮,可谓一举多得。

遗憾的是,因为没有所谓的"战功",原杰没有得到前两位总兵那样的官方荣誉,后来还郁郁而终了。不过襄阳、郧阳的百姓却始终没有忘记原杰的恩德,他们自发地立祠跪拜,以为永念。

【小贴士】

【皇庄】

明仁宗朱高炽,曾划定两块由皇室直接管理的庄田,一曰"仁寿宫庄",一曰"未央宫庄"。"皇庄"的得名来源于朱见深。天顺八年(1464年)十月,朱见深没收了太监曹吉祥在顺义的田地,把它作为宫中的庄田,并取名为"皇庄"。皇庄属于皇帝、后妃、皇太子和未及就藩的诸王的赡养地。

诸王之藩以后,在封地取得的田地,被称之为"王庄"。王庄产生于明初,比皇庄早一些,但最先的规模并不大,直到赵王朱高燧被赐予大量庄田后,广置庄田、土地兼并之风才日渐炽灼,席卷了

整个社会上层——包括藩王、勋戚、宦官在内。

商辂在成化十二年(1476年)时,以与民争富为由,奏请废除顺义、宝坻、丰润、新城、雄县等处的皇庄,朱见深许之,但并未真正施行。嘉靖初年改皇庄为官地,但其本质未变。

第十七章

弘治中兴
——朝序清宁、民物康阜的时代

成化二十三年(1487年),明孝宗朱祐樘继位为帝。随后,他敕令礼部官员,对洪武、永乐以来的籍田礼仪做了一些改动,后将每年二月举行籍田之礼作为永制。到了弘治元年(1488年)二月,顺天府官员早早地将耒耜和种子送入京中。耒耜是一种传统的翻土农具,被视为中国农耕文化的代表。

　　与此相对应的是,帝王三推耒耜、三公五推耒耜、九卿九推耒耜的仪式,被赋予了统治阶层重视农业生产、鼓励耕种的意味。不过,朱祐樘虽以之为永制,但在其十八年的皇帝生涯里,他只在改元当年举行了一次籍田礼仪。不知,这是否预示着他先紧后松的执政态度呢?

第一节　任情恣肆，后人买单

朱祐樘体弱多病，性格上也较为内敛自怯，与其幼年的遭遇不无关系。因为，他的父皇朱见深，在若干优点之外，也有任情恣肆的缺点——对于万贵妃、汪直等人过于宽纵信任。

在明朝皇帝的祖训中，有一条规定是这么说的，"妃嫔无恣宠之专幸"。《明史》中也称赞这位"恢恢有人君之度"的帝王，本已得到了"仁、宣之治于斯复见"的成果，可惜却又"任用汪直"，以至于"西厂横恣，盗窃威柄，稔恶弄兵"，为之蔽惑，很久以后才有所觉察调整。

一句话概括，"妇寺之祸固可畏哉"。

应该说，史家将成化年间政治上的缺失，归结为"妇寺"二点，明显带有一些封建史官的认识局限。不过，朱见深在执政期间，没能协调好后宫、内臣和外廷的关系，确为不争之事实。而万贵妃挟其身份仗其宠遇，对朝政进行直接或间接的干预，也是客观存在的。

在朱见深十二三岁的年纪，朱祁镇为他挑选了十二个女孩子，吴氏、王氏和柏氏都被朱见深相中了。继位以后，年轻貌美的吴氏有幸成为皇后，然而，在朱见深的心目中，万氏的地位却是无可取代的。

一切还要从正统、景泰年间说起。

朱见深被送入东宫之后，孙太后从自己身边拣选了一个机警聪明的宫女——万氏前去侍奉他。万氏比朱见深大十九岁，不但照顾他无微不至，而且陪他吃了不少苦。在命运颠荡的岁月里，能得一人相依相守，殊为难得。久而久之，渐渐通晓男女情事的朱见

深,也对这个年龄上可以做他母亲的人,产生了爱慕之情。

朱见深登基之后,一度想把万氏捧上后位,但因此举不合礼法祖制,而遭到生母的斥责,只能退而求其次,册其为妃。事实上,他的父皇也曾有过几位年龄较大的后妃,因而朱见深的做法也不算出格。

然而,由于万氏独占圣宠,并屡次冒犯吴皇后,对方终于忍无可忍,将她暴打了一顿。吴皇后却不知,万妃是朱见深心尖尖上的人。为了给万妃出气,朱见深不由分说废黜了她,将之打入冷宫,对外则宣称他是因为发现"举动轻佻,礼度率略"的吴氏曾贿赂太监牛玉,顶掉了本该被册立为后的王氏,所以他才要惩罚她。

权衡之下,王氏成了新任皇后。一月皇后吴氏的下场,王皇后可是铭记在心,须臾不敢忘。在无法获取圣宠的情况下,她只能处处忍让,丝毫不敢开罪万妃。

成化二年(1466年),万氏为朱见深生下了皇长子,自己也得封贵妃,更上层楼。不过,可惜的是,这个孩子很快便夭折了,万贵妃此后也未能成孕。出于且妒且惧的心理,她开始利用自己的权力,迫害有孕的后宫妃女。

朱见深是否知晓此事,已不可察,但他险些绝嗣的境况,却是人所共知的。

成化十一年(1475年),朱见深"诏张敏栉发,照镜叹曰:'老将至而无子。'"到了这个时候,宦官张敏才告诉他,纪氏在六年前就为他生了个儿子,之后被秘密地养在西内。

这个孩子便是后来的明孝宗朱祐樘。

纪氏是广西纪姓土司的女儿,因大藤峡之战,她以罪女的身份被俘入宫中,负责为皇帝管理内库。没想到,朱见深偶幸之后,纪氏珠胎暗结。万贵妃自然是容不得她的,朱祐樘之所以能平安地活下来,完全是仰赖于张敏的保护、废后的哺养、宫人的掩藏。

长期幽禁之后,朱祐樘瘦弱不堪,身体羸弱。朱见深一见之下又喜又怜,很快就册其为储,颁诏天下,并册封纪氏为淑妃。苦尽甘来的日子没过上几天,当张敏得知纪氏暴毙之后,自己也绝望地吞金而死。周太后担心万贵妃会阴害太子,便将他抱养在侧,使其无从下手。

因为万贵妃不再迫害皇嗣,后来朱见深便有了不少儿子。成化二十一年(1485年),朱见深责怪太监梁芳、韦兴私盗内库,二人便撺掇万贵妃去吹耳旁风,改立邵妃之子为储。还好,先有太监怀恩苦谏的赤心,后有泰山地震的"警示",朱见深才不敢有所异动。

两年后的春日,万贵妃怄气病死,宪宗悲伤已极,叹道:"万氏长去了,我亦将去矣!"其后,他果因悲伤成疾不久于人世。私以为,在帝王之家里,这对帝妃的爱情故事自有其动人之处,但朱见深这种放纵后妃的做法实不可取。

因为万贵妃受宠终生,万安("万岁阁老",刻意与万贵妃攀亲)、钱能、覃勤、汪直(也是大藤峡叛乱中走出的瑶民后代)、梁芳、韦兴等外臣内侍,各尽谄媚之能事,千方百计地笼络万贵妃,为自己牟取更大的利益。最终导致成化一朝外戚恣肆、朝纲紊乱、国力凋敝的局面。

此外,朱见深在位期间,还过分地宠溺所谓的法王妖僧,这也对朝政的健康发展造成了极为恶劣的影响。

第二节 兢兢于保泰持盈之道

从父皇手中接过的江山,虽不至于千疮百孔,但也是问题迭出亟待解决。那么,朱祐樘是否具有解决问题的能力呢?当然有。

　　自打被立为储君之后,朱祐樘在九岁那年便已出阁讲学,程敏政、刘健等人都是他的老师,接受了系统的皇室教育,自己又砥砺自强,养成了疑而求教的好习惯。

　　因此,一个熟读《孝经》《尚书》《朱熹家礼》《大明律》,且厉行节约(曾拒用松江府所造的大红细布)的太子,后来才有可能成为人们口中最具"仁孝恭俭"的气质,最懂儒家伦理规范的大明皇帝。

　　读书之余,朱祐樘也十分喜爱诗歌、绘画、弹琴。曾有大臣以声乐之弊劝止他,他也只以"弹琴何损于事?劳此辈言之"一语来应对,一副不以为意的态度。在朱祐樘看来,喜好艺术的皇帝不见得就是误国之君。

　　不过,为免腐儒们向他喷口水,某次他赏赐给画师吴伟几匹彩缎之后,便吩咐道:"急持去,毋使酸子知道!"乍听来,此话不似出自朱祐樘之口,但若以现代心理学加以分析,不难得出一个认识。这位以儒家气质著称的皇帝,内里还是有些叛逆精神的,想来集万千宠爱于一身的朱厚照,是继承了他父皇的潜在性格,并将之"发扬光大"了。所以这对皇家父子的区别便是,一个尚有节制,一个没有什么自制力。

　　儒家说,"克己复礼为仁",懂得克制的人方可称"仁"。比如说,对于害死自己生母的万贵妃,朱祐樘便保持了绝对的冷静,并没听纳臣言对其秋后算账。所以说,宽恕之道,明君之怀也。

　　要想成为一代明君,资质和忠厚的秉性是一方面,更重要的是,朱祐樘有决心也有毅力去匡正时弊。

　　有明以来,除明太祖之外,没有皇帝能坚持召开早午二朝。而难能可贵的是,身体素质不佳的朱祐樘却能坚持每日两次视朝,允准百官面陈国事,广进方略。早朝午朝之间,尚有一些时间,朱祐樘也将其利用起来,既与阁臣在文华殿议政磋商,也不时对百官进行"平台召见",交换意见。此外,他还重开了大小经筵侍讲,虚心地向讲臣咨询治国之道。

如此一来,深居内廷的皇帝,得以与朝臣进行较为平等深入的对话,有助于他广开言路,全面了解当前朝政。"弘治中兴"的美誉,是一个勤政爱民的皇帝应得的回馈。

在政治方面,朱祐樘锐意求治,敢于对前朝的人事加以拨乱反正:先是全面清除了所有的法王妖僧,再是罢黜了"泥塑六尚书"(不理政事的吏部尹旻、户部殷谦、礼部周洪谟、兵部张鹏、刑部张蓥、工部刘昭),以及李孜省、梁芳、万喜、万安等千余人。其中,以才德俱无的传奉官为主。

与此同时,朱祐樘重用徐溥、刘健、丘濬、李东阳、谢迁、王恕、马文升、韩文、叶淇、刘大夏等朝臣,使其各尽其才,各称其用,一时之间,彬彬济济、群贤辐辏,史有"李公谋,刘公断,谢公尤侃侃"之说。

在法度方面,东厂、锦衣卫仍然存在,但因为朱祐樘的严加管束,他们大多奉守本职,不敢造次。弘治十三年(1500年),朱祐樘命人制定了《问刑条例》,两年后,他又删改了原《大明律》中一些酷令,大显仁君风范。

在经济方面,朱祐樘轻徭薄赋、兴修水利、改革盐法,其年赋税反而因之大幅增加,比景泰、天顺、成化三朝多了一两百万石。生活水平的提高,也带来了人口的稳定增长,弘治晚年时,比之弘治元年(1488年)人口增加了六倍之多——原约为九百一十一万三千六百三十人。

在军事方面,朱祐樘发动了三次收复哈密(弘治五年,回回、哈剌灰、畏兀儿三族生活于哈密,兵部尚书马文升认为"必须得元代遗孽袭封,以理国事")的战争,最终功成事遂,实现了对哈密的有

效管控。

为了支持马文升大力整军,以增强打击鞑靼小王子、火筛的实力,他有意调拨大内侍卫保护爱将,还下令诸臣不得役使团营军士——但他自己却做不到。不过,终其一朝,朱祐樘很少像朱棣那样采取激进的远征策略,因为数朝以来军务弛废,而积极防御的军事策略,确实更符合当前的国情。

在外交方面,朱祐樘很少主动对外往来,但如安南、暹罗、乌斯藏、琉球、占城、撒马儿罕、火剌札、爪哇、日本等邻邦属国,则不时前来朝贡。这种情形,如借用《战国策》的话,算是"战胜于朝廷"了。

第三节 "痴情"的代价

在中国封建社会里,男人的地位和荣耀,似乎总是可以通过对女性的占有量表现出来。贵为九五之尊的皇帝,更有着广后嗣宗社稷的需求,于是,他们合理地拥有着三宫六院、万千佳丽。

可一夫一妻这样的事情,在朱祐樘的身上就发生了。继西魏废帝元钦之后,朱祐樘成了历史上第二个也是最知名的践行一夫一妻制的皇帝。

由《明史》等史料看来,朱祐樘一生只娶了孝康敬皇后张氏一人,没有纳过一妃一嫔;但在明人毛奇龄的《胜朝彤史拾遗记》和谈迁的《国榷》中,却可以看到朱祐樘宫中有敬顺夫人邵氏、安和夫人周氏、安顺夫人刘氏、荣顺夫人孟氏、荣善夫人项氏这五位夫人的记载。

这又是怎么一回事呢?

原来,"夫人"这个称号,在明朝不在妃嫔之列,而是属于外命妇(公侯伯及一二品官正室)和内夫人(宫人乳母)的范畴。《明实录》中就留下了"弘治五年正月乙亥赠'宫人'周氏为安和夫人,并赐祭葬"的记录。这里说得很清楚,周氏本是宫人。况且朱祐樘的保姆被封为了"佐圣夫人",后来大名鼎鼎的"奉圣夫人",也是说的天启帝的乳母客氏。

应该说,皇帝对女色没有太大的兴趣,并不是一件坏事。不过,因为朱祐樘和张皇后只有朱厚照这么一个成活的独苗苗(另有蔚悼王朱厚炜、太康公主朱秀荣),所以大臣们有时也不禁关心起皇帝的家事来。

对此朱祐樘不愠不怒,置之不理,继续专宠他的皇后,与之同居同食,宛若民间夫妇。明人陆楫在《蒹葭堂杂著摘抄》中,便讲述了张皇后尝患口疮,"帝亲率登御榻传药,又亲持漱水与后"的旧事。

因为担心咳嗽惊扰她,他甚至还忍着喉痒及时撤离。朱祐樘可谓是一个优秀丈夫。而在野史中,张皇后和朱祐樘闹别扭时,还曾打落过他的门牙。如若此事属实,张皇后未免跋扈泼辣了些。

其实大臣们的担心不是多余的,子嗣单薄的问题涉及国本,的确不只是皇帝的家事。后来朱厚照把自己给折腾得没气了,他既没有儿子,又没有亲兄弟,大臣们便只能不无遗憾地奉迎外藩入继,以续大明社稷了。

不过这些事都是后事,尚有偶然因素,而眼前发生的问题,也让人对朱祐樘的这份"痴情",表示深深怀疑。因为专宠万贵妃,而令明宪宗声誉受损的事,才发生不久。虽说张皇后是国子监生家庭出生,接受过一定程度的教育,但她骤然间成为一个独占恩宠的皇后,又能不能做到克己所欲,行为女范呢?

很难,从人性上来说就很难。事实上,史称"骄妒"的张皇后也

确实没能做到这一点。

因为皇后,朱祐樘对其娘家人格外优待,不仅追封岳父张峦为昌国公,封妻弟张鹤龄为寿宁侯、张延龄为建昌侯,还对他们跋扈骄纵的行为睁只眼闭只眼。《彤管拾遗》中说,"帝又为后立家庙于兴济,土木闳丽。明世外戚之盛,无过张氏者"。

他们到底都做过一些什么事呢?概括说来,就是霸占民田、收受贿赂、奸淫无度、不知法度……一个叫作何鼎的太监,为人正直有识,他先后两次发现张氏兄弟做过私戴皇冠、淫辱宫女的坏事,遂忍不住告发了他们。结果如何?张皇后为了保护哥哥,不惜诬告何鼎违法乱纪,最终将其杖杀于狱中。

这件事,惹得朝中訾议纷纷,大大地损害了皇帝的声誉。过了很长一段时间,朱祐樘才听取了刑部主事陈凤梧的建议,为之平反殓葬。

第四节 白璧微瑕,不掩盛名

比起明朝的很多皇帝,朱祐樘无疑是一个励精图治的好皇帝,但在他统治期间,仍然有一定的过失,值得后来人引之为鉴。

首先,朱祐樘虽有识人之明,但仍然在不短的时期内,为一些圆滑伪饰的臣下所欺瞒,这一点无疑是有损其盛誉的。其间,外臣和内侍的代表,分别是刘吉和李广。成化一朝之所以政治腐败,尸位素餐的"纸糊三阁老,泥塑六尚书"负有相当大的责任。

之前已说过"泥塑六尚书"了,这里的"纸糊三阁老"指的是万安、刘珝、刘吉这三位阁臣。在这里面,相对好一些的刘珝过世得早,万安也很快被罢黜了,但对于外号为"刘棉花"(越弹越发之意)

的刘吉,朱祐樘却宠遇有加,不辨其面。

其次,朱祐樘在处置穷凶极恶的岷王朱膺钲时,做过一些偏袒之事,甚至不惜逮捕知州刘逊,震荡了大半个朝廷。要知道,四年前(弘治五年,1492年),朱祐樘还赐死过为非作歹的荆王朱见潚。可惜,其铁面无私的形象,没能一直保持下去。此外,朱祐樘对宗室过于优待,赐田过多,助长了兼并土地的风气。

再次,可能是身体原因,朱祐樘渐渐迷上了佛老之术,在他统治晚年时也走上了修斋建醮的老路。弘治十七年(1504年),在朝阳门外为道士修建了正寿塔,便是他这种心态的体现。其实,朱祐樘在一开始已经革除了"京营占役"这个弊政,但不久之后,他却因迷恋斋醮和照顾外戚,时常诏令京营官军去修造宫殿、城垣、陵墓、寺庙,甚至是岳父张峦的墓地、岳母金夫人的房子。要知道,包括三大营、十二团营在内的京营,是明朝重要的军事力量,土木工程如此繁密,兵士如此劳累,试问,他们的操练时间如何保证,他们的战斗力又怎么保持呢?无怪乎,大量"工程队"的兵士逃役不迭,以致"京师根本之地而军士逃亡者过半"。

最后,弘治年间的冤案也没少发生,轰动一时的程敏政、唐伯虎科考作弊案(详见第二十章),便发生在这一时期。

对于朱祐樘的统治,《明史》赞曰:"明有天下,传世十六,太祖、成祖而外,可称者仁宗、宣宗、孝宗而已。仁、宣之际,国势初张,纲纪修立,淳朴未漓。至成化以来,号为太平无事,而晏安则易耽怠玩,富盛则渐启骄奢。孝宗独能恭俭有制,勤政爱民,兢兢于保泰持盈之道,用使朝序清宁,民物康阜。《易》曰:'无平不陂,无往不复,艰贞无咎。'知此道者,其惟孝宗乎!"

白璧微瑕,不掩盛名。一代仁君,当得起这样的评价。

【小贴士】

【传奉官】

"传奉官"是指不经吏部,不经选拔、廷推、部议等程序,而由皇帝直接任命的官员。天顺八年(1464年)二月,朱见深亲授姚旺为文思院副使,此为"传奉官"之始。

皇帝任人唯亲,变"天下公器"为"人主私器",是在带头破坏吏治。朱见深往往一次性授官百人,而太监梁芳也狐假虎威,前后授官千人,捞取大量私财。成化十九年(1483年),朱见深采纳御史张稷等人的谏言——文不识字武不拉弓实不堪用,裁汰了一些传奉官,但观其一朝,传奉官的队伍一直庞大,足以败坏纲纪,蠹损国体。

第十八章

大明会典
——可以并唐虞、轶三代,而垂之无穷

开元十年(722年),唐玄宗命人修纂一部记录本朝官署职掌制度、行政法规的行政法典。编纂人员从《周官》中追根溯源,将《唐六典》编为理典、教典、礼典、政典、刑典、事典这六个部分。与笔墨精省的会要不同,意在"典章会要"的会典,并不以事分类、载录典令,而是以职官制度为纲,重在阐述其制度的沿革,实为当代官修的断代行政法典。

《唐六典》之后,还有《元典章》,其后,"会典"之名开始出现,故有《明会典》《清会典》和《五朝会典》。

第一节　成书之由

弘治十五年(1502年),一部耗时六年,长达一百八十卷的典章制度录诞生了。卷帙浩繁的《明会典》,将大明建国百余年来的典章制度加以系统记载,从而成为后人研究明朝历史的重要参考资料。

在此之前,明王朝也拥有自己的典章制度录。

洪武二十六年(1393年),明太祖朱元璋命有司编修了《诸司职掌》,其编排体例大体上效仿《唐六典》。书中计有十卷,六部各占六卷,而通政使司、都察院、大理寺、五军都督府则占另外四卷。开国以来的各种主要官职制度,尽在其中。

弘治年间,朱祐樘见《皇明祖训》《孝慈录》《大明律》《宪纲》《诸司职掌》《御制官箴》《大明集礼》等多朝典制分散各处,且未成体系,不便于臣民参酌遵循,便在弘治十年(1497年)三月,命人综合开国以来的资料文献,对当代典章法令进行系统修纂。

其实,早在正统年间,皇帝便已有修纂系统政书的想法,这一点,在朱祐樘三月六日敕令编书时便有所提及,"皇祖英宗睿皇帝尝有志纂述,事弗克"。

见到"其条贯散见于简册卷牍之间凡百,有司艰于考据,下至闾里,或未悉知"的情形,朱祐樘深觉修书之必要,遂命吏部尚书兼谨身殿大学士徐溥、礼部尚书兼武英殿大学士刘健、礼部右侍郎兼翰林院侍读学士李东阳担任总裁,又以程敏政(与唐伯虎"科考作弊案"有关)、王鏊、杨守阯为副总裁,负责这项浩大的工程。

任务安排下来了,朱祐樘所希望达到的效果是怎样的呢?

用他自己的话来说,便是"编稽国史,以本朝官职、制度为纲,

事物、名数、仪文、等级为目,一以祖宗旧制为主,而凡损益同异,据事系年,汇列于后,梓而为书,以成一代之典"。意思是说,编排体例要纲目清晰,尊重祖制——如后世有删改增添之处要根据时间顺序列在后面。

徐溥等人领命之后,便奏请御赐书名,这是因为"赐以名目,使中外有司晓然知圣意所在,纂修者有所依据,承行者易于遵奉"。朱祐樘闻之欣然,赐名为《大明会典》。

第二节 历代修纂情况

皇帝殷切以盼,徐溥、刘健、李东阳丝毫不敢怠慢,很快组织起了一支编纂团队。他们以《诸司方职》为蓝本,综合了多种当代的典章制度,焚膏继晷地投入到这项工作中去。

弘治十五年(1502年)十二月十一日,朱祐樘在奉先殿举行了《大明会典》的进呈仪式。

奉先殿是明太祖朱元璋为供奉先灵而修建的,在后世有"小太庙"之称。比起太庙这种以先皇"神主"为祭祀对象的庄严之地,奉先殿内可以举行节日祭祀、上徽号、册立、册封、御经筵、耕耤、谒陵、巡狩、回銮和各种庆典活动。

由此可见,朱祐樘对于《大明会典》的重视程度和满意程度。

而今治世的皇帝,正在向列祖列宗进呈具有里程碑意义的政书,这实在是一件可喜可贺之事。其后,朱祐樘又在礼部召开宴会,宴请负责修纂工作的总裁们。

就在当日,朱祐樘提笔为《大明会典》写了一篇序言。

"朕惟自古帝王君临天下,必有一代之典,以成四海之治……朕祗承天序。即位以来、夙夜孜孜、欲仰绍先烈、而累朝典制、散见迭出、未会于一。乃敕儒臣、发中秘所藏诸司职掌等诸书、参以有司之籍册、凡事关礼度者、悉分馆编辑之。百司庶府、以序而列。官各领其属、而事皆归于职。名曰大明会典。……积之既深、持之既久、则我国家博厚高明之业、雍熙泰和之治,可以并唐虞、轶三代、而垂之无穷,必将有赖于是焉。遂书以为序。"

在序言里,朱祐樘强调了修纂《大明会典》的意义之所在。而今,我们翻开这部政书,会发现这篇序言之后,还有正德四年(1509年)十二月十九日、万历十五年(1587年)二月十六日所书的《御制大明会典序》《御制重修大明会典序》,这是因为在正德、万历两朝,先后对《大明会典》进行了重校重修,两事分别由李东阳、张居正主持。

如今我们所见的《大明会典》多指的是万历本二百二十八卷。

至于其间的嘉靖一朝,也命人对它进行了两次续修。嘉靖八年(1529年)时,朱厚熜命人将弘治十五年(1502年)至嘉靖七年(1528年)的事例,以类附入。十六年后,他又再次诏阁臣续修会典。不过与初纂的《大明会典》一样,世称《嘉靖续纂会典》的五十三卷内容,没来得及颁行。

所以,这部政书最早是在正德年间参校刊行的。

第三节 周备细致的目录

有鉴于《大明会典》的历史地位十分重要,现将其部分目录整理于下,以飨读者。

……

卷之一[宗人府/南京宗人府/吏部/文选清吏司]

卷之二［官制一／京官］

卷之三［官制二／南京官］

卷之四［官制三／外官］

卷之五［选官／推升／保举／改调［降调附］／开设裁并官员／还职官员／给假／验封清吏司］

卷之六……

卷之十［勋级／资格］

卷之十一［贴黄／丁忧／侍亲／更名复姓／杂行／考功清吏司］

卷十二［核一／官员／京官／在外司府州县官（王府官附）／教官／杂职官入流仓官（收粮经历等官附）／核通例／考核二／吏员（承差知印附）／责任条例］

卷十三上［朝觐考察／京官考察（王府官附）／举劾／致仕／事故／访举／南京吏部］

卷十三下［选清吏司／验封清吏司／稽勋清吏司／考功清吏司／户部］

卷之十四［十三司职掌／浙江清吏司／江西清吏司／湖广清吏司／福建清吏司／山东清吏司／山西清吏司／河南清吏司／陕西清吏司／四川清吏司／广东清吏司／广西清吏司／云南清吏司／贵州清吏司］

卷之十五……

卷之四十三［朝贺／正旦冬至百官朝贺仪／冬至大礼庆成仪／万寿圣节百官朝贺仪／中宫正旦冬至命妇朝贺仪／中宫千秋节命妇朝贺仪／太皇太后、皇太后圣旦正旦冬至命妇朝贺仪／东宫亲王并妃正旦冬至宫中朝贺仪／东宫亲王并妃正旦冬至朝贺太后仪／东宫正旦冬至百官朝贺仪／东宫千秋节百官朝

190

贺仪/东宫妃正旦冬至命妇朝贺仪/圣节正旦冬至王府庆祝仪/圣节正旦冬至天下司府州县庆祝仪]

卷之四十四[朝仪/朔望朝仪/常朝御殿仪/常朝御门仪/午朝仪/忌辰朝仪/辍朝仪/诸王朝见仪/外戚朝见仪/百官朝见仪(出入等仪附)/诸司奏事仪/五军都督府合奏启/吏部合奏启/户部合奏启/礼部合奏启/兵部合奏启/刑部合奏启/工部合奏启/都察院合奏启/大理寺合奏启/五军断事官合奏启/十二卫合奏启/诸司朝觐仪/入朝门禁/东宫朝仪]

卷之四十五[登极仪]

卷之四十六[册立一：皇后册立仪/遣使册立/受册受贺/百官称贺上表笺/谒庙/皇妃册立仪/皇嫔册立仪]

卷之四十七[册立二：皇太子册立仪/册立颁绍/皇太子朝谢中宫/诸王贺东宫/诸王贺中宫/百官进庆贺表笺/百官进庆贺东宫笺/内外命妇庆贺中宫/谒庙/皇太子妃册立仪]

卷之四十八[册立三：亲王册立仪/亲王年幼受册宝仪/朝谢中宫/谢东宫/亲王自行贺及百官贺诸王/东宫及百官称贺上表笺/东宫贺中宫/中宫受内外命妇贺/东宫受百官贺/亲王妃册立仪/公主册立仪]

卷之四十九[皇子诞生仪/皇子命名仪/皇女诞生仪/皇女命名仪]

卷之五十[上尊号/皇太后上尊号仪/告祭/上册宝/谒谢/庆贺/太皇太后上尊号仪/皇太后上徽号仪/告祭/上册宝/谒告/受贺]

卷之五十一[耕藉（西苑耕敛附）/谒谢/庆贺/西苑耕敛/视学/乐章/还宫奏万岁乐/大射礼/策士/殿试仪/读卷仪/传胪仪/状元率诸进士上表谢恩仪/亲蚕]

卷之五十二……

卷之二百二十八[锦衣卫/经历司/镇抚司/亲军所/驯象所/旗手卫/金吾前卫/金吾后卫/羽林左卫/羽林右卫/府军卫/府军左卫/府军右卫/府军前卫/府军后卫/虎贲左卫/金吾左卫/金吾右卫/羽林前卫/燕山左卫/燕山右卫/燕山前卫/大兴左卫/济阳卫/济州卫/通州卫/各卫通行事例/南京锦衣卫]

总的来说,《大明会典》遵照典章会要的主旨,以六部所建置的官制为纲,以建国后的诸色事则为目,分述两百来年的政体变革。其中,列叙文职衙门的内容共有二百二十六卷,首卷为宗人府,自下各以六部、都察院、六科与各寺、府、监、司等为序;而武职衙门仅有二卷,主要述解五军都督府和锦衣卫等二十二卫。

文治天下的理念,可知之矣!

第四节 成书的研究价值

值得注意的是,《大明会典》不仅分门别类地列叙了明代的典章制度,而且还罗缕纪存地载录了基本的法律制度。因此,此书颁行之后,不仅成为当朝百司的案头必备之书,也成为后世研究明史的重要典籍。

且不说书中对政府机构与职掌、少数民族地区的管理和羁縻、各种经济政策的记录和解读、皇室礼仪与规范等内容,单看在法律制度方面的述解,便可见其周致完善的特点。

从第一百六十卷开始,到一百七十九卷,多达二十卷的内容,都对臣民的种种行为做出了规范和警示。

以第一百七十二为例,此律名为"律例十三",属"工律"的范畴。哪些行为有违法或是犯罪的嫌疑呢?通过"营造、擅造作、虚费工力采取不堪用、造作不如法、冒破物料、带造(墙)疋、织造违禁龙凤文(墙)疋、造作过限、修理仓库、有司官吏不住公廨、河防、盗决河防、失时不修堤防、侵占街道、修理桥梁道路"这样的条目,观者便可一目了然,心中有数。

经过前中期的社会发展,程朱理学的统治地位逐渐确立,文人治国的理念也深入人心,在明太祖、明成祖都致力于修书的背景之下,《大明会典》的横空出世,是水到渠成"可以并唐虞、轶三代,而垂之无穷"的盛举。

【小贴士】

【前七子】

为区别于嘉靖、隆庆年间的另一个七人文学团体"后七子",后人便以"前七子"之称作为对弘治、正德年间(1488—1521年)七位文学家的一个统称。

其成员为李梦阳、何景明、徐祯卿、边贡、康海、王九思、王廷相。前两人是其中最具代表性的文学家。他们皆为当朝进士,才高八斗,而又气节凛然各具风采。因为不满于台阁体诗文(以"三杨"为代表的文学创作风格)的板滞空洞,八股文章的"啴缓冗沓,千篇一律",读书人的庸懦无为,他们提出了"文必秦汉、诗必盛唐"的诗文创作理念,希望以此复古主张,重塑汉唐昂扬尚武之风。

应该说,他们主动承担改造文风的使命,是值得赞许的具有进步意义的事情,但是不顾实际地走上以复古为革新的老路,也在一定程度上扼杀了文学的创造性,甚至使其效仿者,落入了"高处是古人影子耳,其下者已落近代之口"的窠臼中。

第十九章

——嬉游皇帝

我就是我,不一样的烟火

据闻,在十分重视皇室教育的清朝,师傅们往往会以明朝的一个皇帝,作为反面教材。在他们的口中,这个皇帝行事荒唐、贪杯好色,几乎无可取之处。他就是明朝的第十位皇帝朱厚照,庙号为武宗,年号为正德。

不过,根据当代学者的论证,朱厚照的形象极有可能被嘉靖皇帝及文臣们抹黑过。不过,私以为,即便他们滥用了发声的权力,也很难操控民议的自由——朱厚照在民间的口碑并不好。所以说,纵然朱厚照被人污化了,但其受污的程度,应该也是较为有限的。

第一节　短兵相接，奸者胜

大明弘治十八年(1505年)，朱祐樘驾崩于乾清宫，享年不过三十六岁。断气之前，他对于年幼耽好逸乐的太子很不放心，遂对刘健、李东阳、谢迁等托孤大臣再三叮嘱，希望他们能好好教育他辅佐他。当然，朱祐樘也没忘了要求朱厚照要"任用贤臣"，成为一代明君。

俗语说，"知子莫若父"，朱祐樘岂能不知他儿子的禀赋性情？如果连他都未能教育好自己的孩子，又怎能指望大臣们辅佐好一个手握生杀予夺大权的皇帝呢？

不妨先来看看，在整个正德年间，陪伴在朱厚照身边的人群吧。

第一序列，文臣：

内阁首辅刘健，一品大学士谢迁，内阁首辅李东阳，华盖殿大学士焦芳，文渊阁大学士王鏊，太保兼内阁首辅杨廷和，左副都御史刘宇，吏部尚书兼文渊阁大学士曹元，光禄大夫兼太子少师梁储、刘忠，内阁首辅费宏，内阁首辅杨一清、靳贵、蒋冕，东阁大学士毛纪、英国公张懋等。

这个辅政集团，以前朝股肱为主，他们曾辅佐先皇开创了"弘治中兴"的局面，大多是才品俱佳且极负责任感的人物——焦芳等人除外。但遗憾的是，朱厚照并不喜欢他们，《明史》中说，朱厚照继位当年，"京师淫雨自六月至八月"，刘健等人见新皇帝一开始便贪图享乐、无心政事，整日与太监们厮混，便以天人感应之说劝其上朝处理政务。眼见皇帝玩心不改，刘健、李东阳、谢迁便以退休为胁——阁臣们的老把戏，朱厚照才稍微收敛了一点。

第二序列,内臣:

号为"八虎"的掌司礼监秉笔太监刘瑾、总神机营张永、提督西厂谷大用、提督东厂马永成、提督东厂丘聚、罗祥、总三千营魏彬、司礼监太监高凤,以及御马太监张忠、太监吴经等。

这些太监,是太子东宫中的旧人,表面上以刘瑾马首是瞻。为了巴结准皇帝,他们时常以新奇好玩、刺激声色的物什来讨他欢心,还偷偷带他出宫去玩,诱其沉溺其中,荒废了学业政事。当年,歌舞百戏不断的东宫,便被人们戏称为"百戏场"。

第三序列,武官:

"皇庶子"锦衣卫钱宁、边将江彬等。

继刘瑾之后,这两人相继以武力高和"城会玩"的共同特点,深获皇帝宠幸。《明史》将这两人都列入了《佞幸传》中。

钱宁先为锦衣百户,后依附于刘瑾,以其"廾左右弓"之箭术得到朱厚照的赞许,在营建豹房一事中"居功至伟"。正德八年(1513年)底,钱宁正式执掌锦衣卫,因被赐以国姓,而自称"皇庶子"。后来,钱宁因私通宁王朱宸濠,而被牵连抄家逮捕,嘉靖年间被处死。

同样在嘉靖时期被清算的江彬,本是北直隶宣府(今河北宣化)人。作为一名边将,江彬作战勇猛,堪为"铁血硬汉"(在刘六、刘七起义中,曾屠杀二十余名无辜百姓以冒功),后来成为皇帝的义子,成为宣府、大同、辽东、延绥四镇的统帅,并以豹房"救驾"之功,成了皇帝心目中的第一红人。

话说刘健等辅臣,见十五岁的皇帝,没正经几天又故态复萌,对上朝、经筵等事毫不上心,于是下定决心联合朝中诸臣和司礼太监王岳等人一起铲除"八虎"。因为焦芳暗中勾结刘瑾,透露了消息,刘瑾等人便及时跑去皇帝跟前哭诉求救。朱厚照在"八虎"的鼓动下,下令让刘瑾掌司礼监兼提督京营,马永成掌东厂,谷大用掌西厂,并将几个告发刘瑾的太监贬去南京。

刘健、谢迁、韩文失望已极,或被迫辞职,或被革职查办。同时,大批敢于谏诤的官员因之而遭杖责。朱厚照成功地堵塞言路之后,开始愉快地玩耍,而将批红等权力都下放给了刘瑾。其后,刘瑾继续迫害在职或不在职的正直大臣,诬其为奸党榜示于朝,其中,刘健为刘瑾所重,"荣登榜首"。

第二节 皇帝都玩些什么

在历史上,朱厚照贪玩好逸的形象,是"深入人心"的,那么,在日常生活中,他都玩过一些什么呢?简单梳理了一下,经商取乐、增建豹房、微服出游、亲征守边……

先说经商取乐。朱厚照继位前后,宫中便出现了不少模仿民间街市的商铺。在这里面,朱厚照和太监分别扮演富商、老板和百姓的角色。没过多久,朱厚照觉得大家的角色过于单调,又设置了很多"妓院",命宫女们扮作粉头,伺候他听曲消遣。在后宫开辟商业街的事,前朝也有过。汉灵帝刘宏、西晋太子司马遹、南齐废帝萧宝卷等人,都做过类似的事情,而这几个人,在政治上都没什么值得称道的作为。

再说微服出游。说是微服出游,其本质还是在于游猎与渔色,倘为百姓所知,皇帝就"走下神坛",成为笑柄了。英国公张懋、吏科给事中胡煜、兵科给事中汤一漠、大学士刘健等人都多次劝谏皇帝,却又无一不以失败告终。

而今看来,史料中说朱厚照和江彬等人到处寻花问柳,抢夺民女,可能有些许夸张的成分,但朱厚照将乐工之妻纳为妃子——著名的刘娘娘,接受马昂馈赠的妹妹和小妾,都是言之凿凿的记录。

就连民间也流传起《游龙戏凤》的本子,想来也是"空穴来风未必无因"。

正德十二年(1517年),朱厚照在宣府建了一所镇国府,把那里称之为"家里"。对于禁锢自由的紫禁城,他反倒是没什么好感。正德九年(1514年)正月十六日,乾清宫意外失火,朱厚照见此情形并无痛惜之情,反倒是夸其烟火盛大,煞是好看。要知道,作为内廷三殿之首的乾清宫,是一个皇帝身份地位的象征,所以,朱厚照说出这样的话来,是不是太没心没肺了些?

再说增建豹房。正德三年(1508年)时,朱厚照住进了皇城西北的豹房新宅(本为豢养虎豹以供玩乐的地方,他父皇也养过,但仅作为娱乐调剂),也顺便在里面处理朝政,后又增修几次。在这里面,朱厚照不只关押猛兽,还安置了许多乐户、美女,甚至是娈童。正德初年时,朱厚照便择选了一些俊美的内臣伴在身侧,名之为"老儿当"。有时候,他也在宫外搜罗男色,或是接受佞小进奉的美男。

最后再说说朱厚照的特殊爱好——亲征守边。在正德中后期,钱宁、江彬等人都以勇武善战,而见宠于皇帝,并借此把持朝政、掌涉军权。俗语说,"狗咬狗一嘴毛",江彬担心钱宁会迫害自己,遂不断向本就热血好战的皇帝,夸耀边军之勇,诱其将边军与京军互调,以为自固之法。

朱厚照听着很是有理,便不顾及边军、京军不可互调的祖制,将边军调入京中,设东、西官厅,以江彬、许泰为统帅。接下来,江彬又不断撺掇朱厚照去风光壮美、美女如云的西北游幸。

正德十二年(1517年),武宗在镇国府中,宣布将自己改名为"寿",后又加封自己为"镇国公",借以向兵部求编制,向户部讨边饷。《明史》中曰:"至自署官号,冠履之分荡然矣",这个评价可没有冤枉他。

有了镇国府,豹房内的美人美物,都陆续被搬运了过来。因为,镇国公朱寿,打算在这里尚武立功,报效国家。当然,朝臣是不被允许来这里的,絮絮叨叨的多讨人厌!

第三节 "立天子"伏诛记

刘瑾,是陕西兴平人,本随母姓谈,在六岁那年,随刘姓太监入了宫。一开始,刘瑾的事业并不顺利,甚至还遭遇过有罪当死、大赦苟活的人生起落。后来刘瑾被安排在东宫侍奉太子朱厚照,他的人生便猛然间开了挂。

五十四岁的刘瑾,年龄大了朱厚照好几轮,但他善于揣摩太子心意,很快便以耍好之事博取了对方的欢心,成了对方极为倚重之人。总之是朱厚照喜欢什么,刘瑾就敢给他玩什么。有一次,刘瑾还把绑在猴子身上的爆竹点燃,借此满足小太子的猎奇心理。

斗垮阁臣之后,司礼监掌印太监刘瑾执掌权柄,以为私利。有明一代,权势显赫的太监,几乎都是因此身份而登上权力巅峰的。王振是,刘瑾、冯保、魏忠贤也是。

手中有权,万事都全。刘瑾以收受贿赂等方式,很快聚敛了大量的家产。传闻说,地方官员入京后,首要任务不是觐见皇帝,而是带着见面礼来拜见刘瑾,至于这见面礼嘛,银子,多多益善的银子。

刘瑾被人们戏称为"立天子",为了巩固自己的地位,刘瑾还追杀了当初和阁臣联手对付他的太监,平时也没少做党同伐异的事。

公允地说,刘瑾秉政之时,还尝试对一些弊政做出改革,他也较为尊重李东阳等大臣——可能是为了做做样子,但是,总体上而

言,以刘瑾为首的"八虎",对朝政的危害远甚于其贡献。否则,安化王朱寘鐇也不会以刘瑾来作为他造反的理由。

正德五年(1510年)时,都御史杨一清、太监张永很快平息了安化王之乱。这两人也一起密议要联手解决掉刘瑾。原来,杨一清曾被刘瑾以"贪污军饷"的罪名诬陷过;"八虎"之中的张永,很早就与刘瑾有了嫌隙。

张永其人,虽曾在"八虎"之列,但其可圈可点之处还是不少的。后来,王守仁因为平叛太顺利,居然被诬陷谋反,幸好得到了张永的帮助。到了明世宗朱厚熜时期,"八虎"被清算之时,杨一清也帮张永说过话,最后,张永得到善终,其家人亦因其遗功,而得享富贵荣华。

在献俘仪式结束之后,张永趁着皇帝大醉酩酊之时,拿出朱寘鐇的檄文,揭发了刘瑾的十七条大罪。朱厚照叹了一声"瑾负我"后,便听从张永的建议,将刘瑾抓入牢中,有待审讯。

其实,朱厚照并不想把事情做绝,但当他看到刘瑾府中的"伪玺一、穿宫牌五百及衣甲、弓弩、哀衣、玉带诸违禁物"之后,便认定他有谋逆之心,这才下定决心将其凌迟处死。

一般说来,死刑只应在秋冬进行,可朱厚照却下令"张彩狱毙,磔其尸"。有闻,刽子手有意让刘瑾慢慢死去,将这凌迟之刑拖延了三天。当时,有一"时尚"之举,便是买刘太监的肉吃。可想而知,刘瑾得罪或者迫害过多少人,大家对他的恨意有多深。

从古至今,狐假虎威者,有几个能猖狂一世、屹立不倒呢?

第四节 关于应州大捷的争议

朱厚照的毕生理想,便是要建立战功,成为真真正正的"镇国公"。到了正德十二年(1517年)那年,机会来了。

十月间,蒙古王子伯颜叩关来袭。朱厚照宣布亲征,这便是明朝历史上以五六万人的军队,对战四五万蒙古军,并取得军事胜利的"应州大捷"。

至于"应州大捷"到底有多"捷",说法就有些意思了。

《武宗实录》说:"是役也,斩虏首十六级;而我军者,五十二人,重伤者五百六十三人。"在文言语法中,这里的"十六"应该是指十分之六。这么算下来,蒙军可谓伤亡惨重。同时,朱厚照在战争中,指挥得当一往无前,与普通士兵同吃同住,这也显现出了一个军事将领的优良素质。

然而,也有人说,如果蒙军阵亡万人之多,明军绝不可能才损失几十个人。此外,朱厚照亲口说,在险象环生的战场上,他曾亲手杀敌一人。如果说他真的冲锋陷阵于军前,怎么也不可能才斩杀一人。所以说,这场战争算不得大捷,朱厚照也不是什么优秀将领。

个人认为,应州之战既能让蒙古小王子引兵西去,此后长时间内不敢犯边,想来确实是遭到了明军的威慑。朱厚照的身边有亲兵保护,不太可能有独自领头杀敌的机会,所以只杀了一个敌人的说法也是站得住脚的。

那么为何后来会出现质疑皇帝亲征水平和成绩的声音呢?原因有二。

一是,此时距离土木之变还不到七十年,朝臣们对于皇帝的亲征之令,是拦的拦、劝的劝,哪知朱厚照却一意孤行,非得以"大将军朱寿"的名义统兵出战。在文臣们看来,一个嬉游皇帝,即便在战场上有所作为,那也是不值得大书特书的事情。

二是,朱厚照讨厌文臣絮叨,没有给他们随驾的机会。史笔是

掌在文臣手中的,他们既对此不屑多说,也不清楚战场实况,就难免会有意或是无意地漏记一些事实。

总之,朱厚照不是一个成功的皇帝,但朱寿却是一个优秀的将领。只不过可惜的是,朱厚照的第一职业不是将领,而是皇帝。命运的错置,注定让他难以伸展抱负、流芳千古!

【小贴士】

【团营兴废】

团营这种军事编制,起源于兵部尚书于谦对京营编制的改革。当时,于谦从三大营中挑选了十万精锐,分十营团练,以备国之急用。

天顺初年,朱祁镇罢团营。朱见深上台之后,先复立团营旧制,短暂罢去后,在成化三年(1467年)时增其为十二团营,分为四武营(奋、耀、练、显),四勇营(敢、果、效、鼓),四威营(立、伸、扬、振)。

正德初年,朱厚照调动数万边军入京,以补十二团营人数之不足,分别称之为"外四家"和"老家"。到了嘉靖二十九年(1550年),朱厚熜再罢团营,恢复永乐旧制,但却将"三千营"改名为"神枢营",先前团营兵马,尽归于五军营。

第二十章

——皇帝的宝座,谁都想坐一坐

宗室叛乱

朱厚照嬉游终日，荒怠朝政，不仅让朝臣忧心忡忡，百姓苦不堪言，同时也给一直不甘寂寞的藩王们，提供了兴兵作乱、篡夺皇权的机会。他们大可以之为兴兵借口，为自己争取至尊之位。在明朝历史上，较为有名的宗室叛乱事件，便是安化王叛乱和宁王之乱，而它们恰好都发生在正德年间。

必须补充的是，明朝的藩王虽不说是能人辈出，但也并非都是纨绔无为之辈，他们当中的很多人，在史学、戏曲、茶道、音乐、天文、字画、古玩等各个艺术门类上，都有较大的作为。

比如宁献王朱权，堪称文艺全能王，《神奇秘谱》《太和正音谱》《茶谱》都是他的名作，明代"四王琴"之首的飞瀑连珠琴也是由他亲制的。再比如，郑王长子朱载堉（七疏让国），被中外学者尊为"东方文艺复兴式的圣人"，他创建了十二平均律，制作了世界上第一架定音乐器——弦准，留下了《瑟谱》《算学新书》《律吕精义》等专著。

第一节　宗室人口爆炸的时代

明朝的藩王,素来有寄生虫之名。根据万历年间王世贞《皇明盛事》的记载,弘治十二年(1499年)袭封,嘉靖十二年(1533年)辞世的庆成端顺王朱奇浈,竟然生了一百多个儿子(女儿无载),这里面,除长子世袭封王外,其余人等都被封为镇国将军。

这么多的孩子,老王爷他认得完吗?当然认不完。《皇明盛事》接着写道:"每会,紫玉盈坐,至不能相识。"看看,兄弟姊妹,儿女子孙互不相识,这场面是不是很搞笑呢?到后来,老王爷自己也很无奈,上奏时便说:"本府宗支数多,各将军所生子女或冒报岁数,无凭查考,乞令各将军府查报。"意思是说,他自己也搞不清楚他的子孙数量了。

其实,宗室王爷们一直都挺能生的,只是这朱奇浈未免太突出了些。那么,他们为什么在生儿子这方面,有不断刷新纪录的执念呢?

"宗室年生十岁,即受封支禄。如生一镇国将军,即得禄千石。生十将军,即得禄万石矣……利禄之厚如此,于是莫不广收妾媵,以图则百斯男。"在朱元璋的规划里,宗室成员的消费,都由国家一力承担,他们不必也不能从事任何职业。

十岁可以领"工资",结婚不怕没房没钱,就连死了也有不菲的丧葬费,这是他们享有的特权。由于朱棣是藩王起家,自他上台以后,几乎每一代皇帝都没忘记要提防藩王,对他们加强控制,所谓的"二王不相见"便发生在这个时代。

久而久之,藩王们就变成了一个有钱有闲却没有自由的特殊阶层,为了变得更有钱有闲,满足穷奢极欲的生活,这些高级囚徒

的脑子里普遍的想法就是——使劲生!

藩王们的这种做法,必然带来宗室人口爆炸式的增长,但他们给皇帝带来的何止是沉重的经济负担。因为有钱有闲却没有自由,除极个别有追求的宗室子弟外,大多数人都闲得发慌,难免做出许多欺民霸女般的荒唐事来。

在这里面,最荒唐也最大胆的事情,便是造反。

不过,话说回来,到了后来,除了部分高等级的亲王、郡王,中尉以下的宗室,并不怎么富裕,故而史书中也留下了"故自郡王以上,犹得厚享,将军以下,多不能自存,饥寒困辱,势所必至,常号呼道路,聚诉有司。守土之臣,每惧生变"的记载。

所以说明朝宗室是寄生虫是不错的,但若武断地说他们吃穷了天下,掏空了财政,还是有失妥当的。

第二节 安化王叛乱

明孝宗时,商人们依照惯例赶赴边地交纳课银。本来说,户部以课银来作年例银,没有什么问题,但"忧国忧民"的刘瑾却认为,此举的本质,是户部与边地官员在"共盗国帑"谋取私利。

朱厚照哪里听得这话?一怒之下,商人所交的课银,便被强留在了朝中,不允下发。时在正德三年(1508年)。怎么办?年例银发不下去,边储也因之空虚下来,户部的官员亦无法可施。

下一年八月,御史奉旨清理屯田。御史们明白刘瑾的用意,大多以虚报之数向其行贿,这里头,以被派往宁夏的大理寺少卿周东为典型。周东大肆敛财,多征了不少亩银,引得当地戍守的军士怨声载道。此外,巡抚都御史安惟学,也多次狎辱军士的家属,造成了极为恶劣的影响。

眼见皇帝如此昏庸,朝臣如此无道,就藩于宁夏的安化王朱寘鐇,开始有些想法了。

朱寘鐇的曾祖父庆靖王朱㮵,是明太祖朱元璋的第十六子;朱㮵第四子秩炵,又在永乐年间被封安化王。从洪武二十六年(1393年)开始,朱㮵和他的后人们就安安分分地繁衍生息,不曾造次惹事。

弘治五年(1492年)时,朱寘鐇嗣为安化王。过去有一个算命先生曾说朱寘鐇面相非凡,有大贵之福。从此以后,此人便有些想入非非,愈发向往龙座上的风光。宁夏生员孙景文、孟彬与其过从甚密,一直称他是"老天子"。

时间一久,朱寘鐇便真以为自己有登天之命,不觉有些飘飘然起来。到了官暴民怒的时候,孙、孟两人便觉得,时机成熟了。

要起兵夺位,没有比"靖难"更好的理由了。朝中那位"立天子"刘瑾,可是个臭名昭著的奸佞啊!

正德五年(1510年)夏,安化王朱寘鐇在安化(今甘肃庆阳)发动了一场有计划有组织的叛乱。起先,朱寘鐇命孙景文召开宴会,一番试探下来,得到了大多数武臣的赞同。

四月五日,朱寘鐇邀请了包括周东度、安惟学在内的高官和镇守太监。二人大概听到了一些风声,所以没有前去赴宴。朱寘鐇临时调整了计划,先是命何锦、周昂等心腹杀死了与宴的姜汉、李增、邓广等人,继而又命千户丁广在公署收拾了周东度、安惟学。

为了赢得更广泛的支持,朱寘鐇还使出了焚毁官府、开释囚徒、招降游击将军仇钺和副总兵杨英(二人当时出征蒙古)的伎俩。

杨英不肯配合,战败之后逃奔灵州;仇钺虽使用了诈降之术,最终却被朱寘鐇识破了骗局,反而被夺去了兵马。

安化王一方,擅封了讨贼大将军何锦、左副将军周昂、右副将

军丁广,军师孙景文;又作了一篇讨伐刘瑾的檄文;还以雄兵把守关隘,枕戈待旦。

"今举义兵,清除君侧,传布边镇。"接到檄文后,边镇军士都颤然不敢奏报,倒是延绥巡抚黄珂,夯着胆子将檄文递了上去。

在明朝历史上,安化王叛乱一事的知名度不是很高,其因何在?

主要的原因在于,朱寘鐇的实力很有限,明廷仅用了十八九天的时间,便平定了这场叛乱。因此,要说安化王叛乱最大的意义,那必然是它成了打倒刘瑾的大砖头。

陕西总兵曹雄,在得知叛变之事后,立刻统兵压境,并调派指挥使黄正领兵三千把守灵州,与此同时,邻境的各部兵马也快速到位,一同讨叛。

当是时,杨英、仇钺的力量及时反扑过来,继周昂被装病的仇钺捶杀之后,朱寘鐇也于王府中被生擒。八月间,朱寘鐇被赐死削爵,"诸子弟皆论死"。

第三节　朱宸濠的一个谋士

在讲述宁王朱宸濠之乱以前,我们不妨来看看,他曾招纳的一位谋士——唐寅。

唐寅,字伯虎,又字子畏,别号六如居士、桃花庵主、鲁国唐生、逃禅仙吏等,生于成化六年(寅年,1470年)二月初四(并非寅月寅日寅时)。托戏曲影视剧的福,唐伯虎的名姓不曾为历史所湮没,并且还成了风流才子的代言人。

然而,真实的唐伯虎,却没有享受过那么幸福风流的人生。

唐家祖上有过从政的经历,但到后来,已是世为贾人,成为商户。其父母所开的酒肆生意兴隆财源广进,为他提供了不错的学习条件。

唐伯虎天赋异禀,自小便能将诸多经史倒背如流。在绘画方面,他先后师从周臣、沈周,大有青出于蓝之势。

打从十六岁开始,唐伯虎便参加了童生试,经层层筛选,以高居榜首的身份参加了弘治十一年(1498年)的乡试。这期间,唐伯虎的父母妻儿家妹相继离世,家境也衰落了下来,带给他沉重的打击。好在,还有祝允明(祝枝山)等好友的支持。

在乡试中,唐伯虎中了解元,他辞采斐然的试卷也被传了出去,引起了程敏政的注意。

第二年,唐伯虎满怀信心的进京参加会试,不免有些骄矜之色。考完之后,甚至放出豪言,声称自己必中魁首。言者无心,听者有意。应该是出于嫉妒心理,很快便有人奏称唐伯虎和徐经,一起对主考官程敏政行贿买题。

其实,唐伯虎与程敏政只有文章上的往来,以币求文的说法不靠谱,倒是徐经有可能通过程家的下人窥见过试题。饶是如此,朝廷仍然决定小惩大诫,将唐伯虎贬往浙江为小吏。

对于这个判决,唐伯虎很不服气,从此无心仕途,索性掐灭了做官的念头。

这一年,他才二十九岁。两三年前,他的头上便已长出了白发,为此还专门写过一首《白发诗》。回家之后,这个艺术天才,对着镜中的白发自是无限感伤,他与继妻素来不合,听不得她怨语连连,二人终于分道扬镳。

弘治十四年(1501年),三十一岁的唐伯虎,终于从纵酒掷盏的生活中走出来,开始了"千里壮游"的征程,其足迹遍及多省,卖画生涯也使他换取了壮游的薄资。

其后,他因患病多时,又与弟弟唐申分了家,和文徵明的友情也愈发淡薄,不得不专以鬻文卖画为生,自娱于酒色之间。

在宁王朱宸濠对他投出橄榄枝之前,唐伯虎已经建起了桃花庵,并与文徵明捐弃前嫌重拾旧好,艺术上的造诣也越来越高。

按说,日子是一天比一天好了,然而,正德九年(1514年)秋,唐伯虎答应了宁王朱宸濠的邀请,入府为幕。他的命运便发生了急遽的变化。

第四节　宁王之乱

宁王朱宸濠,是明太祖朱元璋的五世孙,宁王朱权的后裔。弘治十二年(1499年)时,朱宸濠袭封宁王,就藩于南昌。

朱宸濠之所以产生了起兵夺位的念头,与朱寘鐇的情况较为类似,一是眼见皇帝嬉游荒唐,认为他失去了民心;一是他也听相士说过他的面相是贵主之相。

虽然说,由于历史原因,朝廷对宁藩的戒心比对安化王一方要重得多,但朱宸濠起兵的条件还是比朱寘鐇要好一些,因为他一直以来都在想方设法地建立强藩。

打从正德二年(1507年)开始,朱宸濠就先后贿赂太监刘瑾、锦衣卫官员钱宁和伶人臧贤等人,一次次地恢复其已被裁撤的护卫。当他发现朱厚照久无皇嗣之后,又企图以己子入嗣,间接谋取皇位。

先前,朱宸濠也不打算动用武力,直到他凌虐官民、强夺田产、克扣商贾、窝藏盗贼,俨然有骄霸一方的气势之后,朝中涌起了不少"防火防盗防宁王"的声音。太监张忠、御史萧淮等人都告发过他的罪行,皇帝便下旨收其护卫,令他归还所夺之田产。

朱宸濠受不得这个委屈,思忖之下,决定密议起兵。

要说,造反本是绝密之事,但朱宸濠远不及朱寘鐇的地方,一是在于他的军师团队不行,以地痞流氓为主;二是在于他的行为过于高调,让皇帝不得不防,让百姓不得不厌。说句难听的话,如果说安化王叛乱是大家眼中的意外之事,而宁王之乱就是人们心目中的"理所当然",一切只是时间问题而已。

朱宸濠是在正德十四年(1519年)六月发动叛乱的。

早在正德十年(1515年)三月,唐伯虎便离开了朱宸濠的王府。原因无他,发现朱宸濠的造反野心了呗!他虽不满朝廷,但绝不愿意与虎(朱宸濠)狼(盗贼)为伍,被他们绑上贼船。

要走也不是一件容易的事。为了达成心愿,唐伯虎不惜自毁形象,来了一招狠的——装疯卖傻当街裸奔。这招绝了!朱宸濠被唐疯子吓住了,赶紧让他滚回家去。

唐伯虎蒙此"大赦"之后,更是参透了世事百态,"皈心佛乘,自号六如",归乡后将所有的精力都投放在诗文书画之上,终成一代大家。

到了嘉靖二年(1523年)时,唐伯虎为苏东坡真迹中的"百年强半,来日苦无多"二句触动了心弦,不久后就离世了。时年不过五十四岁。

所以说,"唐伯虎三点秋香"的故事是不存在的,而拥有怀才不遇的凄苦遭遇者,才是他。

但同时,悲愤出诗人,谁又能否认苦难对于艺术人生的锻造作用呢?退一万步说,郁闷而死,也比被宁王之乱牵连受累,要好得多!

正德十四年,朱厚照西巡归来,又想去江南甚至整个天下潇洒走一回。此举惹来朝中臣子一片反对之声,但他们谏阻无力,只能

搬出朱宸濠作乱之事加以威吓,可朱厚照就是朱厚照,越听越来劲。

不过,朱厚照策马亲征之时,汀赣巡抚、佥都御史王守仁已经帮他解决掉了这个麻烦。

六月十四日,朱宸濠以皇帝荒淫无道为由,誓师起兵。他先是杀死了巡抚孙燧、江西按察副使许逵,革除了正德年号,再以李士实、刘养正为左、右丞相,王纶为兵部尚书,建立了自己的军政系统。与此同时,朱宸濠又号称十万之兵,传檄各地,指斥昏君佞臣,制造声势舆论。

七月初,朱宸濠命部将镇守南昌,自己则率师东下,意取南京。其间,他们攻下了九江、南康、安庆。

在这次事变中,各地的勤王兵反应极快,七月二十日便已攻克了南昌。朱宸濠是如何回应的呢?回救,因为那是他自己的大本营。二十四日当天,王守仁军在南昌东北的黄家渡,打退了宁王叛军。

叛军暂时驻扎在八字垴。两日后,官军对叛军展开一场火攻,最终大获全胜,焚溺将士三万余人,并生擒了始作俑者——朱宸濠及其家眷、"百官"。

宁王朱宸濠本来占据了先机,为何在短短四十余天的时间内,便功败垂成了呢?除了藩王实力不如建文一朝、宁王不得民心等客观因素之外,宁王本人的军事素质也很有问题。

大家应该还记得,当年,朱棣有意将大本营留给李景隆打,而自己却借此抽出时间,去整合宁王朱权的兵力。最后的结果如何?兵源大增,北京也没丢掉。

同样是采取了攻打叛军老巢的策略,这一次,官军为何就胜利了呢?这固然是因为,王守仁等指挥官审时度势部署得当,但同时也是因为,朱宸濠的军事布置有失妥当。

顾祖禹便在《读史方舆纪要》中议论道,朱宸濠没有将进占南京,作为自己的首要任务。说得很有道理。南京未得,到了作战的关键时刻再去回援南昌,不是很容易陷入被动作战的窘境中吗? 换句话说,即便打回了南昌,那又如何? 自己依然困于孤城之中,很难再有所作为。

既然如此,与其自陷敌阵,何如破釜沉舟直取南京呢? 一旦攻下南京,便占据了大明王朝的旧都,才有可能与朱厚照分庭抗礼。由此观之,朱宸濠缺乏大局观,他的身边也没有真正得力的谋臣。

宁王之乱,已经迅速平息下去了,但不走寻常路的朱厚照却很是懊丧,这是因为他没有来得及亲征——八月间万人亲征队伍刚到涿州。为了满足自己"亲征平叛"的愿望,他命令王守仁将朱宸濠押至南京,好让自己举行献俘仪式。

在献俘礼上,朱厚照和他的近侍们都身着戎服,将朱宸濠围在包围圈中,认认真真地搞了一场亲征cosplay(角色扮演)。十二月,朱厚照在通州处死了朱宸濠,宁藩随之被彻除。

黄佐在《铙歌鼓吹曲》中写道:"正德十有五年秋,宗室以宁奸于九江,归于豫章,就俘,将告于甸人。皇帝犹自将讨之,以将军泰为副游击,将军彬、阉人忠前驱,所至无不电惊云骇者。七萃之士,靡不怀归臣佐。"

说起这次平叛之事,王守仁曾对提督军务太监张永说道:"江西之民,久遭濠毒,今经大乱,继以旱灾,又供京边军饷,困苦既极,必逃聚山谷为乱。"而在此期间,朱厚照借机南下出巡游乐,玩得不亦乐乎,一行人多有扰民之举,闹得舆情哗然,鸡飞狗跳。

百姓之苦,不胜述矣!

【小贴士】

【四才子和明四家】

《明史》曰:"徐祯卿与祝允明、唐寅、文徵明齐名,号吴中四才子。"他们也被称作"江南四大才子",活跃于成化、正德年间,生活在江苏苏州。

此时,前七子的崇古之风深刻影响着文坛,四位才子能坚持以抒写性情为要,各抒怀抱,殊为不易。值得注意的是,徐祯卿虽属前七子,但其文风却与李梦阳、何景明这两位首领大不相同。

除了诗文之外,唐寅、祝允明、文徵明三人,在书法、绘画方面都极为精擅。其中,唐寅、文徵明与沈周(吴门画派的创始人)有师承关系,在绘画方面,此三者与仇英(自学后师承周臣)被并称为"明四家"(吴门四家)。

第二十一章

——礼议之争

刚愎多谋的『道士』，最难伺候

正德十四年(1519年)八月下旬,平叛捷报传来,朱厚照担心没有继续南行的借口,便故意隐匿了战讯。此时,因为丢失了信物,他又亲自折回临清,去接刘娘娘一起出行。到了年底,朱厚照在扬州打猎冶游,盘桓不归。王阳明早将宁王押到了南京,见皇帝一直不肯来举行受俘仪式,只能略过自己亲陷敌阵、大战鄱阳的事迹,再度报捷说,平叛的功劳全是镇国公朱寿的。

搞完了受俘和平叛的真人秀之后,朱厚照才踏上归程,把镇江的金山、瓜洲都游了个遍。正德十五年(1520年)八月,朱厚照失足跌入清江浦,水呛入肺后,身体状况越来越差。次年正月十四日,朱厚照在主持南郊祀礼时,突然吐血瘫倒,一个多月后,终于不治而亡。

因为没有子嗣,也没有兄弟,根据继承法,皇太后和内阁首辅杨廷和,便以武宗遗诏的名义,诏令兴献王朱祐杬的世子朱厚熜入继帝位。

第一节　革故鼎新，力除一切弊政

《明史》中曰："世宗御极之初,力除一切弊政,天下翕然称治。"听起来,似乎是朱厚熜的功劳,实则不然,朱厚熜以外藩入继,一来便掀起了大礼议的序幕,之后其弊政有过之而无不及。

那么,在一开始,秉政除弊的人是谁呢？是内阁首辅杨廷和。

"朕疾不可为矣。其以朕意达皇太后,天下事重,与阁臣审处之。前事皆由朕误,非汝曹所能预也。"朱厚照说完这句话,即驾崩于豹房。此时,他并没有留下书面的遗诏,但却给予了杨廷和大权独揽、清除弊政的机会。

根据《明史》的记载,在新旧政权交替的三十七天里,杨廷和以遗诏的名义,除去了祸国殃民的平虏伯江彬；罢去威武营团练诸军,使边军重归边镇；革除皇店等与民争利的机构；把宣府行宫的金宝收归国库；遣返一切为娱乐而弄来的外国贡使、番僧、乐人、美女等,一时间"中外大悦"欢声雷动。

等到朱厚熜登基之后,杨廷和又借登基诏书,力除前朝弊政。

"惟吾皇兄大行皇帝运抚盈成,业承煦洽,励精虽切,化理未孚,中遭权奸,曲为蒙蔽,潜弄政柄,大播凶威。朕昔在藩邸之时,已知非皇兄之意。兹欲兴道致治必当革故鼎新……"这封长达八千多句,指出六十多条事项的《即位诏》,出于内阁之手,被收录在《明世宗实录》里,他是朱厚熜即位时所颁下的第一份诏书。

字里行间的意思说得再明白不过,虽然前朝存在诸多弊政,但这是因为大行皇帝曾为奸人所蒙蔽,他本人没有大的问题——为了先皇的面子大臣们也是绞尽脑汁了。其中心思想落在了四个字上面:革故鼎新。

"革故鼎新"的具体所指,是恢复因抗颜直谏而遭贬的官员的职务;追赠谕祭因劝阻先皇出游而被处死的朝臣;废黜正德以来的传升官和过多的锦衣卫旗校;查禁各地镇收官非法敛取的财物;暂停京师不急的工务;减免一半的夏秋税粮……此外,诏书中尚未提到的方面,也允许百官议奏裁革。这期间,以清田庄的声音最为响亮,因为它可从经济层面打击宦官势力。

说起皇庄、官庄、田庄的危害,正德年间时的响马盗起义,便是一个教科书式的案例。当时,"响马盗"刘六、刘七起义号称"劫富济贫",其实质就是为了对抗土地兼并之风。这场声势浩大的起义,前后持续三年,沉重地打击了明政府的统治。其后,明廷赶紧减免了京畿、山东、河南等地的部分税粮,又承诺"流民复业者,官给廪食、庐舍、牛种,复五年"。所以说,田地是农民的命根子,自古皆然。

朱厚熜即位后,又与朝臣一起进行政治经济方面的深入改革。特别值得一提的是,他们在灾区建设方面,采取了修义仓、置义田、行和籴代赈等办法,成效比较显著。总之,一番整顿下来,全国范围内共裁减了十四万冗官杂役,节省了一百五十多万漕运粮食,钱宁和江彬死后的家产也被充作国用,用在了民政建设之上。

所以说,君臣间的默契合作,在一定程度上缓和了前朝矛盾,带来了嘉靖初年的清明政治。

因此,年轻的朱厚熜获得了"圣人"的赞誉,杨廷和的声望也达到了顶点。当然,由于得罪的人太多,杨廷和也遭到了多人的仇视,在其上朝的路上,都有人身怀利刃窥视在旁。朱厚熜得知此事之后,忙从京营中择选了精兵保护这位四朝老臣。

杨廷和是四川新都人,成化十四年(1478年)时,以翰林检讨之职起家。正德二年间(1507年),杨廷和入阁为政,专典诰敕,五年后担任首辅。在刘瑾、焦芳、张彩等人跋扈专擅之时,杨廷和既不同流合污,亦能屹立不倒,可以说是能屈能伸的官场精英了。李东阳曾说:"吾于文翰,颇有一日之长,若经济事,须归介夫。"这个评价,是很中肯的。

第二节 巩固皇权,才是大礼议的本质

嘉靖十七年(1538年)九月,朱厚熜将生父朱祐杬尊称为睿宗,位次列于武宗朱厚照之上。这一战果标志着长达十七年的大礼议风波,彻底平息了。

原来朱厚熜继位第六日起,便在为生父的名号而战。

朱厚熜有此举动,也不算是意料之外的事。因为,这个十五岁的少年在登基之前,就因名分问题,以一人之力对抗过整个内廷后宫。四月二十日,朱厚熜在陆炳等少量亲随的陪伴下,从湖北安陆来到了京城外的行殿。作为一个被幸运球砸中的外藩世子,朱厚熜也保持了绝对的冷静。对于礼部提出的"从东安门入,住文华殿"的要求,他明确地说"不"。

他并非是以孝宗皇太子的身份前来接任皇帝的——朱厚熜的心里,很是拎得清。他说,他既然是以《皇明祖训》中"兄终弟及"之名义来当皇帝的,那么就不能接受这个方案。如果内阁不妥协,好办——爷我打道回府就是!

杨廷和等无可奈何,只能在登基之事上稍做妥协,由皇太后令群臣上笺劝进,请他从大明门进宫,在奉天殿即位。

朱厚熜怎么如此熟悉典仪规范呢?这主要得力于他幼读经书,以及经常参加王府祭祀典礼的经历。插入一句话,"凡有所学皆成性格",朱厚熜本来就出身于一个笃信道教的藩王家庭,这才

是他后来崇道求仙的根本原因。

通过这个事件,不难看出朱厚熜也是一个机警多谋的少年。这是因为,三年前,他的父王便过世了,朱厚熜接掌兴王府的时候,才不过十二岁,相当于今天小学六年级的学生。

而正是这个"六年级的学生",在长史袁宗皋的辅佐下,将王府打理得井井有条,令人啧啧称奇。很多人说,朱厚熜可能是明朝最聪明的皇帝,不是没有道理的。

杨廷和现在有点郁闷。初来乍到,这外藩小爷便给他们来了个下马威,不知道往后的日子里,还要翻腾起什么波浪来!果然,没几天,他便召集起文武百官,说该给他的生父上什么尊号。

什么尊号?杨廷和、毛澄等老臣,都认为孝宗朱祐樘才是新皇帝宗法意义上的父亲,所以兴献王和王妃,只能当他的皇叔父母。但朱厚熜却不这么认为。帝王之家无小事,他们表面上是因为尊号和祭礼产生了不同意见,实则却是为宗法制度、帝系大统而争。当然,这更是朱厚熜借以收纳心腹、巩固皇权的一个高超手段。

历史上,将持续三年半的皇统之争,以及其后的阵阵余波,称之为"大礼议"。

大礼议的整个过程,可以分为四个阶段。

第一步是"议考"。杨廷和等以汉定陶王、宋濮王的先例为据,坚持自己的主张。不过,不知此时杨廷和是否想起历史上的那场濮议之争是怎么收尾的!

当年,宋仁宗无嗣,宋英宗赵曙便想为生父濮安懿王赵允让上尊号。在那场争论中,侍御史吕诲、范纯仁、吕大防、司马光等认为应称仁宗为皇考,濮王为皇伯;而中书韩琦、欧阳修等则认为,应称濮王为皇考。最后,赵曙固执地建起了濮王园陵,将两吕一范贬出京去。

这事儿最后没有闹得天翻地覆,不过是因为赵曙没多久就死了。而如今,十五岁的朱厚熜上台之后,还有四十五年好活呢!

当年七月,观政进士张璁上《大礼疏》,旗帜鲜明地站在了皇帝这头。此后,礼议之臣,便分为濮议派和新贵派。朱厚熜是比赵曙更为固执的一个人,所以胜利果实必然是属于他的。嘉靖元年(1522年)三月,朱厚熜为生父争取到了"兴献帝"的尊号;嘉靖三年(1524年)正月,朱厚熜允许杨廷和退休;同年七月,朱厚熜将反对他直接将生父母称皇考的请愿大臣,打的打抓的抓,最后打死了十七人,翰林院编撰杨慎(杨廷和的状元儿子)作为"带头大哥",也被打得不成人形,其后发配云南了事。

事已至此,谁敢再站出来反对这个固执暴戾、乾纲独揽的皇帝?因此,议庙、议乐舞、议称、宗入太庙,这四步都没有多少阻力。

到了嘉靖十七年(1538年),朱厚熜终于得偿所愿,并通过他所发动的政治斗争,拉拢了一大帮效忠于皇权的臣子;还借用各种礼制改革,比如将朱棣的太宗庙号改为"成祖",粉饰了太平。

然而历史证明,这些所谓的礼制改革,助长了谄媚之风、党派之争,对于治理国家并无实际的好处。在大礼议风波过去之后,朱厚熜便将朝政交付给严嵩诸人,安心做一个崇道求仙的"太平天子"了。

第三节 可惜,打了一个死结

走进明十三陵帝王宫蜡像馆内,一组宫女勒杀皇帝的场面,瞬间将人们带入了四百多年前的"壬寅宫变"之中。在中国历史上,这是一起绝无仅有的宫女起义,其因其果,殊可深思。

嘉靖二十一年(1542年,壬寅年)十月二十一日夜,三十六岁的

朱厚熜,来到曹端妃的翊坤宫过夜,此处距离皇后的坤宁宫不远,这是朱厚熜得以保命的一个重要原因。

先前,他已服用了方士陶仲文所炼的丹药,精神格外亢奋。亢奋之后,朱厚熜渐渐坠入深睡之中。曹端妃侍寝结束之后,回到自己的住处。趁此良机,宫女杨金英便串联了杨玉香、张金莲、邢翠莲、姚淑翠、杨翠英、关梅秀、刘妙莲、陈菊花、王秀兰等十多位宫女,潜入翊坤宫中,准备谋杀皇帝。

他们有的按住皇帝,有的负责拉紧套入皇帝颈上的绳套,但由于朱厚熜死命挣扎,绳套上的结扣便成了死结。情急之下,她们再次打了一个结扣,但坏就坏在,这个结扣还是死结。

两个死结套作一处,无论怎么拉,都不可能勒死皇帝,她们便纷纷用钗、簪等物刺他的身体。

眼见这种情形,张金莲害怕起来,担心真龙不死,反而会给自己带来灾难。抱着"将功补过"的心理,张金莲偷跑出宫,去向方皇后自首。这个方皇后,是朱厚熜的第三个皇后。第一个陈皇后,因为嫉妒张妃、方妃受宠,而惹怒了朱厚熜,反而被他吓得堕胎而死;第二个张皇后,因其与张太后交好,而为朱厚熜所厌,废死冷宫之中。

方皇后带人赶来之后,一边解开死结传召御医,一边将杨金英等人抓捕起来。朱厚熜虽然没被勒死,但已经满颈淤血,昏厥了过去。御医们见此情状,均不敢下药诊治,医院使许绅大着胆子,"调峻药下之",这才救了皇帝的性命。不过"赐赉甚厚"的许绅却因过度紧张而落了心病,不久于人世。

事后,宫女们都在菜市口被寸磔而死,出于争宠之心,方皇后亦诬赖曹端妃、王宁嫔参与谋反,一并处死。此后,朱厚熜一直记恨方皇后。嘉靖二十六年(1547年)时,方皇后病死(死于西宫大火的说法,来自《胜朝彤史拾遗记》《十三朝遗史》等野史)。

至于"孝恪渊纯慈懿恭顺赞天开圣皇后"杜氏,在嘉靖三十三年(1554年)就已经过世了,这个皇后称号,是他继位为帝的儿子朱载垕为她挣来的。

当初,朱厚熜不允裕王朱载垕为其守丧,可见其心之凉薄。

话说回来,一向逆来顺受的宫女们为何要发动宫变,制造这起所谓的谋逆事件呢?

简单说来,壬寅宫变是一次宫女们自发组织的抗暴行为。

明人沈德符在《万历野获编》中写道:"嘉靖中叶,上饵丹药有验。至嘉靖三十一年(1552年)冬,命京师内外选女十八岁至二十四岁者三百人入宫。嘉靖三十四年(1555年)九月,又选十八岁以下者一百六十人。盖从陶仲文言,供炼药用也。"

原来,朱厚熜一心崇道求仙,为了炼制长生不老的丹药,他做出了不少摧残少女健康的事情,比如经期时只能吃桑叶、喝露水。此外,天性凉薄、喜怒无常的皇帝,对待宫女也是极为严苛,动辄杖刑至死。面对暴躁专横的皇帝,宫女们的心底涌起深彻的恨意。

王世贞曾在《西城宫词》中道:"两角鸦青双结红,灵犀一点未曾通。自缘身作延年药,憔悴春风雨露中。"对于这些以身炼药的女孩儿,文人们是如此怜惜惋伤。

故此,关于杨金英等人起义之因由,"盖以皇帝虽宠宫人,若有微过,少不容恕,辄加箠楚,因而殒命者多至二百人,蓄怨积苦,发此凶谋"的说法,应该没有多大的争议。

传说,宫女受刑那几日,京畿之地皆大雾弥漫、气候不佳。人皆以为冤之。此后,朱厚熜过起了"移居西内,日求长生,郊庙不亲,朝讲尽废,君臣不相接"的生活。

在他看来,他之所以没被勒死,是"赖天地鸿恩",得到上天的

眷顾。而他登基十五年后,才有了儿子,也是因为道士邵元节祈祀之功。殊不知,正因朱厚熜奉道事玄、荒怠朝政,严嵩等巨奸才有了祸乱朝纲的机会!

【小贴士】

【九嫔】

毛奇龄在《肜史拾遗记》中载曰:"嘉靖十年(1531年)三月二日,上欲仿古礼为九嫔之选,册方氏为德嫔,与郑氏、王氏、阎氏、韦氏、沈氏、卢氏、沈氏、杜氏同册为贤嫔、庄嫔、丽嫔、惠嫔、安嫔、和嫔、僖嫔、康嫔。冠九翟冠,大采鞠衣,圭用次玉,谷文,册黄金涂,视皇后杀五分之一。帝衮冕告太庙。还服皮弁,御华盖殿传制,遣大臣行册礼。既册,从皇后朝奉先殿。礼成,帝服皮弁,受百官贺,盖创礼也。"此前,明朝的后妃制度中,没有嫔这个位分。

第二十二章

——抗倭名将

封侯非我意,但愿海波平

嘉靖晚年，葡萄牙人侵占了澳门，侵犯了明王朝的独立主权。

早在正德年间，葡萄牙人便迫切地希望与中国展开贸易，但因明王朝施行海禁政策，将其拒之门外，双方的矛盾冲突便逐渐升级扩大。为了在中国沿海地区占据一个据点，嘉靖三十二年（1553年）时，葡萄牙商人以晾晒货物为由，请求在澳门暂居。

哪知，葡商根本就是抱定了"鸠占鹊巢"的想法，想要长期在此居住，并建立他们的据点。房屋、炮台、官署……配置一应俱全，人数多达万人。到了万历年间，这个问题才以抽取舶税的方式，得以妥协性的解决。

总之，嘉靖时期是各方矛盾的一个爆发期。南倭北虏、大同兵变、辽东兵变、振武营兵变，都是大明君臣所面临的困扰。

第一节 "欲严海禁,以绝盗源"的朱纨

为纪念一位功业卓然的封疆大吏,苏州人民将他曾居住过的一条巷,名之为"朱进士巷"。这个人,便是我们这一节的主人公,明朝抗倭名将朱纨。

朱纨,生于弘治七年(1494年),字子纯,号秋崖,苏州府长洲县(今江苏苏州)人。他出生于牢狱之中,自小便受尽饥馑之苦,誓要求取功名出人头地。

正德十六年(1521年),朱纨考中进士,在嘉靖初年被擢升为南京刑部员外郎。到了嘉靖十五年(1536年),朱纨时任四川兵备副使,在平息少数民族叛乱的事件中,朱纨与副总兵何卿配合无间,展现了优秀的领军素质。

正因如此,嘉靖二十六年(1547年)时,负责巡抚南赣的朱纨,以右副都御史之职,提督闽浙海防军务,开始了他巡抚浙江、防御倭寇的人生征程。

倭寇对于明朝的入侵,可上溯至洪武二年(1369年)。当时,日本正处于南北朝分裂时期,败退的武人和一部分浪人、商人,时常跑来沿海地区骚扰掠夺,令人防不胜防。

明初海防设置严密,片板不许入海,在海疆将吏的打压下,倭患尚在可控范围之内。到了嘉靖年间,边防松弛——政治腐败的伴生物,加上东南沿海的工商业发展迅速,滋生了海盗们的逐利之心,所以中国的汪直(与宦官汪直重名)、徐海,便与浙闽豪门大家、倭寇勾结起来,以济度之名走私谋利,或是劫掠杀人。一时之间,倭患加剧,百姓罹难。

因此,皇帝交给朱纨的任务,便是在处于瘫痪状态的浙闽海防

线上,组织军民抗击倭寇。

朱纨其人为官廉正,"清强峭直,勇于任事",当他发现所谓的"倭寇"的主要成员,竟是闽浙沿海靠海外贸易求生的中国人时,便决定在沿海地区施行保甲连坐制度。

朱纨当然知道,闽浙沿海绝大多数人都做过走私贸易的勾当,但为了平息倭乱,只能加强海禁,从源头下手,这也是没办法的事情。

浙闽海防在朱纨的整顿下,渐渐有了秩序。他也几度发动剿倭行动,并获得较大的战果,还俘虏了汪直的同党许栋。然而这个敢于担当的战士,却因触犯了闽浙地主豪绅的利益,招惹出当地官僚的仇视情绪,他们利用朝中同乡,不断地诋毁朱纨。这就是《明史》中"闽人资衣食于海,骤失重利,虽士大夫家亦不便也,欲沮坏之"的由来。

嘉靖二十八年(1549年),朱纨在剿倭之余,也抓获了不少犯境的葡萄牙人。御史陈九德弹劾朱纨擅杀,朱厚熜给出的处理意见是,先就地免职,再考察审问。朱纨悲怒交加,写下墓志和绝命词,自杀谢世。

次年,朱厚熜又因给事中、御史弹劾,要治朱纨擅杀之罪。因朱纨已死,其部下也被处置多人。朝野上下皆知朱纨勇担重责,才招致此祸,不禁为之叹息不已。自此,朝廷不再设巡视大臣,亦不敢言海禁事,海防再度陷入废弛状态。

海防废弛,必然带来海寇的加剧入侵。往后的十余年间,已产生资本主义萌芽的东南沿海,饱受倭患侵扰,元气大伤,百姓的生命安全和国家的财赋收入,都受到了很大的影响。

第二节　昏官祭海与张经抗倭

将昏官祭海和张经抗倭两件事放在一起谈,是因为赵文华奉旨祭海之事,发生于嘉靖三十四年(1555年)二月间,而抗倭名将张经,则为赵文华等人谗死于当年十月。

"燕王本意筑金台,只谓能收济世才。何事荆轲终远去,空怜乐毅不归来。平沙古嶂河山在,落日鸣琴草木哀。三辅云晴瞻北极,九重宫阙自天开。"这首七律出自张经之手,被刻在福州报恩定光多宝塔的青砖墙上。当时,张经正在福州丁忧。在此期间,他仍心忧国事,不忘在诗中一抒胸臆。

张经生于弘治五年(1492年),因父入赘之故,一直从母姓,直至正德十二年(1517年)及第之后,他才由"蔡"改姓为"张"。

张经不仅擅长经史,而且精通武略,为人也刚直不群,曾弹劾过行贿的兵部尚书金献民、渎职的河南巡抚潘埙,甚至是以权挟民的二厂一卫。走上仕途之后,张经由浙江嘉兴知县起家,历任吏科给事中、太仆寺卿、右副都御史、协办都察院事,都兢兢业业,不敢懈怠。

嘉靖十六年(1537年),张经担任两广总督,负责镇压瑶民叛乱,奏捷后被进为左侍郎,加秩一级。当时,急难之事甚多,最让皇帝头疼的,莫过于安南国国相莫登庸杀王自立,搅动内乱,且拒绝进贡(嘉靖十五年冬天,皇子朱载壑出生,朱厚熜拟向外国颁诏),侵犯明境之事。礼部尚书夏言等朝臣一致认为,应出兵征讨,以彰国威。

然而张经却认为耗费过大,彼逸我劳,不如以计取之。嘉靖十八年(1539年)前后,在毛伯温和张经的筹谋之下,他们一边派张岳

入安南对其怀柔招抚,一边以强兵压境进行威慑。

"大将南征胆气豪,腰横秋水雁翎刀。风吹鼍鼓山河动,电闪旌旗日月高。天上麒麟原有种,穴中蝼蚁岂能逃。太平待诏归来日,朕与先生解战袍。"这首《送毛伯温》,是朱厚熜在毛伯温出征前,赠予他的御诗。

令人击节赞赏的是,毛伯温和张经仅花了一年多时间,便兵不血刃地解决了安南问题。归来后,毛伯温被加封为太子太保。

其后,张经被提升为右都御史。他又在平定广西思恩土司的叛乱中主动请缨,并立下战功,被擢为兵部尚书兼都御使,负责镇守南疆。丁忧期满之后,朱厚熜迫不及待地起用张经为三边总督,此间,他虽因军饷问题被给事中弹劾过,但依然受到皇帝的欣赏信赖。

到了嘉靖三十二年(1553年),张经又被起用为南京户部尚书、兵部尚书。

让张经名垂史册的功业,是他在抗倭战争中的贡献。

嘉靖三十三年(1554年),距离朱纨自杀已过去五年之久,沿海百姓深受倭寇荼毒,苦不堪言。二月间,工部右侍郎赵文华(严嵩的干儿子)上疏论防倭七事,为了迎合道士皇帝的心态,他提出了一个荒唐可笑的解决办法——视察倭患的同时还应祭告海神!此举劳民伤财,且无实际收效,自然为民所不耻。

五月间,张经负责总督南直隶、浙江、山东、福建、两广诸省的兵马。

要啃下海防这块硬骨头,不是一件容易的事。张经为下属屠大山所累,六个月后,他又被改任为右都御史兼兵部右侍郎,将选将练兵、集结狼兵之事作为首要任务。

下一年春,倭匪骚动,江南百姓叫苦不迭,朱厚熜闻讯,命张经即刻剿匪,兵部侍郎赵文华也到浙江巡防催促。张经讨厌赵文华颐指气使的阵仗,但仍向他说明现在不是剿匪的最佳时机。赵文华心存不满,遂连同浙江按察使胡宗宪,一道弹劾张经延误战机之罪。

就在此时,永顺、保靖的狼兵赶到了,他们在石塘湾打了一场漂亮的胜仗,这充分说明张经的做法没有问题的。五月间,倭寇入犯嘉兴,在张经的指挥调遣下,卢镗、俞大猷、汤克宽兵分三路,合战于王江泾,斩杀倭寇近两千人。

这是东南抗倭以来所取得的最为巨大的战果,这难道还不能说明张经的能力吗?

然而,朱厚熜被那封奏疏激怒了。虽有给事中李用敬、闻望云的奏报,朱厚熜仍然固执地命人逮捕张经入京。因为严嵩诬赖张经冒功,而将功劳划给了赵文华、胡宗宪等人,朱厚熜并不相信廷讯时张经的自述——共斩杀俘虏倭寇五千人,而将张经判了死刑。

张经以"养寇失机"之罪,冤死于十月间,"功不赏,而以冤戮",这是何道理? 一时之间,天下冤之,大为不平。直到隆庆初年,张经之孙为其鸣冤,张经的名誉才得以恢复,被追谥为"襄敏"。

反观赵文华,这位喜好冒功逸人(后又诬劾李天宠、周珫、杨宜)的宠臣,虽然屡得升迁,但却因修筑不利而遭黜,竟然在家揉腹而死(《明史》的说法,另有暴毙之说),后又被皇帝抄家追赃——侵吞了十多万军饷,命其子孙充军抵偿。岂非因果报应?

直到万历十一年(1583年),赵文华的后人还只赔了一半赃款,明神宗朱翊钧却称,谨奉祖命,一赔到底。这真是报应不爽啊!

第三节 "俞龙戚虎"之俞大猷

俞大猷,生于弘治十六年(1503年),晋江(今福建泉州)人。他自幼家贫,早年丧父,但却很有骨气志节,一直坚持从师学武,擅长由《易经》推演出来的兵法。

嘉靖十四年(1535年),俞大猷考中武举人,成为护守金门的一名千户。对于倭患频生的现状,俞大猷越级奏事,反被责打去职,但他对此从无悔意。兵部尚书毛伯温在出征安南之时,碍于制度虽未允准俞大猷随征,但却对他的作战方略很是惊异,以之为奇才。

七年后,蒙军攻入山西,俞大猷毛遂自荐,赢得毛伯温和宣大总督翟鹏的敬重。虽未立即获得重用,但俞大猷的名声却更为响亮。之后,毛伯温任用俞大猷为汀州、漳州守备,这几年,他留下了举办文会、教授剑术的逸闻,也做出了抗击海寇的成绩。他很快被擢升为署都指挥佥事。

自嘉靖二十六年(1547年)全嘉靖三十七年(1558年),在这十年时间内,俞大猷以战功升为都督佥事、署都督同知。他先后平定了来自新兴、恩平的叛乱,讨平了范子仪的乱军,安抚了海南的黎民;在王江泾打败了倭寇,击溃了西庵、沈庄、清水洼一带的倭寇,重创了徐海等寇首,扫平了舟山倭寇,诱捕了汪直,并与齐名的戚继光——号为"俞龙戚虎",在舟山、岑港攻打汪直的余党毛海峰。

因受胡宗宪渎职之累,朝臣也弹劾俞大猷和参将戚继光。他们须在一月之内平定倭乱。二人在岑港痛击倭寇,余匪流窜至闽、广一带。官军围攻一年,苦战无果,胡宗宪不想鏖战下去,便纵敌逃跑,不予追击。

御史李瑚弹劾胡宗宪,对方却让俞大猷来背锅,惹得皇帝怒火冲天,直接将其逮捕入狱,剥夺其世袭荫庇之权。

幸得好友陆炳对严世蕃施以贿赂,俞大猷才获释出狱,在大同巡抚李文进手下办事。他们建造了专门用来对付骑兵的独轮车,并与马步配合使用,在安银堡大破敌军。在李文进的大力提倡下,明廷也开始设立兵车营,俞大猷也因板升之胜,再度恢复了世袭的特权。

在往后的十多年里,俞大猷又赢得了广武、兴化、潮州之战的胜利,这些战争多与平倭有关。在此期间,俞大猷历任镇篁参将、福建总兵官、南赣总兵官、广东总兵官(短暂免官)、署都督同知、右都督(短暂免官)、后府佥书等职,其子孙可世袭指挥佥事,风光不已。

万历八年(1580年),俞大猷上疏乞骸骨,在家里寿终正寝。朝廷追赠其为左都督,谥为"武襄"。俞大猷著有《兵法发微》《剑经》《洗海近事》《续武经总要》等书,后人将其诗词等编汇成《正气堂集》。在他生活和战斗过的地方,人们都为其人格和谋略而折服,在武平、崖州、饶平等处,一直都有人为他立祠祭祀,以表达深深的敬意。

第四节　戚继光,名声最响的抗倭名将

刚刚说过,俞大猷与戚继光被并称为"俞龙戚虎"。同为抗倭名将,戚继光的名气比俞大猷要大得多,其抗倭所受的阻力似乎要小得多,这是何故呢? 我们不妨先从《明史》的评价说起。

"继光为将号令严,赏罚信,士无敢不用命。与大猷均为名将。操行不如,而果毅过之。大猷老将务持重,继光则飚发电举,屡摧大寇,名更出大猷上。"意思是说,俞大猷注重个人节操,行军讲究求稳务实;戚继光则治军严厉,以彪悍迅猛的作战风格著称。

那么,我们便来了解一下戚继光的功业和性情吧!

戚继光,生于嘉靖七年(1528年),是山东蓬莱人(另说,祖籍安

徽,生于山东济宁),比俞大猷小了二十五岁。戚继光的家境并不富裕,不过,令人称奇的是,少年戚继光不只喜读书、通经史,更有着一种风流不羁的个性,情商高来嘴巴甜,十分讨人喜欢。懂得人情世故,便是他后来能周旋于文官集团,为人所推崇的重要原因。

嘉靖二十三年(1544年),戚继光承袭担任登州卫指挥佥事,起点不错。两年后,戚继光负责屯田事务,亲见山东海岸的百姓遭到倭寇侵袭,而自己却有些碌碌无为,故在一本兵书的空白处,写下了《韬钤深处》一诗:"小筑暂高枕,忧时旧有盟。呼樽来揖客,挥麈坐谈兵。云护牙签满,星含宝剑横。封侯非我意,但愿海波平。"

嘉靖三十二年(1553年),戚继光得到张居正的青睐,升为署都指挥佥事,管辖登州、文登、即墨三营的卫所,负责山东沿海的防务。从这里开始,戚继光正式走上了抗倭第一线。

从嘉靖三十四年(1555年)开始,一直到嘉靖四十五年(1566年),在十来年的抗倭生涯里,戚继光最大的贡献,是在岑港之战中平定了汪直,后又训练了"戚家军"(来自金华、义乌);在台州之战中痛击倭首,淹死其余党;在福建之战端了倭匪的老巢,几乎灭绝了闽广一带的倭寇;在兴化之战中围攻平海卫,几乎将倭寇斩杀殆尽,并因功成为都督同知,代替俞大猷为总兵(嘉靖四十二年);在仙游之战中成功解围,分批击杀倭寇无算。

在隆庆、万历年间,倭患已息,戚继光又出现在北御鞑靼的疆场上,同样功勋卓著。他先是奉旨训练了蓟州、昌平、保定等地的士兵,成功击退侵略青山口的鞑靼人。再是领导了喜峰口平叛行动,后又重创了董狐狸和他的侄子董长昂。接下来,戚继光还活捉了董长昂的叔父董长秃,此后他们再也不敢入侵蓟门。最后,升任左都督的戚继光,又增援辽东,协助辽东守将李成梁击退鞑靼。戚继光累功而被封为太子太保,又晋封少保。

有两个细节值得注意。隆庆元年(1567年),给事中吴时来提议让戚继光和俞大猷两人一起训练士兵,但朝廷认为,此事由戚继光一人经手即可。二是,为了戚继光不受蓟州郭琥的节制,朝廷直接将对方调走了事。

这两个细节说明了什么? 戚继光不仅能力更胜俞大猷一筹,其人缘也比对方要好得多。原来戚继光深知,重文轻武的局面已经形成,为了争取到更好的作战条件和更多的庙堂笔墨,他就得与那些冬烘腐儒,甚至是奸贪巨宦们搞好关系,送礼求情的事他也没少做。

而俞大猷耿烈正直,颇有些自傲之气,因此才会在"四为参将,六为总兵,两为都督"的宦海沉浮后,"七次屈辱,四次贬官,一次入狱"。

此外,戚继光治军较俞大猷为严,没怎么被不争气的属下拖过后腿。

不过,话说回来,戚、俞二人的精诚合作,照耀了大明王朝的疆地,不同性情的双子星,同样那么熠熠夺目,让人心折佩服!

万历十年(1582年),张居正病逝后,戚继光被调往广东,三年后,戚继光因受弹劾而罢职,回乡后便辞世了。作为古代极少数探讨过冷兵器战争战术的军事实战家,"孤独的将领"(黄仁宇语)戚继光还写出了《纪效新书》《练兵实纪》(清人误作《练兵纪实》)这两部富有总结意义的兵书,在军事学上占有重要的地位。在他所创的鸳鸯阵中,大量使用狼筅,富有极大的杀伤力,一向令敌人闻风丧胆。

这里,必须为唐顺之说几句话。戚继光这威名赫赫的阵法,其实是在唐顺之的鸳鸯伍的基础上改良而来的,其人之枪法令戚继光甘拜下风,在兵法方面他还是俞大猷的老师。与此同时,唐顺之

还擅长文学、数学,既是嘉靖三大家(还有归有光、王慎中)之一,还破解了元末以来就失传的郭守敬算法,这样的文理武全才,虽未建大功于疆场,亦不输于"俞龙戚虎"的绝代风华!

【小贴士】

【庚戌之变】

庚戌之变和隆庆和议(俺答封贡)是有着前后关联的两个历史事件。

嘉靖二十九年(1550年)六月,鞑靼土默特部领袖俺答进犯大同。由于接受了大同总兵仇鸾的贿赂,俺答又转侵别处,最后竟长驱内地,严重威胁京师的安全。因为禁军数量、质量堪忧,朱厚熜急召兵民和武举生守城,并传召各镇的勤王之兵。

可以说,这是继土木之变后的第二次奇耻大辱,它再次暴露了明王朝空虚的边防建设,好在俺答此举意在劫掠,并无政治企图,君臣才躲过一劫。但因为严嵩坚壁不战、听凭抢掠的对策,和仇鸾趁火打劫的无耻行径,城外"民苦之甚于虏"。

庚戌之变迫使明王朝勉强答应"通贡互市",但却并未持续实施。此后二十余年间,俺答不时南下掳掠,百姓深受其害,不胜其苦。直到隆庆四年(1570年),双方达成和议,明朝册封俺答为顺义王,长城一带才得到了相对的安宁。

第二十三章

——思想科技,熠熠生辉

说到明朝的思想家,明末三大思想家王夫之、顾炎武、黄宗羲声望颇高。王夫之批判过"孤秦陋宋",他的哲学思辨将古代哲学发展推向了顶峰;顾炎武倡导脚踏实地的学风,其思想具有启蒙精神;黄宗羲秉持"天下为主,君为客"的观点,为近代反专制主义思想奠定了基础。三人的共同点是:在社会变革之际,反对宋明理学,提倡人本主义,讲求经世致用的功利主义。

陈献章是广东唯一一位从祀孔庙的硕儒,倡导"宗自然""贵自得"的思想,自由开放的学风,逐渐形成了江门学派,孕育了心学。心学代表人物钱德洪和王畿,分别提出了"为善去恶"的思想和"四无"理论(心无善恶,意、知、物皆无善无恶),各具特色。唐甄则言"甄虽不敏,愿学孟子焉",其后应推陆九渊、王守仁,主张尽性事功,影响了近代社会启蒙思潮。

第一节 李时珍：《本草纲目》

嘉靖三十一年(1552年)，已过而立之年的李时珍(1518—1593年)决心编写一部系统科学的医药学著作。因其规模极大，李时珍给儿子和弟子都分配了编写任务。他自己、长子、弟子庞鹿门等人负责编写，次子建元则提笔为书绘图。

时光荏苒，二十七年后，已是万历六年(1578年)了。三易其稿，长达十六部、五十二卷，约一百九十万字，收纳一千五百一十八种药物之名、医方一万一千零九十六个的《本草纲目》总算完工了。关于此书的得名，是因李时珍借鉴了朱熹的《通鉴纲目》。从编排体例上来说，书名取得十分得宜。

打从《神农本草经》开始，中国的医药学著作，便以上、中、下三品分类法，来划分药材。为了使用方便，李时珍将药物分为十六部——水、火、土、金石、草、谷、菜、果、木、器服、虫、鳞、介、禽、兽、人。

那么，何谓"纲"，何谓"目"呢？大体上说，药之正名为纲，纲下又列之以目，如此一来，书中所载门类齐全、纲目清晰。王世贞为之作序，称它是"性理之精蕴，格物之通典，帝王之秘籍，臣民之重宝"。

这部巨著，在系统记述各种药物知识之余，还尽可能地去做一些纠偏缺漏的工作。所以医学界将之评为截至16世纪中国最系统、最完整、最科学的一部医药学著作，自是实至名归的。

而后，因为这部集传统医学之大成的著作，对人类植物学、动物学、矿物学、化学的发展，也产生了很大的影响，因此多种译本得以风行世界，近年来被列入世界记忆名录之中。

除了《本草纲目》,李时珍还著有《奇经八脉考》《濒湖脉学》等多种医学著作,他本人亦被敬称为"药圣"。这样一位中国药圣,其成长经历也极为不俗。

他本出生于湖北蕲春县蕲州镇的草药医学世家,但其父却望其学文从政。遗憾的是,李时珍只能考到秀才那一级。二十三岁起,李时珍弃文学医,渐渐获得百姓的认可。

嘉靖三十年(1551年),李时珍因治愈了藩王之子而名声大噪,为楚王朱英㷿聘为奉祠正。五年后,李时珍被授为太医院判。在太医院工作的经历,一方面使他有机会接触各色药材,锻炼了比较鉴别的能力;另一方面,也使他有机会深入研究王府和皇家中的医药典籍和药物标本。

一句话,李时珍虽从嘉靖三十七年(1558年)起便还乡坐堂行医,但他在王府和太医院的工作经历,成就了他从医著书的深厚底蕴。当然,对于著书帮助最大的,莫过于种种实践活动。

嘉靖四十四年(1565年)起,李时珍多次作别东璧堂,外出考察学习,足迹遍及湖广、河南、南北直隶等地。同时,他也以不耻下问的精神,向各行各业的人们咨询学习,誓欲"穷究物理"不可。

所谓"读万卷书,行万里路",时间终于付给了李时珍以最丰厚的回报!

第二节 徐霞客:《徐霞客游记》

"大丈夫当朝碧海而暮苍梧",这是明代地理学家、旅行家和文学家徐霞客在少年时代就萌生的理想和壮怀。在后来的三十年岁月里,徐霞客以足为尺,丈量着大好河山,历阅着良辰美景,考察着风俗民情,终成六十万字地理长卷《徐霞客游记》,他本人被誉为

"千古奇人",其著作的开篇之日5月19日,亦被定为中国旅游日。

徐弘祖,生于万历十四年(1586年),字振之,号霞客。南直隶江阴(今江苏江阴市)人。读书家庭和较为优裕的物质条件,使得其父徐有勉不仕不群,独爱壮游远行。父亲带给徐霞客的影响至少有二,一是嗜好读书,二是志在远方。

十五岁那年,徐霞客曾参加过一次童子试,开明豁达的父亲见他无心功名,便鼓励他专心学术,做一个博学多闻的人。事实证明,徐霞客虽不擅长应试考试,但在读书记诵上很有天分,加上他刻苦非常,四处搜罗好书,很快便成长为一个学养丰厚的青年。

万历三十三年(1605年),十九岁的徐霞客永远失去了父亲。念及古人所说的"父母在不远游",徐霞客也顾不上"游必有方"了——探山访水著作通志,他不得不在家中伺候年迈的母亲。反倒是老母不忍心荒废儿子的理想,劝勉他远游逐梦。

六年后,徐霞客准备充分,戴上母亲为他手制的远游冠,轻装上路。由此至死,他生命中的大部分时间,都在餐风饮露、探幽寻秘的旅行考察中度过。

远游跋涉,很难有像样的居处,露宿街头、身围破庙是常有之事;双腿为车,才能细致地观览考察,巉岩断壁、急流险滩也是家常便饭;同行者寡,三遇强盗,四度绝粮亦是不足为奇。然而坚定的信念和顽强的意志,都支撑着徐霞客一步一步地走下去。

简单说来,徐霞客壮游远行、考察著述的生涯,可以分为三个阶段。

第一阶段:二十八岁前,研读前代的地理学专著,在太湖、泰山等地随兴漫游。

第二阶段:四十八岁前,游览了浙、闽、黄山和北方的嵩山、五

台、华山、恒山等名山,写下一卷游记。

第三阶段:五十四岁前,游览了浙江、南直隶、湖广、云南、贵州等地,写下了九卷游记。

特别值得说的是,崇祯九年(1636年)徐霞客在湘西遇匪之事。这是他第四次出游,湖广、广西、贵州、云南等地是他既定的考察路线。当时,劫匪将他们洗劫一空,并弄伤了他的一个同伴,但徐霞客宁可典卖衣物,也不放弃他的初衷。

此次出游的收获也是巨大的。比如说,徐霞客在描述衡州风光人文之时,给予了石鼓山、石鼓书院以较大的篇幅,后人之所以能成功修复石鼓书院,主要仰赖于这份衡游日记。

只是记录,还不足以显现徐霞客的探究精神,他也志在发前人之所未见,纠前代之所不确。于是,他不但成为世界上首次系统考察石灰岩地貌的学者,还论证金沙江是长江的源头,辨明了诸多水道的源流,纠正了《禹贡》《大明一统志》等文献的谬误。

最令人值得赞叹的是,他敢于向千载以来被奉为经典的地理书《禹贡》提出质疑,发起挑战。是的,"长江后浪推前浪",科学研究需要的不正是这种创造精神吗?

最后,徐霞客抵达了中缅交界的腾越(今云南腾冲),因足疾加重无法成行,被人送回旧乡。崇祯十四年(1641年)正月,徐霞客病逝于家中,享年五十六岁。其遗作在季会明等人的整理下,得以刊行流传,逐渐被翻译传入世界各国,成为世界了解中国的一把钥匙。

一部《徐霞客游记》,将大半个中国的名胜异景、人文风俗都览摄其间,堪称"明末社会的百科全书"。后人读其著作,又为其精湛优美的笔法所折服,纷纷赞它是"世间真文字,大文字,奇文字"。这是《徐霞客游记》的又一魅力所在。

"既然选择了远方,便只顾风雨兼程",当代诗人汪国真的诗,多么贴合徐霞客的心境。正是因着这种求真务实、不畏艰险的精神,他才能将沿途的山脉、水道、地质和地貌等情况一一考察记录,集腋成裘,汇集为书!

第三节　宋应星:《天工开物》

在明朝历史上,能成为"跨界王"的学者并不少见,但能在自然科学技术、人文科学等不同领域,拥有深厚造诣和突出成就的情况,就为数不多了。明清之际的宋应星,无疑是其间的佼佼者。

在自然科学技术方面,宋应星留下了《天工开物》《观象》《乐律》等著述,其中名动中外的《天工开物》,享有"中国 17 世纪的工艺百科全书"的美誉,这是因为,在这之前,世界上从未出现过这样一部糅杂了农业和手工业生产的综合性著作。

在人文科学方面,宋应星写下了《野议》《画音归正》《杂色文》《春秋戎狄解》等著作和介于自然人文学科之间的《原耗》《卮言十种》等作品。

遗憾的是,宋应星也在著述中表达超前的批判性观念——说他是思想家亦不为过,和强烈的反清思想,故而不为清朝统治者所容,以至于其存世作品无多。万幸的是,《天工开物》不曾遭受水燹之灾。

宋应星,生于万历十五年(1587 年),字长庚,江西奉新人。博闻强识的小应星,自小便拥有过目不忘、"数岁能韵语"的本领。在县学读书的日子里,宋应星所学驳杂,对天文学、声学、农学和工艺制造学都有所钻研。他虽博涉经史,但却钟情于宋代四大家中张载的"关学",成为唯物主义自然观的信仰者。

万历四十三年(1615年)，宋应星和哥哥宋应升，在乡试中名列前茅，被称作"奉新二宋"。其后的会试并不顺利，到了崇祯初年，宋应星终于断了科举之念。

崇祯八年(1635年)，宋应星担任江西省袁州府分宜县学教谕，这个职位，相当于今天的编外教师。接下来的四年时间里，哥哥在仕途上越走越好，宋应星也写出了很多作品。

崇祯十一年(1638年)，宋应星正式踏上仕途，成为正八品的福建汀州府推，掌管一府刑狱。两年后，宋应星辞官还乡，再过两年，出任正五品的南直隶凤阳府亳州知州。然而此时战事频仍、官员逸奔，想在任上有所作为，几乎是不可能的事情了。

山河破碎，身世浮沉。崇祯十七年(1644年)三月间，闯王大军灭明，下一月，清兵入关迁都，再下一月，福王朱由崧建立了南明政权，都于南京。宋应星无意仕途，对于南明政权的邀揽之请，也婉言谢绝了。

挂冠归里之后，宋应星见南明政权为阉奸阮大铖、马士英把持，而导致腐朽速亡，更为失望。在清兵攻取江西后，哥哥服毒殉国；宋应星则隐居不仕，老死于1666年(永历二十年、康熙五年)，时年八十岁。

时值大明季世，宋应星在政治上作为不多，这不奇怪，而他潜心研究，在有生之年里留下了诸多著作，却是值得后人学习和尊敬的榜样。

就以《天工开物》为例，宋应星试图对我国千年以来的农业和生产技术，做一个科学性的总结和研究。这可不是一件容易的事，因为生产技术是一个包罗万象的大概念，诸如机械、砖瓦、陶瓷、硫黄、烛、纸、兵器、火药、纺织、染色、制盐、采煤、榨油等行业，无不囊括其间。要让这样一部兼具编著和研究目的的长篇，能达到系统规整而条理井然的效果,需要耗费极大的心力。

在书中,宋应星首次记载并论述了炼制黄铜的新方法——将金属锌与铜融为合金。传统的做法是用炉甘石这样的锌化合物,直接熔铸熔融以得黄铜的方法,确实稀罕。

在化学、物理尤其是生物学方面,宋应星都取得了不俗的成绩。比如,他提出了"土脉历时代而异,种性随水土而分"的科学见解,有利于推动人工培育。再比如,他极力论证了物种变异的观点,使得达尔文将之作为其进化论的一大例证。

在《天工开物》的序言中,有"天覆地载,物数号万,而事亦因之曲成而不遗,岂人力也哉"这样一句话,这是说,自然界是客观存在的,人对自然界具有能动作用。

朴素的唯物论和辩证法的思想,对宋应星的自然科学研究自然有很大的助益。因为他不相信鬼怪迷信之说,没有经过仔细观察和试验,便不轻易下结论。"江南麦花夜发,江北麦花昼发",这便是他在观察麦子开花的时间后,才做出的总结。

第四节 王阳明:知行合一、致良知

拥有"东方纳尔逊"之誉的东乡平八郎,是近代史上第一个打败白种人的黄种人,可就是这样的一位军神,却对我国明朝的哲学家、政治家、军事家、文学家王阳明推崇备至,并说过"一生俯首拜阳明"的话。

这是一个外国人眼中的王阳明,但却不只是一个孤例。王阳明有多受外国人的尊敬呢?孙中山就曾分析道:"日本的旧文明皆由中国传入,五十年前维新诸豪杰,沉醉于中国哲学大家王阳明的'知行合一'说。"

再看国内。

晚明文学家、史学家张岱说:"阳明先生创良知之说,为暗室一炬。"一代名臣曾国藩曰:"王阳明矫正旧风气,开出新风气,功不在禹下。"从哲学体系上说,王阳明的确达到了这样的高度。

在明穆宗朱载垕眼中,王阳明"两肩正气",堪为"一代伟人",他"具拨乱反正之才,展救世安民之略",这位皇帝主要从政治军事的角度,对他加以点评。想王阳明以一书生之躯,速平宁王之乱,镇抚思田、诸瑶叛乱,剿灭南赣盗匪,委实当得起这样的评价。

晚明文学家王世贞,认为王阳明的文字"如食哀家梨,吻咽快爽不可言;又如飞瀑布岩,一泻千尺,无渊淳沉冥之致",可谓是变化多端,运笔自如。清代词家朱彝尊也以为其"诗笔清婉",大有可效之处。

总之,这个能让人一生低首伏拜的名人,在诸多方面都有着非凡的造诣。限于篇幅,我们主要来看看他的成长经历和在哲学上的成就。

明宪宗成化八年(1472年),王守仁出身于浙江余姚,初名"云"。其父王华在九年后高中状元,后来做过南京吏部尚书。优秀的父亲,将希望寄托于王云身上,而这个讷于表达的孩子,却没让他少操心。

据说,五岁的王云,被祖父改名为"守仁"之后,才能开口说话,但是,王守仁的机敏聪慧和高远志向,却是令人称异的。不过十来岁的少年,却怀揣着成为圣贤的理想,对科举满不在乎,这当然会引起塾师先生和状元父亲的强烈反对。

但无论怎样,从小就谙熟兵法、博览群书的王守仁,已经打定主意要成为一个经略四方的人才,一个赶超前贤的圣人。但悟道之路哪有那么容易走呢?弘治二年(1489年)之后,王守仁为了体会朱熹所说的"格物致知",一个人"格"了七天七夜的竹子,不但一无所获,还害了一场病。

《教父》里说道:"每个人都不是生而伟大,而是在其成长的过程中变得伟大。只有不断试对,才能更明白什么是自己想要的。只有不断试对,才能更自如地应对人生复杂的局面。"

但私以为,试错的意义,不一定小于试对。因为,自此以后,王守仁便对"格物"之说产生了怀疑。您想,有了怀疑反思,便少了因循守旧,谁能说这不是"守仁格竹"的意义之所在呢?

弘治十二年(1499年),二十八岁的王守仁,在礼部会试中表现出色,赐二甲进士第七人,观政工部,以刑部主事起家,后又做了兵部武选司主事。

因为王守仁为南京给事中御史戴铣等人上疏直言,不久后惹怒了刘瑾,被贬去了贵州龙场,做一个小小的龙场驿栈驿丞。刘瑾心胸狭隘,不肯放过王守仁的性命。在保障好自己的生命安全之后,他才在那个"万山丛薄,苗、僚杂居"的荒蛮之地待了下来。

没想到,在那几年里,他不仅以风俗开化教导百姓,还重悟了《大学》里的中心思想,以为"圣人之道,吾性自足,向之求理于事物者误也"。哲学史上,将王守仁的这段人生经历,称之为"龙场悟道"。

正德四年(1509年)闰九月之后,王守仁复官为庐陵知县,后又屡经迁升,五年后担任了南京鸿胪卿一职。

后来,对于王守仁的平宁之功,明武宗朱厚照并没有褒奖,直到明世宗朱厚熜即位以后,才对其加官晋爵,封为新建伯。但是,朱厚熜也没有真正重用过王守仁,几年后也只是看上了他的军事才能,令其总督两广平乱而已。

不过,王守仁的注意力也不在仕途之上,继稷山书院讲学之

后,他又在绍兴创建阳明书院,创立了以"知行合一""致良知"为核心的心学体系,一时间从者如云,蜚声四播。

因王守仁曾在会稽山阳明洞居住过,并自号为"阳明子",故此学者一直尊其为阳明先生。嘉靖七年(1529年),王阳明病逝于平乱后的归途中,当问及其临终遗言时,他对弟子说:"此心光明,亦复何言!"

隆庆年间,朱载垕追赠其为新建侯,谥文成,到了万历十二年(1584年)时,朱翊钧开始将王阳明从祀于孔庙,人们将其与孔子、孟子、朱熹并称为孔、孟、朱、王。

五百年来,王阳明的圣人地位,毋庸置疑。"你未看此花时,此花与汝同归于寂;你既来看此花,则此花颜色一时明白起来,便知此花不在你心外。"《传习录》中多有哲言妙语,至今依然为人所重。

第五节 李卓吾:晚明思想启蒙运动的旗帜

在《祭李卓吾文》中,李廷机写道:"心胸廓八肱,识见洞千古。孑然置一身于太虚中,不染一尘,不碍一物,清净无欲,先生有焉。盖吾乡士大夫未有如先生者,即海内如先生者亦少矣。"

万历三十年(1602年)五月,李贽被诬下狱,自刎辞世。

这位以"奇谈怪论"而名动中外的思想家,敢于破旧立新——反儒倡"童心说",被时人视为狂人奇士,成为处在风口浪尖的人物。一边是统治者排斥打击,被斥之为"异端邪说";一边是民间追捧,乃至于其著述屡禁不止,还出现了大量冒作,果真是"一死而书益传,名益重"。

那么,这位狂人奇士到底发表过哪些观点呢?

李贽,字宏甫,号卓吾,嘉靖六年(1527年)出生于福建泉州府。

李贽自小便生就一副反骨,他不仅质疑儒学的传统观念,还出言批判重农抑商的思想。十二岁那年,他便在《老农老圃论》中,驳斥讥讽了孔子轻视农人的观点,一时震惊乡里,人以为奇。

李贽二十六岁中举,从三十岁到四十五岁,担任过北京国子监博士、云南姚安知府等职。到了万历九年(1581年),李贽辞官后住在湖北黄安的朋友耿定理的家中,开始撰写史论文章,当他的家庭教师。他也不时前往麻城讲学,其学生不论行业性别都来者不拒。此时,李贽的思想体系里,已经有了"童心说"的倾向。

在他看来,文学创作应"绝假还真",讲究真情实感,不应为"摹古"之风所影响。原来嘉靖后期,号称"后七子"的李攀龙、王世贞、徐中行、梁有誉、宗臣、谢榛、吴国伦(谢榛退出后,余日德、张佳胤加入),接过前七子的复古接力棒,大有开历史倒车之嫌。毫无疑问,李贽的文学观点,对晚明文学的积极影响更大。

三年后,李贽移居麻城,在芝佛院中读书、讲学、创作,十年间写出了《初潭集》《焚书》等著作,大举批判宋明理学。万历十六年(1588年)之后,李贽更成了职业作家,在那十年间,人们时常看到一个剃发留须造型的老"和尚",或开坛讲学,或召开新书发布会,或交游酬唱——公安三袁和来自意大利的利玛窦都是他的好朋友……

李贽所到之处,无不是万人空巷的景象,他甚至还吸引了不少红妆翠眉,可说是一位"师奶杀手"。这位学术明星,非儒非释,主张"革故鼎新",与传统思想格格不入,以至于当地的保守势力,一听到什么抨击程朱理学、提倡功利主义、至道无为、"天之立君,本以为民"、"天尽世道以交"、思想自由、人人平等、尊重妇女、婚恋自由等字眼,就头疼不已,巴不得把他撵得越远越好。

对此,专写"离经叛道之作"的李贽,傲然道:"我可杀不可去,

头可断面身不可辱。"您看,与其说他是一位学术明星、畅销作家,毋宁说他是一个思想斗士,一面思想启蒙运动的旗帜。"穿衣吃饭,即人伦物理",这是李贽在心学基础上提出的理论,此理论虽为主观唯心主义思想,亦具有朴素唯物主义的气息。

与反儒思想相配合,在历史观上,李贽主张"与世推移"的发展观,曾说:"夫是非之争也,如岁时行,昼夜更迭,不相一也。昨日是而今日非也,而可遽以定本行商法哉?"

朝代更迭是自然的,秦始皇是"千古一帝",武则天也是"政由己出,明察善断"的"圣后"……这样的观点,每每见于《藏书》之中,充分体现了李贽"与世推移,其道必尔"的观点。

说到从万历二十五年(1597年)开始修订的《藏书》,它是一部长达六十八卷的纪传体史论,大约评价了战国至明前的八百多位历史人物,多有真知灼见和睿言新论。

三年后,李贽在山东济宁编修了《阳明先生道学抄》《阳明先生年谱》。因为首辅沈一贯和礼部给事中张问达的攻评,朝廷以"敢倡乱道,惑世诬民"之名,逮捕了正在通州讲学的李贽。时在万历三十年(1602年)。

对于下狱和禁毁著作的"待遇",李贽倒是极为淡然,也不多加置辩。当年三月十五日,李贽留下了一则"壮士不忘在沟壑,烈士不忘丧其元"的偈语,骗夺了理发师的剃刀割喉自尽。

李贽享年七十六岁,可以说,他选择自戕,是想用他的生命践行自己"我可杀不可去,头可断面身不可辱"的人生信条。在有生之年里,李贽写下了《藏书》《续藏书》《焚书》《续焚书》《史纲评委》等著作,点评过《水浒传》《西厢记》《浣纱记》《拜月亭》等名著。这些批评本,至今都被后人奉为经典的案头读物。

【小贴士】

【科技名人小录】

除本章正文所述之外，值得称道的科技人物及其论著（发现）还有很多。比如：方以智的《物理小识》，程大位的《算法统宗》，吴有性的《瘟疫论》，孙云球的《镜史》，朱橚的《救荒本草》《普济方》，茅元仪的《武备志》，无名氏的《白猿献三光图》，张仪的浑天仪，李之藻的《浑盖通宪图说》《实用算术概论》《坤舆万国全图》，徐光启的《崇祯历书》《农政全书》《几何原本》（译），吴敬的《九章算法比类大全》，朱载的《律吕精义》，王文素的《新集通证古今算学宝鉴》，杨继洲的《针灸大成》，陈实功的《外科正宗》，张景岳的《类经》，俞宗本的《种树书》，马一龙的《农说》，屠本畯的《闽中海错疏》，喻仁、喻杰的《元亨疗马集》，赵蛹的《植品》，黄衷的《海语》，胡宗宪的《筹海图编》，顾炎武的《肇域志》，赵士桢的《神器谱》等。

第二十四章

——竞争上岗
首辅轮流做,今年到我家

嘉靖四十五年(1566年)二月,素有"海青天"之誉的清官海瑞,先行准备好了棺材,然后向明世宗朱厚熜上了一道《治安疏》。朱厚熜见其在上疏中直斥帝非——崇信巫道、荒疏朝政、淫靡奢侈,气得暴跳如雷。好在有宦官黄锦的劝慰,朱厚熜才没立刻惩治海瑞。朱厚熜觉得,他可不是商纣王,所以海瑞要想当比干,洗洗睡吧!

这年秋,朱厚熜自觉龙体违和、时日无多,便先与内阁首辅徐阶商议禅让于皇太子之事,随后又将海瑞关进诏狱。户部司务何以尚以为皇帝只是想给他点教训,遂上书请求释放海瑞,哪知却惹来牢狱之灾。即便如此,徐阶和刑部尚书黄光升还是想尽办法,力保海瑞不死。毕竟,自杨最、杨爵死后,朝中已无多少刚直之臣了。所以,能保一个是一个。

不难看出,在明朝中后期,内阁首辅的能量还是很大的。张璁、夏言、严嵩、徐阶、高拱、张居正这几位首辅大人,便是嘉靖、隆庆、万历三朝最杰出的英才。

第一节　淘汰掉礼仪权威的老资格

嘉靖十四年(1535年),张璁失去了皇帝的信任,他礼部尚书的职位也为夏言所取代。下一年,夏言又升任为太子太傅,授武英殿大学士,入内阁。仅仅花了两年时间,他便挤走了李时,总揆内阁。

夏言和张璁的竞争,在很多人看来都不在意料之外。因为,夏言生于成化十八年(1482年),只比张璁小七岁,他们都凭借对礼制改革的优势上位,自然不可避免地要争夺"C位"(核心位置)。

正德十二年(1517年),夏言登进士第,此时他的起点比张璁要高得多,三甲"同进士出身"那也是中举了嘛!当然,这不是说张璁读书不行,而是说他的运气太背。这个来自浙江温州的学子,自小便以才学尤其是经学而闻名乡里,但残酷的事实却是,他在科场上一共失利过七次。

不过,张璁偏不信这个邪,终于,在正德十五年(1520年)二月,他通过了会试。

而在这之前,夏言以行人之职起家,已经升任为兵科给事中了。应该说,他是一个非常负责的谏官。

正德十六年(1521年)四月二十二日,朱厚熜即位。下一月,四十七岁的张璁中二甲进士,观政礼部,自此正式步入仕途。但实话说,他的名次虽比夏言要好一些,但在大才子杨慎看来,简直不值一哂。

年近半百,想要弯道超车,不做点惊世骇俗的事情,是很难成功的。想想皇帝的"理想"(朱厚熜即位初就要给自己父亲上尊号,前文已经提及),想想自己的学之所长,张璁知道自己该怎么做了。

七月一日,张璁引经据典,上疏力挺皇帝,朱厚熜看到张璁的

奏疏,欣然道:"此论出,吾父子获全矣。"《国史传》曾评论张璁之举是"出所真见,非以阿世"。这个"真见"指的是"以人为本"的政治理想,但它毕竟比较超前,皇帝后来过度地大改礼制,也是因此而起的。无怪很多人会认为张璁、桂萼之流没有经世之才,唯有拍马之能。

然而事实上,前后三度担任首辅的"张阁老"张孚敬(因避圣讳而由朱厚熜赐名),在清理庄田、抑制兼并、查处贪腐、改革科举制度等方面,都做出了较大的贡献。可能是因为自身科举屡次受挫,张璁打算改变这种"浮华而无实用,举天下之人才皆误于科举"的现状,因此重新规定考试文体,整顿学政,着重考查考生的素质。

后来张居正评价道:"臣等幼时,犹及见提学官多海内名流,类能以道自重,不苟徇人,人亦无敢干以私者。士习儒风,犹为近古。"在他看来,这位老前辈的改革是成功的。

史书中说,嘉靖十四年(1535年)春,张璁因病请辞,被朱厚熜一再挽留,致仕后又派人去温州看望他关怀他,似乎圣眷犹浓,但其实,此前张璁已经渐渐失宠了。这个"第三者",正是夏言。

朱厚熜继位后,不怕得罪人的夏言,因为实干精神和优良的业务水平,也得到了皇帝的信任重用。尤其是他为了弹劾宦官赵灵、建昌侯张延龄,竟然上书七次,战斗力十足。这个张延龄,是张太后的哥哥,朱厚熜一直看张太后一家人不顺眼——而他们也确实不争气,对此自然"喜闻乐见"。

从嘉靖七年(1528年)开始,夏言调入吏部,建议皇帝改天地合祭(朱瞻基曾改分祭为合祭)为分祭,还说这事事关王朝中兴。这分明是打算跟只想靠大礼议上位而不想一辈子靠它吃饭的张璁,唱一出对台戏。

詹事霍韬是张璁的旧交,但他上疏责骂夏言的话,却惹得朱厚熜大动肝火。一边是将霍韬下狱；一边是采纳夏言的谏言，颁发加盖玉玺的罩书奖励夏言，御赐给他四品官的官服、俸禄。

从那时起，夏言就开始负责监修京城祭祀的工程。

进入内阁之后，夏言与张璁的斗争日益加剧，以致发生了张璁曲意害人之事。夏言逐步高升，很快就接替李时担任礼部尚书。在嘉靖十年(1531年)内，不满一年的时间，从谏官做到六卿之一的尚书，是明朝开国以来未有之事。可见朱厚熜对于懂"礼"之人是多么看重。

夏言不只配合皇帝制作礼乐，而且很喜欢与皇帝酬和诗词，并且擅长揣摩圣意。皇帝甚至赏赐他一枚银章——享受密封上书的特权，诏书也夸赞他"学问博大，才识优裕"。所以说，张璁后来因病辞职，也是一种识时务的表现。

为了扳回一局，张璁也建议过去掉孔子的一些封号，可这种做法于文治天下的朝廷而言，却有些"欺师灭祖"之嫌。翰林学士徐阶一看，这还了得，忙跳出来指斥其非，结果被一脚踢到了福建延平府去当推官。

李时逝世之后，夏言终于登上了内阁首辅之位。

第二节　老乡见老乡，比比谁更强

"忽智忽愚""忽功忽罪"，是后人概括的嘉靖皇帝的用人特点。仔细思来，他的"愚"似乎可做别样的解读。本来刚愎自用、权欲旺盛的皇帝，一般都不愿放权给臣子，更别提数十年如一日地赖在西宫当道士了。

然而咱们必须明白的一点是，朱厚熜之所以放心让善于谄媚的严嵩上位，并霸占首辅之位多年，主要是因为他那卑顺谦恭、勤

勉体贴的姿态,一度让皇帝满意放心。

所以既然这位皇帝是要修道成仙的,放权给听话乖顺的严嵩又有何不可呢?至少在他看来,严嵩是他的替身,他的喉舌。正因如此,严嵩才最终取代了他的江西老乡夏言。可惜的是,严嵩正是"惟一意媚上,窃权罔利"的明朝六大奸臣之一。

严嵩生于成化十六年(1480年),比夏言要大上两岁。在寒门父亲的栽培下,天赋极佳的严嵩自小便努力读书,到了弘治十八年(1505年)时,考中二甲第二名,被选为庶吉士。在翰林院中,严嵩的才华得到众人的认可,但可惜的是,在被授为翰林院编修后不久,严嵩就病了,因此他不得不退官回籍。

严嵩这一病就是十年,从他后来六七十岁还能抖擞着老骨头,骑马来见皇帝的事儿看来,他的身体素质不至于那么差,之所以选择病居读书,可能与当时朝中排斥江西籍的官员有关。

可以说,这十年时光,赢得李梦阳等名流的关注,写出"莺花对酒三春暮,风雅闻音百代余"这样的清隽诗句,为袁州府编纂《正德袁州府志》的严嵩,还是一位韬晦避世的文人。正德十一年(1516年),严嵩复官,起初也较为关心民生疾苦,敢于批评皇帝的一些做法。

此后的十多年内,严嵩先后供职于两京翰林院。嘉靖十五年(1536年),严嵩刚从南京吏部尚书卸任,便接替了夏言的礼部尚书之位,并不断讨好对方,希冀再度得到迁任。只不过夏言态度较为傲慢,不怎么买严嵩的账。曾有一次,不喜拉帮结派的夏言,抵不过严嵩的再三邀请,答应去严府做客,但他却临时放了对方的鸽子。严嵩是怎么做的呢?当众诵读自己手写的请柬。他要的效果是什么?自然是制造夏言欺人太甚的舆论。

在嘉靖一朝,当上了礼部尚书,就意味着有可能升入内阁。因为,朱厚熜对议礼重视得无以复加,常因此事一日召臣子两三次,甚至讨论到大晚上。严嵩当然明白皇帝有栽培他的心思,于是不厌其烦地陪皇帝制定礼乐,哪怕对方对议礼的执念,已经到了一个病态的程度。

不过纵使严嵩勤恳侍君,经常骑马奔驰——住在城西约四里,他也因为不够了解皇帝而开罪过他。嘉靖十七年(1538年),朝臣们试图阻止皇帝给他的生父上庙号、入太庙,严嵩的态度也不怎么鲜明。在朱厚熜的责问下,严嵩终于明白"顺"字该怎么写了。于是,他立刻支持皇帝,并为之"条划礼仪甚备"。

已经摸熟了皇帝和首辅大人的脾气,严嵩要讨好对付他们就不难了。大议礼终告结束之后,朱厚熜开始专心修道了。由于斋醮之事,需要大量的青词,他便委托内阁大学士们来"搞创作"。

夏言的文笔是极好的,可他不想陪皇帝干这些不知所谓的事情;而严嵩则不同,秉持着一个"顺"字理念,既认真研究青词的写法,又时常让才学出众的独生子严世藩代笔,交出满意的答卷。

此时朱厚熜已经十分欣赏严嵩了,再加上严嵩不仅把他所赐的香叶冠恭敬地戴上,还特意罩上一层轻纱,做出一副虔诚信道的模样。而那个夏言呢?不戴,不管别人怎样,他都说这不是臣子的仪装,说啥也不能戴。

既然夏言不识抬举,朱厚熜觉得自己也没必要再重用他了。嘉靖二十一年(1542年),严嵩利用日全食的天象,对皇帝说夏言专横;夏言也授意言官弹劾严嵩贪污。谁是谁非并不重要,重要的是,朱厚熜早就看夏言不顺眼了。于是朱厚熜革去了夏言的首辅之职,而严嵩则加少保、太子太保,以礼部尚书的身份,兼武英殿大学士。

挤走夏言之后,严嵩又挤走了新任首辅翟鸾,两年之后顺利地

坐上了首辅之位,这一年,他已经六十四岁了。

第三节 要你的权,还要你的命

人居高位,难免得意忘形。眼尖的皇帝渐渐发现严嵩的跋扈之处,次年又把夏言弄回来当首辅。这下子,严嵩只能夹着尾巴做人了,可复仇欲望强烈的夏言哪有那么轻易放过他呢?安插心腹从事要职,收拾严嵩的党羽,只是小儿科,逼得严嵩认错磕头才是要紧事。

严世藩贪腐的把柄,很快落入了夏言手中,为了救儿子的命,严嵩带着他痛哭流涕,恳请原谅,这才逃过了一劫。

之前说过,耿介直言的徐阶,被贬到了福建延平。后来,徐阶先后担任浙江佥事、江西按察副使,主管学政。一则徐阶本是心学传人聂豹的弟子,二则江西是王阳明曾居留之地,于是,徐阶一边在江西大推心学,一边为国家培养人才。

嘉靖十八年(1539年),皇太子出阁,政绩突出的徐阶得以入京为官。因为自己肯努力,夏言也很看重他,所以徐阶很快做到了国子监祭酒、礼部右侍郎、吏部右侍郎。更重要的是,徐阶的心学传人身份和他谨慎用事、喜好交际的特点,使他拥有了夏言、严嵩都不具备的优势。

严嵩再度扳倒夏言,是在嘉靖二十七年(1548年)。

彼时,陕西总督曾铣请求收复河套,夏言也极力支持他。明朝初年,朱元璋曾驱走了蒙古军,但到了成化年间,鞑靼又抢回了河套。严嵩、崔元、陆炳(夏言发现崔曾向陆行贿,二人跪地求饶)经过商量,认定这是整垮夏言的大好机会。为什么呢?因为夏言和曾铣是一双连襟。

摸准皇帝不想打仗的心理，严嵩开始向他进谗，说姐夫夏言和妹夫曾铣分明是沆瀣一气，妄图通过战争夺取军功。为了彻底击垮夏言，严嵩还寻来了关在牢里的仇鸾，此人因克扣军饷之罪被曾铣下了狱，自然想要报复曾铣。于是，这个证人便告诉皇帝，朝臣夏言和边将曾铣相互勾结，由来已久。

这年十月，夏言被斩杀于闹市，时年六十七岁，家人被流放、削职，惨不堪言。直至隆庆初年，夏言家人上书申冤，明穆宗才为他昭雪沉冤。

弄死夏言之后，严嵩重登首辅之位，专权十四年之久。但花无百日红，谁又能说严嵩能平安到老，嚣张一世呢？

第四节　扮猪吃虎的徐阶，不好惹

取代严嵩的人，是徐阶。

在嘉、隆、万三朝的首辅竞争史上，很少出现老而退位的现象。但徐阶取代严嵩，靠的却是"严嵩的老"和他"自己的智"，所以说，这既是一种必然，也是一种偶然。

我们都知道，吏部本来就是管官的部门，所以一般的吏部大员为了彰示自己的官威，向来倨傲待人，更别提与庶官、下属交谈询问了。而徐阶在吏部任上，却一反常规，很是亲切近人。日子一久，徐阶既能深入了解吏治民情，又能树立良好的官宦形象。

此外，徐阶还推荐提拔了很多德才兼备的谨厚长者，这些人，缺的从来不是能力和政绩，缺的只是一个进身之阶。徐阶愿为他们提供进阶之路，怎能不得到如潮的赞声呢？

人望如此之高，徐阶自然也再次升值了。嘉靖二十六年（1527年），徐阶兼任翰林院学士，两年后他又被任为礼部尚书，时年四十

九岁。在嘉靖一朝,只要当上了礼部尚书,入阁自是迟早的事。

在入阁之路上,徐阶也有过波折。因为擅写青词,徐阶也颇受皇帝信赖,但他毕竟还有自己的主张,他与皇帝就因立裕王还是景王为储,以及是否应将方皇后祔入太庙这样的事发生过矛盾。想起曾经的遭遇,再看看皇帝和严嵩的脸色,徐阶终于选择了"从"。

这种"从",与严嵩的"顺"形同而神异,说白了就是一种"委曲求全"的暂时性策略。因为徐阶的人品禀赋和政治理想,与严嵩大相迥异。徐阶很清楚,自己要想具备收拾严嵩的能力,先得与他搞好关系。既然自己承了夏言的举荐之情,被视为夏党,为今之计只能是先向严嵩附籍联姻,把孙女嫁给他的孙子。

嘉靖三十一年(1552年),五十二岁的徐阶加为少保,文渊阁大学士。这个入阁年龄,还是很小的。徐阶渐渐让严嵩放低了戒心之后,便在暗中保护扶助为其所害之人,诸如兵部员外郎杨继盛(可惜还是被迫害致死)、御史锦宗茂、给事中张翀、总督侍郎王忬(营救其子王世贞)等人,都得到过他的帮助。

至于构害过夏言的仇鸾,徐阶是不会放过他的。等到时机成熟,他便向皇帝密奏其罪,结果了仇鸾的性命。此时,八十岁的严嵩走路颤颤巍巍,办事愈发不得力(以往多由其子严世藩代劳,但近来他在为母守丧,无法协理政务),而徐阶既清廉忠直,又长于政务,皇帝的心里哪能没杆秤呢?

嘉靖四十年(1561年),徐阶兼任太子太师。这年春,西苑永寿宫闹了火灾,朱厚熜嫌弃玉熙殿的条件不好,便问计于严嵩。也是严嵩年老糊涂,犯了忌讳,应有此难。他居然说皇帝可以暂时住在南宫。想想看,那南宫是什么地方?是当年朱祁镇被亲弟弟软禁时住过的地方!晦气不晦气?

正在此际,徐阶却对皇帝献策重修西苑的新殿。至于材料,往日兴建三大殿时还有余料,好办。三个月的时间,徐阶之子徐璠便完成了督造工程,理应受赏。

如今的严嵩,已经是屁股上着火的人了,但徐阶还想在那上面浇点油。由于皇帝笃信道教,徐阶就串通了方士蓝道行(其友何心隐为心学后人),借由神仙占术之事,说严嵩是当朝第一奸。此言并非虚构,严氏父子的罪行一抓一大把。

在皇帝已经怀疑严嵩的情况下,徐阶又让御史邹应龙上疏弹劾严嵩和他的儿子,浇了第二桶油。就这样,朱厚熜命令严嵩退休,摘了他内阁首辅的帽子。严世藩不服管教,本得到发配边疆的处置,却在中途逃回原籍,继续为祸乡里。要知道,天下之大,莫非王土,跑得了和尚还跑得了庙不成?

徐阶的第三桶油,直接倒在了严世藩的头上。他命御史林润告诉皇帝,这厮是想通倭谋反来着。这话听得朱厚熜火冒三丈,当即下令杀无赦。为子所累已不可免,严嵩旋即被革职抄家。

根据多达六万字的《天水冰山录》(取"太阳一出冰山落"之意)的记载,严嵩家里共查抄出一万多两黄金,两百多万两白银,几千件金银珠宝首饰……如今,那些首饰仍然熠熠夺目,在历史陈列馆中绽放光彩,而它们曾经的老主人,却早已被钉在历史的耻辱柱上,为人所唾骂了。

第五节　斗得了徐阶,赢不了张居正

我们先来把徐阶、高拱、张居正的关系和个人资料捋一捋。

徐阶是张居正的老师,高拱撵走了徐阶,张居正又接替了高拱。说起明朝的党争,最具有代表性的还是东林党和阉党那一茬,不过,若论内阁争斗之烈,还得看隆庆一朝。

作为内阁最高的领导人,徐阶却没能赢得内阁诸人尤其是郭朴、高拱的尊重。为了给自己找个听话的合作伙伴,徐阶便一直在为张居正铺建内阁之路。俗话说"三个女人一台戏",但其实,三个男人的戏更是好看。

高拱生于正德七年(1512年),比张居正要大上十三岁。这两人一个是开封新郑人,一个是湖北江陵人。由于他们自小都被称为神童,若论智商之高低,应该是旗鼓相当、难分轩轾。只是能笑到最后的,往往是情商、逆商高的人。

高拱和张居正,是因同在国子监中供职而相识相交的,不过在此之前,高拱的科举之路总是磕磕绊绊,不如对方来得那么顺利。

嘉靖二十一年(1542年),高拱被授为翰林编修。嘉靖二十六年(1547年),二十三岁的张居正,考中二甲第九名进士,入选庶吉士。徐阶以经邦济世的学问教导张居正,他也刻苦地研习朝章国故,砥砺自我。可以说,张居正拥有出色的行政能力,固然有其先天和后天努力的因素,但同时亦有师傅的教习之功。

更重要的是,张居正在徐阶身上学到了"隐忍"之术。想想徐阶是怎样在政治风浪中站住脚,并将严嵩拉下马的。"内抱不群,外欲浑迹",张居正自有一套圆融的处世之道。

当然,张居正也不是在一夜之间就能成长起来的。自打嘉靖二十八年(1549年),张居正认真撰写的《论时政疏》没有砸起水花,他便有些彷徨失措,其后还休了三年病假。不过正如他在《荆州府题名记》中所言,他很想改变"田赋不均,贫民失业,民苦于兼并"的现状。须知,在其位,才能谋其政。因此,他又回到了之前奋斗过的地方。

就在张居正彷徨失措的几年间,高拱九年考满升为翰林侍读,并于次年为裕王朱载垕一眼相中,成为他的老师。裕王,便是后来的隆庆皇帝,但此时的嘉靖皇帝并不属意于裕王。在朝臣们大多"面朝景王,春暖花开"的时候,高拱对于裕王的教诲和调护,令其铭感终生。

嘉靖四十三年(1564年),张居正被徐阶荐为裕王的侍讲侍读。有了这个契机,张居正与高拱的交集多了起来。由此而始,张居正也着力于扩充自己的人脉,他明白,如今潜在裕邸中的人物,将来都有可能做上大官。因为裕王的对手——景王朱载圳,先是就藩德安(湖北安陆),再是于嘉靖四十四年(1565年)病逝,所以在不出什么意外的情况下,将来的皇帝只能是朱载垕。

本来张、高的相处还算融洽,志趣也算相投,但在徐阶无视高拱一事发生之后(嘉靖四十五年底,皇帝驾崩,徐阶只传张居正来写遗诏),张居正和高拱的关系就降到了冰点。

隆庆元年(1567年),张居正被擢为吏部左侍郎兼东阁大学士,正式进入内阁。高拱被排挤出局后,凭借新帝恩师的身份,和隆庆二年(1568年)徐阶年老致仕的机会,得以重返内阁,总揆政务。在此期间,张居正和高拱你防着我,我备着你,但依然能以国事为先,一起促成了隆庆和议。

高拱励精图治,政绩突出这是事实,但他素有狎奢之好,且跋扈专横,到了言者必遣、擅权报复的程度。史称高拱"性迫急,不能容物,又不能藏蓄需忍,有所忤触之立碎。每张目怒视,恶声继之,即左右皆为之辟易"。陈以勤、赵贞吉、李春芳、殷士儋、张四维等人一个个都受不了他,均主动或被动地辞官而去了。

三年来,朱载垕也任由他这么胡来,故此朝臣对其多有不满。而张居正则一直隐忍不发,相时而动。

再度斗垮高拱,是在隆庆六年(1572年)之时了。在"专政擅权"的高拱被遣返回乡之后,张居正终于登上了人生的巅峰,他致

力于整饬吏治、富国强兵,成为明朝历史上最有名的内阁首辅。

【小贴士】

【历任内阁首辅】

有明以来,内阁首辅多为才智杰出之士。

明朝时期:黄淮、解缙、胡广、杨荣、杨士奇、杨溥、曹鼐、陈循、高穀、徐有贞、许彬、李贤、陈文、彭时、商辂、万安、刘吉、徐溥、刘健、李东阳、杨廷和、梁储、杨廷和、蒋冕、毛纪、费宏、杨一清、张璁、翟銮、张璁、方献夫、李时、夏言、顾鼎臣、严嵩、徐阶、李春芳、高拱、张居正、张四维、申时行、王家屏、赵志皋、王锡爵、沈一贯、朱赓、李廷机、叶向高、方从哲、刘一燝、韩爌、朱国祯、顾秉谦、黄立极、施凤来、李国、来宗道、周道登、李标、成基命、周延儒、温体仁、张至发、孔贞运、刘宇亮、薛国观、范复粹、张四知、陈演、蒋德璟、魏藻德、李建泰、史可法、高弘图、马士英。

南明时期:黄道周、路振飞、丁魁楚、瞿式耜、严起恒、文安之、吴贞毓、丁继善、马吉翔、张煌言。

第二十五章

——君臣否隔

明之亡,实亡于神宗

从明成祖朱棣开始,除朱厚熜以外,每一位接任的皇帝,都有过或长或短的东宫岁月,但明朝第十二位皇帝穆宗朱载垕却是个例外,因为朱厚熜只以留其于京师的方式,来默认他的太子身份。由于道士的一句"二龙不能相见",嘉靖皇帝几乎不与裕王、景王见面,几人间的亲情极为淡薄。

在朱厚熜看来,直到嘉靖十五年(1536年),他才有长子朱载基,是因为邵元节"设醮灵验"了。其后,他又有了朱载壑、朱载垕、朱载圳等儿子,但遗憾的是,除了第三四子之外,他其他的儿子都一一夭折了。

在高拱、陈以勤、张居正等人的辅佐之下,隆庆帝朱载垕时期的政治,总体上来说是比较清明的,他匡正前朝之弊(释放海瑞、抚恤直臣、废止斋醮、停供明睿宗配享之礼),基本解决了"南倭北虏"的问题(开放海禁、隆庆和议),算得上是一代明主,可惜六年之后,朱载垕死在了女色上头。

第一节　难得一见的金三角

《明穆宗实录》:"上即位,承之以宽厚,躬修玄默,不降阶序而运天下,务在属任大臣,引大体,不烦苛,无为自化,好静自正,故六年之间,海内翕然,称太平天子云。"

隆庆六年(1572年)五月,朱载垕驾崩于乾清宫。这之前,他将张居正、高拱等阁臣召来,嘱其辅佐幼帝。对于皇太子朱翊钧,则命其"依三辅臣并司礼监辅导,进学修德,用贤使能,无事荒怠,保守帝业"。

不过事与愿违的是,朱翊钧却成了明朝历史上在位时间最长,而又最以怠懒荒政"著称"的一个皇帝。

尽管明穆宗朱载垕是一个不错的皇帝,但他同时也"宽恕有余而刚明不足",于是在他的统治期间,内阁之间的权力斗争猛然加剧,打从隆庆元年(1567年)徐阶和高拱就很不和谐了,在高拱斗垮徐阶之后,张居正与高拱的矛盾也逐步升级,党争的苗头已经冒了出来。

原本司礼监太监冯保利用职务之便,一边密嘱张居正在遗诏中加入司礼监同受顾命的内容,一边串通后妃罢去掌印太监孟冲之位取而代之。张居正有意与冯保交好,高拱又极为排斥冯保,所以张、冯二人便有了合作的机会。

因此距离明穆宗过世不过一月时间,高拱已经被张居正和冯保排挤得没地方站了。

在阁臣高仪病逝之后,张居正成为内阁中唯一的顾命大臣,得以执掌权柄,大展拳脚。后来虽有大臣入阁,但都没有动摇张居正的首辅地位,他们都唯首辅之命是从,俨然上下级的关系。

六月十日，朱翊钧继位，改次年为万历，时年不过九岁。为了赢得更有力的支持，张居正用巧妙的方式讨好小皇帝的生母李贵妃。按例，新皇帝的生母如非前朝皇后，必须在太后之称前加个徽号，以示尊卑之分，但张居正却分别尊穆宗陈皇后和李贵妃为仁圣皇太后、慈圣皇太后，地位几乎没有差别。对此李氏十分受用，遂引张居正为心腹，尽托辅弼之任。

第二节　宁有瑕而为玉，毋似玉而为石

张居正也的确没有辜负慈圣皇太后的信任，从隆庆六年(1572年)的后半年，到万历十年(1582年)过世之前，他一直忙于肃清吏治、发起改革、积极用世，堪称一代名宦能臣。更值得注意的是，冯保虽兼任司礼监掌印、提督东厂，其权势地位更甚于前朝王振、刘瑾，但他除了报复高拱等事之外，没有做出多少过分的事，更没怎么干预外政，酿成祸乱。这种罕见的情形，主要还是得力于后宫、司礼监、内阁的互相牵制和配合，当然了，三方的领头人还是张居正。

总揆朝政十年，张居正的贡献主要在以下几个方面。

一是，不拘一格用人才。

万历元年(1573年)，张居正开始推行考成法，要求每个部门建立记事的文簿，规定办事的限期，以提高行政效率。次年，他又将每月更新一次的官员档案，以浮帖的形式，镶在御屏里面，供皇帝朝夕省览，及时安排人事。

记得熊召政在《张居正的为官之道——重用戚继光，不用海瑞》中说道："总结张居正用人的经验，最核心的一点是重用循吏，慎用清流。循吏，就是脑子一根筋，只想把事情做好，把事功放在

第一位,而不会有道德上的约束;清流则不同,总是把道德放在第一,说得多,办成的事儿少。"这评论实是一针见血。

关于用人,资历(非科举出身也无妨)、名声都不是张居正的第一考虑,"人得其位,官得其人"才是紧要之事。于是,他任用过李成梁(镇辽)、戚继光(镇蓟)这样的威猛边将;重用过赵蛟、杨某、黄清这些名不见经传的吏员;也提拔过殷正茂、凌云翼这样的贪悍之官……

在张居正的支持下,主张"筑堤束水,以水攻沙"的潘季驯,得以大刀阔斧地展开治理黄河的计划,最终施惠于民,取得卓著的成绩。

二是,捐上益下理财政。

多年以来,国库空虚,财政匮乏。针对这种现状,张居正以为,要在宫中倡导厉行节俭的生活,决不可因入不敷出而向百姓加派赋税。说了就做,张居正对于宫中采买、兴修宫殿(比如慈庆、慈宁两宫)等事,都尽量加以劝阻抑制。要"益下",仅仅是节省开支,不向百姓多摊派加赋,显然是不够的。在张居正的安排下,减免金花银、漕运粮米、盐课等惠政,也不断出台,切实减轻了百姓的负担。

三是,足食足兵重边务。

在给顺天巡抚的信中,张居正说道,盲目增兵对于治理边事毫无用处。他认为,要让士兵餍足有力,不只要查清虚饷,更须恢复屯政(从嘉靖年间起,募兵制占据了主流,加重了国家的财政负担),达到"家自为战,人自为守"的效果。

至于边臣的选择,也是重头戏,张居正几乎参与了每一个边臣的选拔调任。"将军超距称雄略,制胜从来在庙谟",张居正用这样的诗句,盛赞辽东将士,称颂当朝皇帝,与此同时也在心里给自己记了一功。

四是,一条鞭法改赋税。

从嘉靖九年(1530年)开始,桂萼、梁才、傅汉臣等人,都先后提出过赋税制度改革的构想,其核心即是,将里甲正役和杂役(均徭、驿传、民壮等)分摊入田亩。这种改革虽未被完全批准,但却在庞尚鹏的倡导下在南方大部逐渐施行(先行里甲均平法,再行十段锦法,最后行一条鞭法),后又在北方局部试行。张居正见此法可行,便从万历六年(1578年)开始,在全国范围内丈量土地,清出七百多万顷田。在此基础上,万历九年(1581年)时,张居正下令全面推行改良后的"一条鞭法"。

赋役合并,田赋征银,以县为单位计数额,地方官负责,是一条鞭法的基本特点。改革之后,豪强漏税、赋役不均、国家财政匮乏等现象都得到一定程度的缓解。虽说此法也有一些局限性,但它在没有增加农民负担的基础上,将地主富豪的利益收归国有,不失为明智之举。这一点,从清军刚入关时,对其制度的沿用之上便不难看出。

另外,这也应该是万历十年(1582年)底,朱翊钧对张居正反攻倒算,恩断义绝,却没有终结一条鞭法的一个重要原因。

张居正曾评价自己的一生,是"宁有瑕而为玉,毋似玉而为石"。诚然,刚烈霸道的性格,耽于享乐的作风,为他带来了一些负面评价,但这无碍于他成为一个大写的人。

第三节　薄情贪财为哪般

除了怠懒荒政,万历皇帝也以薄情寡义和贪财好货而"闻名"。

万历十年年底,张居正尸骨未寒,御史杨四知便站出来弹劾他的十四条罪状。看到欺君蔽主、结党营私这样的内容,朱翊钧觉得大是痛快,很快将昔日恩师定义为"怙宠行私"之辈,开始对其进行清算查究。

次年三月,朱翊钧褫夺张居正的上柱国、太师兼太子太师之职,并将其子张简修从锦衣卫指挥使贬为庶民;五个月后,张居正所得的封赠、谥号等死后哀荣被尽数夺去,其子张懋修的进士身份也被革除了。

就在这段时间,辽王妃为报当年辽王被废之仇,也跑出来火上浇油,说张居正是为侵占辽王府,才诬害辽王的。不用说,这桶油浇得正是时候。

再一年(1584年)四月,朱翊钧命人查抄了张居正在荆州的家产。迫于刑讯压力,张居正的长子张敬修自杀而死,全家饿死十余口。张家好不容易凑了万两黄金、十万两白银,依然不能平息皇帝的怒火。他不仅没有善待张居正的老母,还将为其阻谏的水利专家潘季驯贬为庶民,全不念其"日与役夫杂处畚锸苇萧间,沐风雨,裹风露"之劳,"不在禹下"之功。

八月间,朱翊钧又削去了张居正生前的正官,并将其诬陷宗室、专权乱政等"罪行"昭告天下,至于将其家人发往边疆,也是皇帝念恩厚义所致,并不是他罪行不重。

是非曲直,自有公论。天启年间,张居正终于得以平冤昭雪。

那么,朱翊钧对张居正,何以仇恨如斯呢?其因有三。一是,张居正对小皇帝管束过严,就以读错字——把"色如背"读成了"色如勃"都会遭到呵斥为例,时常使其战战兢兢不敢自专;二是,张居正虽死,同样疾言厉色的冯保还在,朱翊钧经不起仇视冯保的太监们的撺掇,把对冯保的恨意也转移到了张居正的身上;三是,朱翊钧发现,张居正所用之人已经布满了朝廷,为了打击所谓的"张党",必须从源头加以铲除。

那么这些"张党"到底是不是能者居之,所用得宜的呢？仅以潘季驯为例。落职为民之后,不断有人举荐他再主持水利工程,万历十六年(1588年)时,黄河大患,潘季驯终于复官为右都御史,再次督办河道,为民造福。

任职以好恶,这是用人之大忌,万历皇帝此举做得既不厚道,又不理智。

再来说朱翊钧的贪财好货。因为朱翊钧喜好奢侈,再加上发动万历三大征、重修乾坤二宫、皇建中三殿之故,导致万历朝国库空虚,不足敷用。张居正过世十五年之后,朱翊钧听取府军前卫副千户仲春的建言——打破过去对开矿的禁令,并委派太监为矿监税使(简称矿监),去监督收税。

一时之间,京畿、浙江、陕西、山西、广东、云南、辽东、江西、福建、湖广、山东等地都驻有矿监。过了一段时间,明政府在店租、珠权、盐茶、市舶等诸多领域都设立了税使,后来,连舟车、房舍、粮食、牲畜,都要征税,可说是无所不税了。至于逼税的手段,可谓是五花八门,无所不用其极,事后太监们也毫不客气地中饱私囊,十分可气。

就拿苏州来说吧。"榷网之设,密如秋荼"的结果,便是"吴中之转贩日稀,织户之机张日减"。一句话,此乃横征暴敛之举,公开劫夺之行。东林党人李三才就愤而发声,说道:"皇上爱珠玉,人亦爱温饱;皇上爱万世,人亦恋妻孥。奈何皇上欲黄金高于北斗,而不使百姓有糠秕升斗之储？皇上欲为子孙千万年,而不使百姓有一朝一夕？"

矿税衙门逐渐建立起来,职权也从征收税费,逐渐到涉足军事政治,给整个社会的正常秩序和工商业的发展,都造成了极大的破坏。试想,苛政已经来了,民变还会远吗？无怪学者们将矿监税使作为明亡原因之一了。

必须说明的是,从正德一朝开始,资本主义萌芽已经产生了,社会闲散资金一多,注重享受的世风也渐渐形成了。什么好穿马尾衬裙、挟妓酗酒、贪看春宫图、大举庙会等风习,都成为时尚之选,以致出现了"营操官马因此被人偷拔鬃尾,落膘"等令人啼笑皆非之事。

我们不能简单地认为,百姓是在"宛效京师"。因为重财贪货的时尚热潮,不可能不影响包括皇帝在内的紫禁城里的每一个人。当然因为贪财好货而逐利于民,无异于竭泽而渔,这是不可取的。

第四节　巩固中华疆土的万历三征

万历三大征,指的是在万历年间,先后对明朝西北、西南边疆和朝鲜用兵的军事行动。这是三次成功的军事行动,不过,它们也消耗了大量的人力物力财力。

翻查《万历三大征考》《万历武功录》和《明史》,可以看见,"宁夏用兵,费帑金二百余万。其冬,朝鲜用兵,首尾八年,费帑金七百余万。二十七年,播州用兵,又费帑金二三百万。三大征踵接,国用大匮"的记录。也就是说,这八年间,朝廷大约花费了一千一百多万两白银。

这么庞大的支出,是否能与战争的必要性和战绩相对称呢?一起来看一看。

万历二十年(1592年),注定是个多事之秋。哱拜在这一年二月十八日发动叛乱的;丰臣秀吉也是在当年,攻占朝鲜釜山、强渡津江,把朝鲜国王李昖从王京(今首尔)撵到平壤、义州(今新义州东北)的。

宁夏是九边之一,鞑靼人哱拜投明之后,受到抚恤优待,但他却纠合亲众发动叛乱,岂能容之任之?日军侵占王京后,挖人祖坟,剽掠国库,又攻陷朝鲜八道中的七道。邻邦有难有求,焉能不出兵相援?

于是朝鲜之役、宁夏之役,非打不可。

在两次朝鲜之役中,李如松(万历二十六年阵亡于抚顺浑河)、邢玠为统帅,宋应昌为经略。战争结束于万历二十六年(1597年),最为著名的有碧蹄馆、南平、釜山、露梁等战役。《万历三大征考》中载道,李如松在平壤之战"斩获倭级一千五百有余,烧死六千有余,出城外落水淹死五千有余",双方的阵亡比例约为一比十五,此后,李如松威名远扬,人皆以为战神。

相比而言,宁夏之役要结束得快得多。当年九月,统帅李如松和先锋麻贵(号称"东李西麻")取得了胜利。

万历二十七年(1599年)至二十八年(1600年),明军和苗疆土司杨应龙之间,展开了一场播州之战。播州位处川贵、湖北之间,从唐朝开始,杨姓统治者便一直接受中原王朝册封任命。突然之间,内附的播州宣慰司使杨应龙,不想继续抱明朝的大腿了,为此没少做奸淫掳掠的恶事。统帅李化龙,先锋刘綎,部将麻贵、陈璘、董一元、马千乘、秦良玉等人,都在播州之役中立下了战功。

万历三大征,分别平定了蒙古人哱拜发动的宁夏之役,援助了抵御丰臣秀吉的朝鲜之役,镇压了苗疆土司杨应龙的叛变。可以说,它们都巩固了中华疆土,起到了维护明朝国际地位的作用。

万历年间,还发动过明缅战争、萨尔浒之战,这两次战争,分别发生在万历十一年(1583年)至万历三十四年(1606年),和万历四十七年(1619年)。然而这两次战争,明廷都没有获胜。

【小贴士】

【八旗制度】

八旗制度,起源于女真人的狩猎组织——牛录,其最高指挥者,被称作额真。

为方便调度指挥,在多个牛录一起围猎或作战的时候,女真人便以旗帜作为标志导引。如此一来,"旗帜"也即满语中的"固山",便成了高于牛录的最大的军事单位。

万历十一年(1583年),出身于建州左卫的努尔哈赤,决心为父报仇。他以祖、父所遗的十三副甲胄起兵,重拾旧部,广收新众。次年,努尔哈赤以黑旗为帜,兴兵为战,并于五年之内统一了建州三卫。由于其旗下的兵马不断增多,努尔哈赤又设置了亲军——红旗军,而将黑旗军交给了胞弟舒尔哈齐。

在万历二十一年(1603年)到万历四十三年(1615年)之间,努尔哈赤已经吞并了叶赫之外的所有女真部落,慑服了不少蒙古部落,他也一再改进牛录的组织结构,最终打造出了正黄、镶黄、正白、镶白、正红、镶红、正蓝、镶蓝的军队编制。努尔哈赤之后,八旗蒙古、八旗汉军也陆续出现,其管理制度也日渐完善。

第二十六章

纲纪陵夷——手操斧斫,营建栋宇,即大匠不能及明朝在位时间最短的天子,是明光宗朱常洛。他于万历四十八年(1620年)八月继位为帝,宣布次年改元泰昌,而悲剧的是,一月之后他便撒手西去,享年三十八岁。时间如此有限,他的作为也不可能很大。

即便如此,朱常洛一上台便下诏废矿税、饷边防、补官缺,解决了一些前朝遗留问题,是值得记上一笔的功业。在补官缺这个方面,他起用了阁臣叶向高,录用了因正直敢言(尤其是上疏立储的)或矿税问题而获罪的一些官员。

《明史》赞曰:"光宗潜德久彰,海内属望,而嗣服一月,天不假年,措施未展,三案构争,党祸益炽,可哀也夫!"

第一节　文盲皇帝的一生

万历三十三年(1605年)十一月,朱由校出生了。万历四十八年(1620年,因父在位仅一月,朱由校为表孝心,将那一月起改元为"泰昌")九月,十六岁的朱由校继位为帝,次年改元"天启"。他是明朝倒数第二位皇帝明熹宗,在位仅七年。

据记载,朱由校的文化水平很低,难以独立听政,但他又担心权臣窃柄,遂在阁臣的草诏上涂涂改改,弄得文句不通表意不明。

某次,因理解偏差,朱由校竟将江西抚军剿匪的捷报理解错了,搞出了一场当赏反罚的闹剧。再有一次,朱由校又把扶余、琉球、暹罗三国使臣的奏章看错了。明明对方说的是进贡之事,他却误以为是在挑衅他的天威,一怒之下拂袖退朝,把烂摊子甩给了在场诸臣。

难怪时人说,朱由校是明朝皇帝中文化水平最低的一个,堪称"文盲皇帝"。那么,身为明神宗朱翊钧的长孙,明光宗朱常洛的长子,朱由校为何会如此差劲呢？是因为他天生愚鲁吗？

当然不是。原因有二,一是爷爷、老爹一个不管事,一个太短寿;二是长于德行不堪的妇人之手。朱由校的生母王氏早早就过世了,由于朱常洛格外宠爱选侍李氏,朱翊钧便让她来抚育幼小的朱由校。当时,太子宫中有两位姓李的选侍,宫人们为了区分,分别称之为东李、西李。这里说的李氏,指的是由郑贵妃推荐的西李。

继位初始,朱由校便奉乳母客氏为奉圣夫人,待遇颇为优厚。好容易撵走了心怀叵测的西李,东林党人又担心客氏干政,便建议请其出宫。哪知客氏和大太监魏忠贤牢牢抱团,加以反击,后来便

扭转了风向。

本来朱由校是很信任东林党的,诸如杨涟、左光斗、赵南星、高攀龙等正直之士,都得以在内阁、都察院及六部担任要职,一时间吏治清明,稍有振作之象。在东林党的提议下,朱由校提拔了孙承宗、袁可立、袁崇焕等人守边,这是他为数不多的政绩之一。

同样值得肯定的地方,也包括朱由校在天启二年(1622年)八月为张居正彻底平反,和优恤方孝孺遗嗣等举措。此外,朱由校在外交方面比较强势,例如,他在澳门问题(嘉靖三十二年,葡萄牙人侵占澳门)上毫不妥协;明军也曾在澎湖,两度打败过荷兰殖民者。

天启三年(1623年),魏忠贤执掌东厂,擅权乱政,他与客氏联合朝中崔呈秀之流,一起打压排挤东林党人,炮制了"乙丑诏狱""丙寅诏狱"等冤狱,如此一来,天启初期较为清明的政治局面一去不复返。

这一时期,明政府对百姓盘剥过度,土地兼并日益加剧,激起了数次民变。白莲教起义、山东的徐鸿儒起义、陕西的王二之起义,就是其中的代表。

天启七年(1627年)八月间,朱由校落水之后,服食"仙药"而亡,时年不过二十三岁。

第二节 癖爱木工,亦爱"名花"

众所周知,朱由校喜欢玩,与尚武嬉游的明武宗朱厚照不同,朱由校的娱乐活动,主要是木工。

因为天生的兴趣爱好,再加上魏忠贤的不断引导,朱由校对于木工活逐渐沉迷不舍,深陷其中。魏忠贤和刘瑾的手段极为相似,当年刘瑾趁着朱厚照玩得不亦乐乎的时候,去奏报政事,得到对方让他全权处理的回答——玩才是正事。想想看,朱由校正在专心致志地做木工,自然也厌烦有人来打搅扰他的兴致。一句"朕已悉矣!汝辈好为之",将魏忠贤撵得远远的。结果如何?"诸奸于是恣其爱憎,批红施行",不得不说,正是因为朱由校怠政贪玩,阉党才能上蹿下跳,为祸朝政。

朱由校的手艺到底到底高到了何种地步呢?据闻,只要是朱木匠看过的木器、建筑,回头他基本上都能"拷贝"一份出来。

单是记忆力强也许并不稀奇,可朱由校也懂发明创作。当时匠人们所造的木床,样式没有特色,搬起来也特别沉重。而朱木匠只花一年时间,便可以造出带有折叠床板、轻巧便携的木床来。床架上的雕饰,也十分精细美丽。

朱由校也制作了很多新奇的物件。什么旋转水球啊,什么啁啾小鸟啊,什么迷你版的乾清宫啊(见吴陈琰《旷园杂志》),几乎是他独立设计完成的。若说这些东西体量不大,上不得台面,那么且看,朱由校还打造过一座雕工精微的沉香假山,建造过五所蹴园堂,主持重修了皇极殿、中极殿和建极殿……

很多时候,我们都不能感叹命运之吊诡。如果朱由校只是个普通人家的孩子,那么他在木工活上的兴趣和天赋,足以令他成为"鲁班门前弄大斧"的一代巨匠。可惜的是,这个在刀锯斧凿、丹青髹漆等工艺上无所不精的木匠,是明朝季世的皇帝。我们都知道,在这个时候,人们需要的是一个至少勤政爱民的皇帝。

除了木工活之外,朱由校也喜欢看傀儡戏和表演唱戏。有时候,朱由校嫌弃艺人们的道具不好看,便亲自设计制作一些神情各异的傀儡戏玩偶。至于表演唱戏,朱由校有时会扮成宋太祖赵匡胤的模样,上台演戏。当然,"戏剧舞台"可以无处不在,盛夏之日穿上冬衣,扮作明太祖朱元璋雪夜出游,也是使得的。

怎么样？虽然足不出宫，朱由校的娱乐活动，还是丰富多彩的。当然了，和许多皇帝一样，朱由校也比较喜好女色。在明末秦兰徵所撰的《天启宫词》里，便有"石梁深处夜迷藏，雾露溟累护月光。捉得御衣旋放手，名花飞出袖中香"这样的诗歌。

诗意浅显易懂，说的就是天启皇帝和宫女们在月夜玩捉迷藏的情形。用今天的话来说，宫女们很会"撩"，皇帝也很会"玩"。

第三节　明末三大案

人们习惯把万历至天启年间，发生于宫闱中的三件事，称之为"明末三大案"。

第一案，梃击案。

万历四十三年(1615年)五月初四傍晚，一个叫作张差的壮汉，手持枣木棍潜入太子朱常洛所居的慈庆宫，打伤守门的太监李监，直奔太子居处。好在侍卫们比较给力，将之迅速制服交给守卫指挥关押起来。且不说太子的安危涉及国本，乃是一桩大事；单说这样一位壮汉如何能闯入宫闱，都令人惊异。然而，奇怪的是，朱翊钧并不把这诡异之事当回事——尽管他很不喜欢这个儿子，他的态度也着实令人回味。

反复审理之下，审查官们得知，张差是被太监庞保、刘成引入宫的，而这两人的主子又是朱翊钧的宠妃郑贵妃。眼见皇帝脸色难看，此案无法继续追查下去，最终只能将张差这个"疯子"处以极刑。由于朝臣们不依不饶，非得一究到底，皇帝迫于压力秘密处决了庞、刘二人。

虽有种种说法为郑贵妃开脱，但从事后审查官们均遭报复一事看来，郑贵妃身上的嫌疑是洗不干净的。为了给自己的儿子福王朱常洵争夺储君之位,郑贵妃有此举动,并不奇怪。只是,这个行刺计划并不周密,这个刺客不怎么给力罢了!

第二案,红丸案。

按说,"梃击案"掀起了轩然大波,不该这么快平息下去,但由于皇帝的压制它才消弭无声。可是,此案的余波还在,涉案的郑贵妃也还在,当朱常洛坐上皇位之后,便发生了"明末三大案"中的第二个案子——红丸案。

万历四十八年(1620年),朱常洛终登皇位。本就崇好女色的朱常洛,一旦成为天下至尊,便很难节制自己的欲望。在繁忙的政务之余,他喜欢用纵欲的方式,来缓解压力。据说,郑贵妃为了讨好皇帝,给他献上了很多美女。这便导致朱常洛才当了十几天皇帝,就被掏空了身子,恹恹地病在床上。

当然,如若治疗得当,这也不是什么大病,只消吃合宜的补药,加以调养即可。但坏就坏在,掌管御药房的太监崔文升向皇帝进了清火的泻药。这一泻就是三四十次,泻得皇帝身体状况遽然恶化。

抱着死马当活马医的想法,朱常洛又吃了一颗鸿胪寺丞李可灼进献的红丸——和嘉靖皇帝日常吃的差不多。第一粒吃了之后,精神好了许多。朱常洛便又多服了一粒。其结果却是结果了自己的性命。

人们多以为,即便郑贵妃没有指使人下毒,崔文升可是曾服侍过她的人,那些美女也都是她献给皇帝的"毒品",加上"梃击案"那一茬儿,郑贵妃谋害皇帝的罪嫌,是怎么都洗不掉的。不过,大家没有确凿的证据,因此只能将崔、李二人谪戍了事。

至于郑贵妃,她住在深宫之中,再也无法兴风作浪。带着思子之伤和对往昔岁月的回忆,死于十年之后。朱由校继位之后,将祖

母王贵妃追尊为孝靖太后,迁来与他的爷爷和孝端太后同葬于定陵。在那里面,自然没有郑贵妃的位置,她被葬在银泉山。

第三案,移宫案。

这桩案子也是上一桩案子引发的。因为朱常洛在位时间太短,无法给予西李他所承诺的皇后之位。为了抢班夺权,成为摄政太后,西李便利用住在乾清宫侍疾的机会,索性扣押了小皇帝,想以此来要挟群臣。

太监王安(东林党人汪文言发展的内线)花了不小的工夫,方才将朱由校骗了出来,交给了群臣。可是,在朱由校继位之后,西李仍然赖在乾清宫不走——郑贵妃也玩过这个把戏。东林党人杨涟、左光斗等人已经和郑贵妃斗了一次,现在还怕西李不成。眼见众臣态度强硬,"儿子"朱由校也不念旧情地下旨让她移宫,王安还对她再三威吓,李选侍终于带着女儿,狼狈不堪地搬了出去。

必须加以说明的是,西李后来还搞出很多事情来——比如巴结客、魏,糊弄熹宗,但她的女儿乐安公主和女婿巩永固,却是一双才品俱佳的璧人。公主过世之后,巩永固还一直为国事终日忧劳,最后阖府自杀殉国了。

倒是西李,因为清政府的优待,还孤孤单单却又安安逸逸地活了很多年。据清人笔记《池北偶谈》的记载,西李病逝于康熙十三年(1674年),寿数超过了八十岁。

【小贴士】

【王恭厂爆炸】

天启六年(1626年)五月,京师王恭厂一带陡生灾变,人员伤亡惨重。文人笔记载曰,"时从空飞坠人头,或眉毛和鼻,或连一额,纷纷而下","德胜门外坠落人臂人腿更多"。正在进早膳的朱由校幸好躲得快,才在龙书案下逃过一劫。

照地理位置看来,灾变的原因是王恭厂爆炸,但令人称奇的是,其爆炸中心却没"不焚寸木,无焚烧之迹",因此到底是王恭厂火药库爆炸,还是地震引起了灾变,都很难形成定论。

当然,根据迷信的说法,还有一种可能,就是上天的示警。于是乎,一时之间,宠幸佞小建树无多的天启皇帝触怒天威的说法不胫而走,骇得朱由校赶紧下了一道罪己诏,又大赦天下以求天公原谅。然而下一年,全国各地遍是洪灾、旱灾、蝗灾,朝廷内忧外患不断,明朝的丧钟已然敲响了。

第二十七章

明清之战
——辽东战场起烽烟

明清战争，大致从明朝万历四十六年(1618年)，持续至南明永历三十七(1683年)。

面对智谋卓绝、善用间术的努尔哈赤，面对后金列土分疆、自立为王的野心，明朝的将士们也展开了一次又一次主动或被动的军事行动。

总的来说，明廷败多胜少，甚至在很多时候是节节败退，颓势难转。从抚顺之战、萨尔浒之战，到开铁、铁岭、沈阳的陷落，再到广宁、辽阳的失守。朱明王朝的疆土，正一块一块地沦丧；汉人政权的民心，也在一点一点地失去……

第一节 从抚顺之战,到萨尔浒之战

关于努尔哈赤统一女真的历史意义,《清史稿》评道:"太祖天锡智勇,神武绝伦。蒙难艰贞,明夷用晦。迨归附日众,阻贰潜消。自摧九部之师,境宇日拓。用兵三十余年,建国践祚。"由此可见,努尔哈赤是满人心目中的大英雄。

明朝初年,女真族一直散居于白山黑水一带,主要分为建州、海西、东海(野人)三部,归奴儿干都司管辖。因为地理因素和明政府实施的互为掣肘、分而治之的策略,女真各族分化加剧,始终混战不已,无法团集起足够与明廷抗衡的军事力量。

到了万历年间,辽东总兵李成梁依然以故策来管控女真各部。在一连串的军事冲突中,努尔哈赤的外祖父王杲、父亲阿台章京先后死于李成梁之手。比较讽刺的是,李成梁的妻子却放走了努尔哈赤和他的弟弟舒尔哈齐,以至于纵虎归山、放龙入海,遗祸无穷。

从明朝万历十一年(1583年)五月,至万历四十七年(1619年)八月,这位来自建州女真的英雄,带领舒尔哈齐、代善等军士,打着起兵复仇的旗号,不断扩张自己的军事实力,逐步统一了女真各部。

哈达、辉发、乌拉、叶赫……参战的各部,个个都不是好对付的主。好读《三国演义》的努尔哈赤,既有强大的部族实力,又精于纵横捭阖之道,故此才能完成统一建州、击败九部、大破哈达、攻伐辉发、征讨乌拉、合并叶赫、剿抚野人女真的历史使命。

不知为何,明廷对于野心勃勃的努尔哈赤,竟然戒心不足。

就在万历四十三年(1615年),蓟辽总督还奏其"唯命是从"听话得很。事实果真如此吗?两年前,努尔哈赤灭掉了乌拉,攻打了

叶赫(此前试图将儿子阿巴泰等作为人质,以求明廷的支持)。在明军的调停下,他才返回了建州。明眼人都能看出,这头猛虎迟早会对明廷眈眈而视。

果然,这个"唯命是从"的努尔哈赤,次年便建立了后金,自号为"覆育列国英明汗",年号也响亮得不得了,叫作"天命"。什么是"天命"?天道的意志,可主宰众生命运的天道的意志。自古以来,"受命于天"的天命观是深植于世人头脑之中的。君权为神授,如此而已。

现在,即便不是明眼人,就是瞎子也知道努尔哈赤想干什么了!

明清之间的争夺战,是由抚顺一战拉开序幕的。

万历四十六年、天命三年(1618年)四月,努尔哈赤见明廷驻兵保护叶赫部的东西二城,阻碍了自己统一女真的步伐(从明王朝的角度出发,保叶赫是必然选择),遂决定将刀锋对准旧主,树立自己的兵威。

思来想去,努尔哈赤决定先拿下辽东的咽喉要地——抚顺。

易代之后,康熙、乾隆、嘉庆、道光这四位皇帝,都曾在谒陵祭祖之时,在抚顺留下了缅怀先辈的诗歌。其中,嘉庆皇帝颙琰的《抚顺城》写得格外出色。诗曰:"征明应运启前麈,天佑皇清时雨师。境逼孤城围劲旅,书持一纸竖降旗。永芳向化遵王道,抚顺安生沐帝慈。德洽群黎拓疆域,我朝自此建鸿基。"

要问努尔哈赤花了多久的时间打赢了这场仗?可以说是雷霆之速。从四月初八秘议军事;到十五日趁抚顺马市之机,假扮商以为内应,收买守城士卒;到四月二十一日回师反击,不过十余日而已。此间,什么誓师动员(所谓的"七大恨")、内外夹攻、联合友军等策略,都是努尔哈赤克敌制胜的法宝。

孤城抚顺的降旗很快便挂出来了,守将李永芳也不得不归顺于后金,东州、马根单、抚顺三城,人畜三十余万,皆为后金所据。努尔哈赤凭此一战,走上了拓展疆土、荣"建鸿基"的征途。此时,明人范文程和他哥哥范文寀,也求见努尔哈赤,成为他的左膀右臂。后来范文程为清朝的建制出力甚多,被顾炎武评为"士大夫之耻,是为国耻"。

说回到当下。明和后金之间有了第一战,第二战还会远吗?

第二年(万历四十七年,天命四年),二到三月间,努尔哈赤在萨尔浒(今辽宁抚顺东),展开了一场针对明廷的反击战。原来,后金在攻陷抚顺之后,又拿下了清河,甚至打过沈阳、辽阳的主意。

虽说他们担心明军援兵、叶赫部、朝鲜军队会对他们展开夹击之势,于当年九月撤兵,但朱翊钧却快速集结了川、陕、浙、闽的兵力,并以兵部左侍郎杨镐为辽东经略,势要雪耻夺城不可。

按说,这次努尔哈赤摊上大事了。可惜,因为援军至而粮饷未足的问题,明军阵营里的矛盾层出不穷,逃兵也比比皆是。这就给了努尔哈赤以可乘之机。

到了天命四年(1619年),努尔哈赤先攻打叶赫,来了个热身战,再傲然拒绝了杨镐(坐镇沈阳)的休战书,采用集中兵力、各个击破的策略,以破竹之势连破三路明军,歼敌四万余人(总兵力约十一万,号称二十万),并掳获了不少辎重。

金军之所以能以少胜多,再次扩大战果,固然因其指挥者卓越的军事才华,但更是因为明廷的经费不足、号令不一、兵力离散。经此一役,朱翊钧不仅不能"犁庭扫穴"、阻止内犯,"毕其功于一役",反而为他们"送装备"、树信心,怎能不令人气丧!

第二节 败了开铁,丢了沈阳

当年七月间,努尔哈赤又拿下了明朝边防重镇开原、铁岭。

开原是个什么概念?用熊廷弼的话来说,"开原,河东根柢也"。可以这么说,如果后金攻陷了开原,辽沈也就危在旦夕,京师也就失去了一个可靠的屏障了。此外开原重镇,于明廷而言具有联络女真、蒙古的政治意义。若是丢掉开原,等于是给对方提供了牵制蒙古的条件。

那么明廷在这次对战中,有没有取得胜果呢?很遗憾,没有。

这年六月,后金再次乘虚而入,倾国而出。据《三朝辽事实录》的说法:"开原未破而奸细先潜伏于城中,无亡矢遗镞之费,而成摧城陷阵之功。奴盖斗智而非徒斗力也。"这是在盛赞时年六十一岁的努尔哈赤的军事头脑。

说来也没错,努尔哈赤采用暗置奸细、声东击西之法,冒雨挺进开原,的确是一位"斗智"之士。但同时,老英雄的运气也是好得没话说。明明叶赫部已经发现了他的阴谋,但可惜代守城池的推官郑之范,是个"赃私巨万,天日为昏"的懦夫,压根不以为意,竟然不组织防守。

结果可想而知。只是努尔哈赤也并非"无亡矢遗镞之费",就将开原收入囊中了。因为马林带兵列阵于城外,部分兵力也防守于城上,后金军士必然有所牺牲。不过,比起逃窜不及、血流成河的明军,他的损失的确不算大。

特别值得一提的是,原本答应增援的蒙古军二部,却没承想帮助后金攻占了开原城西的庆云堡。对于蒙古军墙头草的作风,实无必要加以批评,两军对垒之时,助拳的那位又有几人能不考虑自己的投入产出呢?

开原陷落一月之后,努尔哈赤拿下了辽北的孤城——铁岭。

就地理位置而言,铁岭堪称沈阳北门的钥匙。杨镐早已预料到了努尔哈赤的军事行动,故此特意将沈阳总兵李如桢调到了辽东。大家都以为,虎父无犬子,久镇辽东的李成梁(卒于明万历四十三年,1615年)的第三子也必是人中龙凤。可事与愿违,李如桢恰恰是只犬子,到了关键时刻就掉链子,只敢在距城十五里处安营观战(杨镐觉察不对,命他坐镇沈阳策应铁岭),根本没有作战出击的勇气。

倒是铁岭的守将喻成名、李克泰、吴贡卿,耗尽了最后一丝气力。无奈,努尔哈赤的五万大军实在威猛,城内的奸细也无孔不入,他们自然只能以身殉国,魂断疆场了。反观李如桢这只犬子,他不但不敢迎战,还在撤军前割下了百来个战死者的首级,冒为一己之战功。可恨!若李成梁泉下有知,得知儿子的行径,不知会被气成什么样子!

铁岭的物资还是较为丰足的,据载,后金接连运送了三天,都还没能把这里的人畜财货尽数搬走。听闻败讯,朱翊钧都要气得呕血了。所幸熊廷弼(被升为兵部右侍郎兼右佥都御史,取代杨镐成为辽东经略,与孙承宗、袁崇焕被美称为"辽东三杰")及时安抚了臣民,罢免了李如桢,重用了李怀信,做好了防御工事。紧接着,他又上书请求皇帝,召集军士分驻战略要地,以为首尾呼应;拣选精兵游击作战,骚扰敌军。

朱翊钧很信任这个暴脾气的牛人熊廷弼,他也没让他的皇帝失望,就在万历四十八年,天命五年(1620年)八月间,熊廷弼阻断了努尔哈赤进占沈阳的计划。只是,这样的好消息,朱翊钧已经听不到了。因为他驾崩于上个月。

更令人沮丧的是,泰昌帝朱常洛刚听闻了捷报没多久,也暴毙

而逝了。

这一年,万历四十八年、泰昌元年(1620年),令人无限伤感,暗道不妙,因为,除了两个皇帝之外,在这年四月里,明朝在位时间最长的皇后——孝端显皇后王喜姐,也薨了。

一年之内,三次国丧,整个国家似被笼在霾云之中,没有令人高兴起来的原因。甚至于,有人说,这是亡国之兆。

因为王大人屯等十一屯战争的失误,熊廷弼被人弹劾,为袁应泰所取代。在天启元年、天命六年(1621年)三月里,努尔哈赤击杀贺世贤、尤世功,占据了沈阳城。袁应泰在攻夺战中失利以后,引咎自焚。

第三节 广宁陷落,熊廷弼惨遭弃市

天启二年、天命七年(1622年),明与后金之间又爆发了广宁之战。

原来,自从辽沈为后金所据后,广宁(今辽宁北镇)便成为明朝关外最重要的据点。这是因为广宁是山海关的门户、辽西的咽喉,正如抚顺之于辽东的意义。

时局危乱,明廷任命熊廷弼为兵部尚书兼左副都御史,镇守于山海关负责辽东军务,又以王化贞(本为东林党叶向高的弟子,但后来投靠阉党)为右佥都御史、广宁巡抚。可惜的是,熊、王两人所持的战略主张并不一致,且无法互相说服,只能捋着袖子各干各的。

到了紧急关头,经抚不合,势必会导致各自为政、政令不通的局面,这自然是明军输掉广宁之战的原因之一。

根据熊廷弼的军事部署,辽河,西平堡、镇武堡、镇宁堡,广宁是保卫边防的三道防线。可没想到,努尔哈赤的思维很是活络,并不按常理出牌。辽河是第一道防线是吧？呵呵，他还偏不从这里走。

西平堡，首先迎来了后金的铁蹄。眼见西平堡受围，王化贞急发广宁之兵前去增援。与此同时，熊廷弼也派出刘渠的部队。努尔哈赤闻讯之后，也在沿途展开突击行动。

一月二十二日，孙得功和参将鲍承先受挫逃跑，刘渠等人也战死了。西平守将副总兵罗一贯等不到援军，唯能跪天拜地、自刎殉国。战死的将士越来越多，明军几乎全军覆没。

此时，熊廷弼镇守在闾阳，因属下意见不一，熊廷弼没有选择继续增援西平堡。后金初战告捷，暂驻于沙岭，等待孙得功（被李永芳策反）以最小的代价换来天大的喜讯。

孙得功先是跑回广宁，诈称后金已至；再想趁乱活捉王化贞——这个曾经对他信任有加的上司。只是阴差阳错，王化贞被参将江朝栋拽走了。

这下子广宁城是丢了，但王化贞却跑了。熊廷弼在大凌河，遇上了气喘吁吁的王化贞，他没有采纳对方驻防宁远、前屯的计策，而是分派五千人给王化贞，用以殿后。自己则向南撤退，护送难民入关去了。没几天，王化贞也入关了。

话说，孙得功虽然没能活捉王化贞，但却夺下了城门，封锁了府库，并在城中制造降金的舆论。幸福来得这么突然，努尔哈赤当然不信，几番试探之下，他才确认无误，得意扬扬地入城去了。后来孙得功入了汉军旗，但他的名声却很差，满人给他的席位不过是列于《贰臣传》。

在得到广宁之后，后金乘势而上、气势如虎，一气攻占了义州、平阳桥等四十余座城堡，还将不及撤退的辽西百姓驱赶至辽河，大行屠戮。百姓到底是无辜的，这样的做法只能以"残暴"二字来

定义。

事后，明朝失去了整个辽东，后金由此切断了明朝与辽西附近蒙古部落的联系，转而收为己用。同时，他们还得到了大量的粮草、财宝、辎重，充实了自己的腰包，壮大了自己的经济实力。同年，后金攻陷了辽阳，慑服了辽河以东的七十余城，又暂时迁都于辽阳。

出了这样的事，朱由校只能重新斟酌经略辽东的人选。最后，他看中了王在晋。王在晋推却不过，只能抱着必死之心前赴山海关。他喟叹道："东事一坏于清抚，二坏于开铁，三坏于辽沈，四坏于广宁。初坏为危局，再坏为败局，三坏为残局，至于四坏，则弃全辽而无局。退缩山海，再无可退。"

他说得一点没错。而造成"四坏"后果的熊廷弼与王化贞，不可能不受到任何惩罚。

天启五年(1625年)，熊廷弼以"失陷广宁罪"被判弃市。虽有魏忠贤的庇佑，王化贞也只多活了八年。等到九千岁成了泥菩萨后，王化贞也失去了保护伞，终被问罪于崇祯五年(1632年)。

平心而论，王化贞才应为广宁之失负上主要责任。

一则，在战略部署上，熊廷弼的主张是"三方布置策"，而王化贞的意见却是让诸将在三岔河设营分守，企图来一个以逸待劳。王化贞自诩有二法宝：辽人、蒙军的相助，降将李永芳的内应。哪知，前者力量有限，后者策反了孙得功。

二则，当熊廷弼提出"河窄难恃，堡小难容"的反对意见，希望配备二十万兵马以为防御之时，内阁和兵部却站在了王化贞的那边。您说，得不到上级支持的熊廷弼，怎么有效地施展自己的计划？

三则，弃广宁而逃的人，是王化贞这个猪队友。熊廷弼退保山海关,也是两害相权取其轻的无奈之举。

就在熊廷弼被处死的当年,后金又迁都至沈阳,并改沈阳为盛京。此后,他们与明朝之间势如水火,斗争激烈。在内外交困的局面下,明朝君臣的日子愈发难过了。

【小贴士】

【清言小品】

它指的是一种格言式的文学体裁,盛行于晚明清初的一百多年间。

清言小品具有短小精悍、冷隽剔透、哲思绵长的特点。明人屠隆的《娑罗馆清言》、洪自诚的《菜根谭》("交友须带三分侠气,做人要存一点素心"的出处)、吕坤的《呻吟语》、陈继儒的《岩栖幽事》等书目,为其中的代表。需要注意的是,《小窗幽记》的作者,可能不是陈继儒,而是陆绍珩。

【《武备志》】

天启年间,明朝茅元仪编纂了一本长达二百四十卷、二百余万字的百科全书式的兵书,其图例、字数和规模为古代兵书之最。

此书分为兵诀评(点评了《孙子》《吴子》《司马法》《三略》《六韬》等兵书)、战略考、阵练制、军资乘、占度载这五大部分,收录了包括《郑和航海图》、戚俞的兵家故事、同时代军将的论说在内的二千余种军事著作。因茅父为著名的藏书家,茅元仪具有作战经验,又注重材料的取舍(失误较小),故此全书格外强调武备实效,对于提升晚明武将的素质,具有很大的现实意义,刊行后流传海外。因书中多有蔑视后金之语,故此,《武备志》在乾隆年间遭到禁毁。

第二十八章

党争之祸
——务以攻东林排异己为事

天启七年(1627年)八月,朱由校在西苑饮酒之时,因风吹船动不慎跌入湖中。其时,有客氏、魏忠贤、王体乾等人作陪。受此惊吓,朱由校病卧在床,太医也无法诊治。就在此时,尚书霍维华进献了一剂灵露饮。

"仙药"似乎是有用的,但朱由校却因此得了臌胀病,全身水肿无以起身。预感自己命不久矣,朱由校亲召五弟信王朱由检入内,称:"来,吾弟当为尧舜。"两三天后,朱由校驾崩于乾清宫。朱由检于二十四日继位为帝,改次年为"崇祯"。

第一节 家事国事天下事，事事关心

明神宗朱翊钧在完成对张居正的清算之后，废除了之前的不少新政。

在其统治期间，内有恣意妄为、横征暴敛的统治阶层，外有崛起关外、蓬勃发展的满族军士。这样的局面，必然引发民变屡起、外族蠢动的严重后果。

即便如此，统治阶层依然夜夜笙歌、不务国事，因此不少知识分子都发出了除弊兴国的呼声。无锡人顾宪成便是其中的一位。

考中进士后，顾宪成于万历二十一年（1593年）升任为吏部文选司郎中，负责官吏班秩迁升、改调等相关事务。次年，顾宪成便被朱翊钧除名革职，遣出中央了。他是因何触怒皇帝的呢？原来，顾宪成所提名的候选人，几乎都是对方讨厌的类型，这事儿是导火索，但其根本原因却是，他不仅敢于"妄议时政"，还热衷于国本之争。

仕途已是无望，但顾宪成却丝毫也不泄气。返乡之后，他决定效仿先圣孔老夫子，一边进行讲学活动，一边宣扬他的政治理想。办学地点很快就选好了，无锡本就有个现成的风水宝地——东林书院。

宋儒杨时曾在东林学院讲学，这里具有非比寻常的文化遗风。顾宪成和弟弟顾允成，本就是士林中的知名人士，他俩很快拉到了包括常州知府、无锡知县在内的社会各界的赞助。当时明朝书院的发展本来就十分兴盛，白鹿洞、岳麓、象山书院等都很有名气。时代的潮流，也是东林书院兴起的推手。

万历三十二年（1604年）十月，时称"东林八君子"的顾宪成、顾

允成、高攀龙、安希范、刘元珍、钱一本、薛敷教、叶茂才,发起了第一届东林大会,并制定了《东林会约》以为基本章程。章程虽不算完备,但却已设定好了开展活动的频率——每年举行一两次大会,每月举行一次小会。

之前,尚未有一个书院像东林书院这般惹人关注,蜚声士林,引发全国性的轰动效应。因为,这里的讲师和学子们,不但致力于学术,更被允准讽议朝政、针砭时弊。"风声雨声读书声,声声入耳;家事国事天下事,事事关心。"这是东林书院里非常有名的对联。

在有志于改良政治的士人看来,东林书院的横空出世,不啻冬雷震震、夏雨绵绵。

其实吧,古人也是很爱赶流行的,所以加入东林书院或是与其往来频密的人,不一定都抱有崇高的政治理想,甚至说,他们当中的很多人都不是纯粹的读书人,而是朝廷中的高官名宦、民间的地主富商。

其实,从一开始,书院里的核心分子,便多为地主、富商家庭出身的学子,他们很难走出阶级的局限,很难不为自己谋取利益。了解这一点,便不难明白,为什么后来形成朋党、引发朋党之争的东林党,会拥有毁誉参半的名声。

一方面,他们提出了廉正奉公、广开言路、反对矿税、求真务实、杜绝太监干政等正确的主张和"工商皆本"等值得商榷的观点;但另一方面,他们又以各种冠冕堂皇的理由,不断阻挠朝廷征款赈灾的行为,无视季世百姓的饥馑之苦。

哪些冠冕堂皇的理由呢?比如,赵南星就说过"士农工商,生人之本业"的话,李应升也持有"爱商恤民,上不妨工而下利于途(贩运)"等观点。说得通俗一些,就是社稷为重君为轻,商人为重民为轻。

在之前的章节里,我们说过,朱翊钧为补国库之空虚,开始设置矿监,征收矿税。这固然是因为他是一个贪财好货的皇帝,但却也是因为内耗实在太大了,与其向靠天吃饭的农民加赋,不如向负税较轻的商人伸手——开国以来所定的"三十税一"的商税可从没增加过啊!

关键时刻,东林党人跳出来了。他们说,关卡林立,不对;商税繁多,也不对。

其实,凡事皆不可只看表面现象,轻徭薄赋这种政策,并不适用于晚明朝廷。只能说,皇帝有皇帝的想法,政府有政府的思考,农民有农民的难处,商人也有商人的苦恼。一切不过是角度不同而已。

在中央,东林党人兼内阁学士叶向高,在万历二十七年(1599年)上疏要求裁撤矿监、税使。地方上,数那位主动赈济灾民、"以折税监得民心"的李三才的行动最为果敢有力。不过,当李三才想凭他的声望步入内阁之时,齐、楚、浙党的成员,便纷纷跑出来向他开炮。

当然,号称"清流",代表正义力量的东林党人是不会任人欺侮的,于是,两党之间的战争,便通过口水战、笔墨官司和六年一次的京察(吏部考核京官的一种制度,不合格者黜退,但到了后期,徇私舞弊现象严重,很难达到奖优惩劣的效果)等方式,展开了一次次的交锋。

第二节　党争之祸由此始

明末党争,始于国本之争,贯穿了万历、泰昌、天启、崇祯四朝,

延至南明时期,足有半个世纪之长。参与政治争斗的派系,一是战斗力强、蜚声全国的东林党;一是包括齐、楚、宣、昆、浙党(最有名,其首领沈一贯、方从哲担任过内阁首辅)在内的,以籍贯冠名的"非东林党"(自洪武年间区分南北榜后,官场上的关系,在座师与门生之外,呈现出地域性的亲疏,可以说,分榜制度是滋生乡党关系的温床);一是以魏忠贤为首的阉党。

阉党,一般认为是在非东林党失势之后形成的,它的成员包含了之前的部分非东林党——大家要抱新的大腿嘛,而且,如若我们不带偏见地去挖掘其本质,它应该被称作"帝党"才对。

因为,阉党的头子魏忠贤,本是天启皇帝朱由校抛出的一枚棋子。原因也不难理解,第一,他有他的兴趣爱好,没能力也没心思管事儿;第二,甭管魏忠贤要什么手段,只要他们能成为东林党的掣肘就好了。

那么这个地主富商的代言人,专制皇权体制外的政治结盟——东林党,是凭借什么斗垮非东林党的呢?

首先,在万历一朝,东林党人在京察中处于不利的地位,但一直蓄势待发、谋定后动;然后,李三才虽因不堪忍受党争压力而辞职告退,但随天启皇帝上位,矿监、税使被裁撤,一些反对矿监的东林党人也得以重新起用;最后,因为国本之争中立场坚定、斗志旺盛等故,东林党获得了梃击案、红丸案、移宫案的胜利,并且先后扶持了泰昌皇帝和天启皇帝。

天启三年(1623年),叶向高再度担任首辅,赵南星参与主持京察,贬黜了不少齐党、楚党。凭借时机和决心,东林党人终于站在了政坛的巅峰。非东林党们眼见魏忠贤受宠,忙与之结成新的势力——阉党。

起初,朱由校对于东林党人还是感恩戴德的,但时日一久,便对其一家独大、言路大开的做法有些反感,或者说是忌讳。魏忠贤也看出了这点,为了对付东林党,没有文化的"九千岁"却想出了文人才想出来的阴招——应该归功于前非东林党成员。

具体怎么操作呢?来!开馆编纂《三朝要典》,把那三大案中东林党的过激行为,添油加醋地写进去。再来!附会《水浒传》,编一本《东林点将录》,把东林党人都"安排得明明白白"。

天启五年(1625年),朱由校下诏烧毁全国书院。第二年,又命人拆毁东林书院,打击东林党人。一时之间,杨涟、左光斗等知名人士,都遭到了迫害。

东林党的冤情,直到崇祯二年(1629年)才得以昭雪。不过,在他们恢复名誉、重建书院之前,他们之中的许多人,已很少再遭遇魏忠贤的打击了。这是因为,朱由检在天启七年(1627年)即位之后就将魏忠贤流放于南直隶凤阳府了。

第三节 清算阉党,不能急

公允地说,魏忠贤秉政之后,虽然做了许多为人所不齿的事(比如迫害"前六君子""后七君子""五义士",张溥为之鸣不平,写有《五人墓碑记》),但不可否认的是,在此期间,明王朝的军饷足额发放,军事实力也不弱,甚或于一扫之前辽东战场的颓势。魏忠贤也比较支持孙承宗,推崇毛文龙,信任袁崇焕,这都是他们能发挥所长、克敌制胜的前提。

因为军饷稳定、号令咸达,袁崇焕在国内掀起修生祠高潮的当头,半是由衷半是拍马地说:"从古内臣谁有出其右者,通侯之世赏宜也!"

你道军饷来得容易?魏忠贤中饱私囊不假,能想办法搞来那么多钱，却也是实。那么，这个一向背负恶名的巨阉，是怎么做到这一点的呢？

他先是恢复了工商税、海税，尤其针对富庶的江南地区，东林党人投资的"垄断企业"（也有挟私报复之意）；再是重修黄河水道，便于百姓生活。此外，魏忠贤几乎没有给农民加赋，有时候他还给他们免税拨款，动用的是内库的钱。

正因如此，朱由校临死前对弟弟说："（魏忠贤）恪谨忠贞，可计大事。"前半句也许言过其实了，但后半句却多少有些道理。不过，朱由检却对此自有一番看法。

接下来的几日很有看点，魏忠贤和朱由检两人开始互相提防。

前者时任司礼秉笔太监提督东厂，他以美色和假意停办建生祠（上了一道《久抱建祠之愧疏》）等事来试探皇帝；后者见招拆招，不为美色所动、迷魂香所扰，又佩剑防身，谨遵皇嫂张皇后的告诫，坚决不吃宫中的食物。

对于魏忠贤以退为进的做法，朱由检只说"以后各处生祠，其欲举未行者，概行停止"这样的话。这是一个比较高明的手段。

既然您老已经"愧"了，之前的事过去了，之后就不要再做愧事了罢！

怎么着？魏忠贤想生气也没处撒。朝野上下也不好再对九千岁大爷，进行盲目"崇拜"。对于魏忠贤及其党羽王体乾、崔呈秀等人，他也不时予以封赏。他在静待倒魏的最佳时机。

时机很快就来了。

这世界从来就不缺墙头草，最先发动倒魏行动的，反而是阉党的人。

天启七年（1627年）十月间，御史杨维垣先弹劾兵部尚书崔呈秀贪赃枉法，抬举自己没文化的儿子做进士。当时，杨维垣说："呈秀毫无益于厂臣(指魏忠贤),而且若厂臣所累。盖厂臣公而呈秀私,厂臣不爱钱而呈秀贪,厂臣尚知为国为民,而呈秀惟知恃权纳贿。"此举貌似无意针对魏忠贤,然而众所周知的是,崔呈秀是魏门"五虎"之首(另有工部尚书吴淳夫、兵部尚书的田吉、太常卿倪文焕、左副都御史李夔龙),杨维垣干的正是剪除羽翼的事。

崔呈秀被迫回乡守制之后,朝廷之上掀起了一浪又一浪倒魏的高潮。魏忠贤之下,除了"五虎",还有"五彪"。左都督田尔耕、锦衣卫都指挥佥事许显纯、锦衣卫指挥崔应元、东厂理刑官孙云鹤和杨衰(田尔耕的心腹),彼时都多少遭到了冲击。

对此,魏忠贤自然要声泪俱下地为自己辩解,可他面对的却是一个不露声色、若无其事的主儿,未免有些不知所措。其实,朱由检之所以能平心静气的等待,是因为他所等待的是一枚重磅炸弹。

十月二十六日,海盐县贡生钱嘉征上疏了。这人逐条列举了魏忠贤的十大罪状,每条都有据可查,桩桩落实。特别是"蔑后"(客氏害得张后堕胎)和"褒名器"这两条,完全没有争议。

朱由检马上将这枚炸弹抛了出去,让太监当着魏忠贤的面宣读那封奏疏。魏忠贤吓得魂不附体,之后,他听了老友徐应元的一顿劝,赶紧引疾辞爵,以求保全富贵之身。朱由检先是同意了魏忠贤的请辞,没过几天又将他贬往中都祖陵司香。

可能是魏忠贤自恃党羽众多,不能自己先掉价,所以他把出行"仪仗"弄得分外体面。朱由检本是个雄猜多忌之主,一见那位过气权阉四十辆大车、千名卫兵的排场,就犯起了疑心病,急命锦衣卫旗校将其缉捕归京。

在阜城县(今河北阜城)南的旅舍中,魏忠贤见大势已去,听上一曲隔壁传来的《桂枝儿》后,选择了自我了结。时间在十一月六日。

带头大哥已死,带头大哥的"夫人"、众多的阉党也必须及时加以清算。朱由检便任命给事中曹师稷、颜继祖、宗鸣梧、瞿式耜,御史吴焕、叶成章、任赞化等人,负责纠弹魏党的要务。

结果如何?在这一两年间,以"首逆""首逆同谋""结交近侍""结交近侍减等""逆孽军犯""谄附拥戴军犯""结交近侍又次等""祠颂"等罪论处的二百余人,都得到了不同层次的惩处。此外,各地所造的生祠也一律拆除,在外驻镇的太监也必须回京待命。

阉党被定性为逆案之后,"呈秀知不免,列姬妾,罗诸奇异珍宝,呼酒痛饮,尽一卮即掷坏之,饮已自缢"。在他死后,尸身也没逃过被戮辱的命运。

在清算阉党的基础上,朱由检又为遭受过阉党迫害——尤其是东林党人——的臣民,恢复名誉、平反昭雪。按以往的惯例来看,朱由检除恶扶善的做法,理应得到朝臣的揄扬,历史的认可。然而现实却狠狠地扇了他一巴掌。

何以如此呢?且不论党人们的行政能力大小,单就他们的道德水平而言,阉党成员未必都是大奸大恶之辈,东林党人也不见得都是刚直耿介之士。本想惩恶扬善、整饬朝纲,但清算阉党之举所达到的实际效果,只是打破了阉党专政的局面罢了。

【小贴士】

【三大名著和四大奇书】

"中国文学四大名著"本是个约定俗成的说法,其中,《水浒传》《三国演义》《西游记》的创作时间是在元末至晚明。"四大奇书"的概念,最早由"后七子"的领袖人物王世贞提出,包括《史记》《庄子》《水浒传》《西厢记》。我们这里说的"四大奇书",是指的冯梦龙所推崇的《三国演义》《水浒传》《西游记》和《金瓶梅》。此后亦有别的版本出现,但经李渔的点评肯定,冯梦龙的观点成为主流。

【三言二拍】

我国文学史上第一部规模宏大,具有里程碑意义的白话短篇小说总集,由冯梦龙所编纂的《喻世明言》《警世通言》《醒世恒言》组成,被合称为"三言"。因其能从多角度全方位反映市民阶层的生活面貌、思想感情,而受到民间的热议、百姓的追捧。

出版商见三言热销,遂邀请凌濛初编纂同类作品。凌濛初另辟蹊径,根据野史小说、当代传闻,先后创编了两部带有公案性质的短篇小说集《初刻拍案惊奇》《二刻拍案惊奇》,同样深受欢迎,被誉之为"二拍"。

第二十九章

崇祯失国
——蒙难而不辱其身,为亡国之义烈矣

崇祯年间,义军纷起,其中最有影响力的两支,是李自成、张献忠的大顺、大西政权。

极为巧合的是,李、张这两位出色的农民起义领袖,都出生于万历三十四年(1606年)。李自成是陕西米脂人,曾做过银川驿卒;张献忠是陕西延安卫人,也卖过红枣,当过捕快、边兵。举事前所从事的职业方向,又是二人之间的一个共同点。

腐败的政治,崩溃的经济,尖锐的阶级矛盾,使得他们无以为生,唯有揭竿而起,奋力一挣。李、张先后起兵于崇祯二年(1629年)、三年(1630年)。闯王高迎祥牺牲之后,李自成继称为"闯王",而张献忠则领导另一支劲旅,在湖北、安徽、河南等地活动。

在李岩等谋士的襄助下,李自成"均田免赋"的口号深入人心,部众多达百万之数。在扑灭了孙传庭的主力之后,李自成进据西安,并建立大顺政权,时在崇祯十六年(1643年)。

张献忠接受招安之后,又于崇祯十二年(1639年)歼灭了左良玉所部,后攻占四川,建立大西政权,年号大顺。他曾攻陷中都、焚毁皇陵、进占襄阳,多有胜绩。

第一节 宵衣旰食，夕惕朝乾

大家都知道，清朝有一位"十全老人"乾隆皇帝。当他提及明朝灭亡原因时，曾说，前明万历、天启皇帝荒政几十年，早就把国家搞得乱七八糟、江河日下了。因此，无论崇祯皇帝如何"补救倾危"，都没有办法撑起将倾的大厦，挽救将衰的国运。

史书中也说，朱由检二十乃生白发，有些老相，平日里总是"鸡鸣而起，夜分不寐，往往焦劳成疾，宫中从无宴乐之事"。他也以身作则，不事营建，节省用度，宣扬"文官不爱钱"的观点，可惜臣子们却是表里不一，时常哭穷。

《崇祯宫词注》载曰："(周)皇后居苏州，田贵妃居扬州，皆习江南服饰，谓之'苏样'……宫着暑衣，从未有用纯素者，葛亦唯帝用之，余皆不敢用。后以白纱为衫，不加修饰，上笑曰：'此真白衣大士也！'自后穿纯素暑衣，一时宫眷裙衫，俱用白纱裁制，内衬以绯交裆红袍腹，掩映而已。"

朱由检的时间表一直都排得满满当当的，早晚都要批阅奏章，甚至于通宵达旦。其间，还穿插着召见文武、视朝、日讲、经筵等事务。如此劳累，难免会精神不济，但当日讲官文震孟讲到"为上者奈何不敬"时，他便面带赧色地端正了坐姿。

由此观之，朱由检是一个极为勤政节俭的皇帝。那么，这个勤政节俭的皇帝，在文化、军事、经济方面又有哪些作为和缺憾呢？

在文化方面，改革历法一事很值得一说。

崇祯二年(1629年)时，发生了日食。朱由检有感于钦天监和徐光启(运用西法，结果精准)测量日食的误差，接受了礼部的奏议，让他们对使用了两百多年的《大统历》进行改良。

六十八岁的徐光启,担任了礼部左侍郎,奉旨纂修《崇祯历书》。在李之藻、李天经、汤若望等人的努力下,五年之后,"洋为中用"的《崇祯历书》终于修成了。它标志着中国的天文科,不再囿于自身的认知体系,而志在吸收融合西方的天文成果。这无疑是具有划时代意义的一件事。

令人遗憾的是,《崇祯历书》修成之后,却未来得及实施。先有内忧外患的局面,再有闯王入京、崇祯失国之事,新历法自然只能被搁置一边,乃至被丢弃于历史的边角。

在军事方面,朱由检起用了解职归乡的袁崇焕,命其担任兵部尚书,负责蓟辽军务。这个人曾经赢得宁远大捷的胜利,是个不可多得的将才。

可是朱由检却不懂得"用人不疑疑人不用"的精髓,他和袁崇焕之间的矛盾,终在皇太极反间计之下,迅速爆发了。袁崇焕死后,其副将祖大寿心生惶恐,索性率部弃关,经锦州投奔了后金。

从某种程度上说,祖大寿是被逼反的。叛国之后,祖大寿一不做二不休,劝说他的外甥吴三桂也投入清的阵营。后来的事大家都知道了。蓟辽总督洪承畴(曾力挫李自成)带着吴三桂等人出援锦州,但却在锦州受困半年,不得已投降了清。当朱由检都以为洪承畴以身殉国,决定为他举行葬礼撰写祭文,却传来了他投降的消息。一时间,举国哗然。文人们纷纷痛斥他失节祸国,只是,"千古艰难惟一死,伤心岂独息夫人",或许我们可以换个角度思考一下。

再后来,在锦州之围中逃跑的吴三桂,终于做了决定,将清军引入了山海关。

说回到当下,因为袁崇焕被杀,引发了祖、洪、吴多人的相继叛离;而锦州的丢失,也彻底断送了辽东防御体系,仅凭一座宁远孤城,如何能抵挡来势汹汹的敌军?

在经济方面,朱由检为人所诟病的一条,是向农民加派三饷。

所谓"三饷",指的是辽饷、练饷、剿饷。刚刚说过,朱由检非常节俭,但在内外交困的形势下,光靠"节流"肯定不能起到多大的作用。怎么开源呢?朝中有东林党人钱谦益作为阁臣,他会同意向商人加税吗?显然不能。

崇祯三年(1630年)、七年(1634年)、十二年(1639年),朱由检先后征收辽饷、练饷(为镇压农民起义)、剿饷(未予实施),其总额摊算入亩,约为每亩九厘银,只能买十斤稻谷而已。

后来多尔衮曾谴责道:"前朝弊政厉民最甚者,莫如加派辽饷,以致民穷盗起,而复加剿饷,再为各边抽练,而后加练饷。惟此三饷,数倍正供,苦累小民,剔脂刮髓。"

应该说,"数倍正供,苦累小民,剔脂刮髓"这个说法,拿来糊弄时人还行,但却不为学术界所认可。不过,他所说的"民穷盗起"的情况却是事实。因为,所加之赋虽然不重,但很多农民连正常的赋税都无法承担,心里哪能没有怨气呢?

所以说,对于特殊时期的加赋行为,还是应该予以理解的,只是,晚明积弊已久,朱由检才被泼了一盆"剔脂刮髓"的脏水。

第二节 "力捍危疆"的袁崇焕

万历四十七年(1619年),广东人(有争议)袁崇焕考中进士,担任福建邵武知县,因其对兵法兴趣浓厚,天赋过人,便想在军事方面一展抱负。

在得知广宁失陷,朝廷有意派人镇守山海关时,袁崇焕独身前往关外查阅地形,后自荐前往辽东边关任职。在这之前(天启二年,1622年),御史侯恂已提拔他在兵部任职。袁崇焕信心十足,称

其一旦兵足粮丰,必能以一人之力镇关。

听闻此言,朝臣们无不感佩其志,遂擢升他为兵备佥事,督关外军;又下拨二十万帑金,以便其招兵买马,镇守险关。袁崇焕的确没令人失望,在经营辽东期间,他深得经略王在晋、大学士孙承宗(当时巡行边塞)的器重,将前屯卫所的事务打理得井井有条,排除万难地安置辽东难民。对于上言升他为宁前兵备佥事的王在晋,向来富有主见的袁崇焕,也不因私废公、唯命是从。

随后,王在晋在八里铺修筑城墙的御敌之策,受到了孙承宗的批评。在孙承宗的支持下,袁崇焕驻兵宁远以救十三山的战略主张得以实现。在做足了整饬边防(重修祖大寿所筑之城墙,把宁远城打造成关外重镇)的准备工作后,天启六年(1626年)间,袁崇焕取得了震动全国的宁远大捷。

此前,锦州、松山、杏山、右屯及大、小凌河等地,已为明廷所据。袁崇焕也节节高升,先后担任兵备副使、右参政、按察使。此间,高第取孙承宗而代之,在战略上他并不支持袁崇焕,但袁崇焕据理力争,坚持"有进无退"的主张,绝不放弃锦州及右屯等地。对于高第提出的裁撤宁远军队的主张,他也死守不予,幸得保全。后来袁崇焕对此事怨恼非常,甚至请求回家丁忧以为抗争,因为锦州等地军民在撤离迁徙之路上死伤甚多。

孙承宗被罢所引发的后果便是,努尔哈赤无所顾忌,杀气腾腾地率军渡河。二十三日,后金军进抵宁远,袁崇焕见经略高第、总兵杨麟无所作为,一时间心急如焚气愤难当,在写下血书后与大将满桂等人誓死守城。

我们都知道,努尔哈赤擅长间术,喜好劝降。这一次,他又想故技重施,让释归的明朝百姓帮他的忙,可惜对方却不吃他这一套。袁崇焕一面坚壁清野,一面令人排查内奸,严肃军纪,阻断其施行间术的可能性。

因为西洋巨炮等武器发挥了威力,努尔哈赤在举军攻城之时,并没占到便宜,只能自认晦气赶紧撤军(有种说法是,努尔哈赤在此战中被大炮炸伤,他耿耿于怀,导致伤口不断恶化,最终发病而死)。在赢得宁远保卫战的胜利后,袁崇焕升任为右佥都御史。遗憾的是,对于觉华岛所遭遇的侵略,袁崇焕只能叹一声,鞭长莫及。

袁崇焕之胜,胜在三个方面,一是知己知彼,一是战术得宜,一是武器精良。

如此说来,胜绩并非由他一人成就,但自从袁崇焕立下大功,并成为新任的辽东巡抚(天启六年,1626年)后,他与之前和谐相处的魏忠贤、满桂等人都产生了较大的摩擦。从他自己身上找原因,无疑是骄傲情绪在作祟。

朝廷为了解决这个矛盾,只能听从袁崇焕的请求,将满桂调往别处,又将袁崇焕和为满桂辩护的经略王之臣分开,分别镇守关外、关内(后又召回王之臣,不再设经略,以免他干扰袁)。袁崇焕性格偏狭霸道,这是他的一个致命缺点。

天启六年八月,努尔哈赤病逝,袁崇焕想促成议和之事——休战利于养兵,颇费了些心思。冬日里,袁崇焕力倡大兴屯田,恢复先前为高第所弃的锦州等地,并在修筑松山诸城增派轮值军队。

天启七年(1627年)五六月间,袁崇焕赢得了宁锦大捷。

原来这年正月间,皇太极同意请和,转而攻伐朝鲜。趁此时机,袁崇焕大力修缮锦州、中左、大凌三城。在接到救援命令之后,袁崇焕又调派水军增援毛文龙。这个事件,被称为"丁卯之役"。令人可气的是,不知朝鲜怎么想的,他们竟然帮助后金倒打毛文龙一顿。幸好毛文龙战斗力强,尚能随机应变。

退兵朝鲜后,皇太极发兵锦州,攻势渐猛。袁崇焕坐镇宁远,

统一调度。

他先派出两路军马以为决战牵制,并请派蓟镇之兵东护关门;再安排满桂、孙祖寿、黑云龙、阎鸣泰分镇前屯、山海关、一片石、关城,同时调兵把守上关,传檄边地守将随时待命;最后又亲自登城,轰击分兵进袭宁远的后金军。

最终,伤亡惨重的后金军,先后从宁远、锦州撤兵,宁锦大捷赢得非常漂亮。事后,论功行赏,满桂、赵率教等人都满载而归,而袁崇焕却因得罪了魏忠贤,只增加了一级官阶。七月间,袁崇焕愤而辞官,王之臣重新上位。不能做到能屈能伸,也是袁崇焕的一个缺点。

第三节 自毁长城,岂不惜哉

天启七年(1627年),朱由检重新起用袁崇焕。再度归来,袁崇焕担任了兵部尚书兼任右副都御史,督师蓟辽,兼督登莱、天津军务。起初,他也铆足了劲想要好好干,一句"五年复辽"的宣誓,说得皇帝热血沸腾。但当给事中许誉卿问及复辽策略时,他却说只是用这话来安慰皇上。

这样不经思考的话岂能随意说出?妄言虚夸的苦头,袁崇焕很快就会尝到了。

朱由检十分信任袁崇焕,为此他答应对方的请求,让户部、工部、吏部、兵部加以协同配合;又为他压制王之臣、满桂的势力,将尚方宝剑赐予袁崇焕;还御赠了蟒袍玉带(袁推辞了,后接受蟒衣银币);肯定他平定军队哗变(军饷不到位)的成绩;同意将宁远、锦州合为一镇,让何可刚、祖大寿镇守……

希望越大,失望也就越大。朱由检没有等来复辽的成果,反而等来了毛文龙的人头。事情因毛文龙所耗军饷过多,袁崇焕上书朝廷派人管理所致。毛文龙不愿受文官管制,袁崇焕就为他开设了"鸿门宴"。

没错,尚方宝剑是在袁崇焕手中,但他擅杀毛文龙的做法,引起了朱由检的强烈反感和猜忌之心。他在思考一个问题,狂妄的袁崇焕是否会拥兵自重。

在信任度急遽下滑的情况下,阉党余孽以"擅杀岛帅(毛文龙)""与清廷议和""市米资敌"等罪名弹劾袁崇焕,皇太极又适时展开反间计,到了崇祯三年(1630年),朱由检终于判了袁崇焕一个凌迟之刑,罪名是"卖国"。

关于袁崇焕之死,一直以来众说纷纭,有人为之悯惜不平,有人以为自取灭亡,但可以肯定的是,说袁崇焕通敌卖国,只是一个想要处死他的借口而已。朱由检并不一定相信那个所谓的反间计。

那么傲慢忤上,但又以"杖策只因图雪耻,横戈原不为封侯"为口号的袁崇焕,到底该杀不该杀呢?私以为,还是计六奇等人说得好。"自辽事者,所用人鲜有胜任者。当时所望成功者,惟熊廷弼、袁崇焕、孙承宗。"

因为,自此以后,真正能与后金抗衡的实力派(尽管爱吹嘘)已经所剩无几了。朱由检处死袁崇焕的后果,比刘义康擅自做主斩杀檀道济的损失还要严重(张金龙《治乱兴亡》第89—90页详细分析了非宋文帝刘义隆所为)。后者虽破坏了元嘉之治,好歹国祚犹存;前者,却成了大明的亡国之君。

呜呼!袁崇焕固然可气可杀,但为万里长城之计,实应宽加抚之!

第四节 缘何走向穷途末路

崇祯末年,义军势力渗入全国各地,皇太极也没停止骚扰入侵的步伐。

在剿匪方面,朱由检在十三年间先后更换了包括洪承畴、卢象升、杨嗣昌在内的多位主帅,他们之中绝大多数都是可用之材,可惜这皇帝改不掉"用人存疑"的毛病,故而收效甚微,以至于李自成的势力深入到了河南。

两线作战之下,每年的军费开支多达两千万两以上。因为缺饷严重,明军内部骚乱哗变的现象,也不时发生。朱由检面对这左支右绌的局面,不由得苦恼焦躁,做下许多错事。在十七年的统治生涯中,他一共下过六次罪己诏。

怎么说呢?一次两次算是诚意,只要皇帝能纠偏弥补,啥都好说。可一而再再而三地犯错又认错,让臣民们怎么想呢?不会觉得皇帝昏庸无能,放纵儿戏吗?勤政节俭的确是美德,但大家更希望看见的,是励精图治能"图"出个效果来的皇帝。

崇祯之误,是频动人事,滥杀严重。据不完全统计,朱由检一共诛杀了七位总督、十一位巡抚等多名高官。至于被他反复贬任的文武官员,更是不计其数。

崇祯之误,又是优柔寡断,战和不定。因为杨嗣昌和卢象升各持己见,朱由检也没有做出决定。最后,卢象升战死沙场,松山、锦州失守,洪承畴降清(1636年,后金改国号),兵部尚书陈新甲因泄密而死,朱由检也身死国灭。

崇祯之误,还是看重脸面,错失迁都良机。对于驸马巩永固提出的迁都之议,朱由检不予采纳——陈演、光时亨等表示反对。此一时彼一时,瓦剌犯京时,迁都等于弃民背祖;而现今,迁都却是保存实力的明智之举。朱由检顾虑重重,直至京师受围的前夜,他才悔不当初,希望巩永固能帮他招募人手迁都。可是,义军已经在城外哗动高歌了,晚了,说什么都晚了。

古人说,用兵作战,讲究天时、地利、人和这三个要素。如果借此以为一个国家败亡的原因,也无不可。上述文字所说的内容,就可以被视之为"地利""人和"。

疆土不断丧失,或为外敌,或为义军;迁都不及,做困兽之斗,这是"地不利"。而明王朝的累世矛盾,统治阶级的腐败无能,朱由检刚愎自用、褊狭雄猜的个性,清军牵制分散了明廷的军事力量,则为"人不和"。

当然,我们不是在否定和批评一心求治的朱由检的全部,而是说,如果他能更有胸怀一些,更有耐心一些,解决矛盾的可能性会更大一些。

崇祯十七年(1644年),在预感王朝即将面临倾覆之祸前,朱由检召见阁臣,叹息复叹息:"吾非亡国之君,汝皆亡国之臣。吾待士亦不薄,今日至此,群臣何无一人相从?"当局者迷,朱由检并没意识到,他自己身上存在的问题。不过,后世也以朱由检主观意愿的伟大,而不忍对其多加苛责。这是古时的亡国之君,很少享受的"待遇"。

当年,太监曹化淳说:"忠贤若在,时事必不至此。"而今,圈子里也流传着一种说法,认为"若朱厚熜、朱翊钧在位,可拯大明"。原因无他,这是三个聪明人。这些人认为,只要他们肯想办法,问题就迎刃而解了。

假设是没有意义的,这些说法也未免太乐观了些。咱们别忘了,一个国家招致覆灭之灾,在地利、人和之外,还有个天时。说句

不好听的话,若天公不给面子,时运不给机会,人间的天子又能奈他何?

原来,明末气候异常,正值小冰河时期,极冷的气候导致了北旱南涝的天灾,在那十余年间甚至出现过颗粒无收、饿殍满地的惨况。恶劣的气候条件,也导致瘟疫的全面爆发,诸如鼠疫、疙瘩瘟等疫情漫卷整个中国,所以说,十室九空的局面,并不全是粮食歉收和战争频仍所致。就在大顺军攻入北京之前,京师的民众也饱受瘟疫之苦,他们自然无法组织起有效的抵抗力量。

然而,天灾一至于此,官僚们依然持续盘剥奴役百姓。此何异于雪上加霜,火上加油?!

天不时、地不利、人不和,重疾缠身的大明王朝,一触即溃,一推即倒。

第五节　甲申之难,永恒的痛

崇祯十七年(1644年)三月十七日,大顺军围攻京城。

这月初,他们攻陷了大同。吴三桂被封为平西伯,但却未及赶来救驾——显然是作观望之态。六日那天,李自成再陷宣府。太监杜勋、大学士李建泰等人相继投降。十五日,大顺军正式围逼北京。

十八日晚,朱由检与贴身太监王承恩同登煤山(万寿山)。当他望见城外和彰义门外的义军声势时,不住地徘徊叹息,已存了必死之志。后来他刺死了劝他投降的太监张殷。

得知大顺军试图攻城的消息,朱由检命人嘱托勋戚周奎、田弘遇照料太子朱慈烺、永王朱慈照、定王朱慈炯,又下诏命成国公朱纯臣担起统军辅弼之责。只可惜,到了危急关头,识时务的朱纯臣连齐化门(朝阳门)都不给皇帝开,遑论辅佐太子呢?

周皇后殉国之前,曾抱怨朱由检从不听她一句劝,但她哪有别的选择,作为国母,朱由检让她死,她绝不可能苟活下来。袁贵妃自缢之后,朱由检担心女儿们承受贼军之辱(前例确实很多),遂泪流满面地砍杀长平公主、昭仁公主。

长平公主痛晕之后,可能没有死去,因此数百年来有关于她,或是崇祯三子的故事,一直都在为后人们演绎传颂。皇嫂懿安张皇后,在朱由检的催促之下,也选择了殉国。

十九日一早,大顺军由彰义门杀入京城。在出城无望的情况下,朱由检在前殿鸣钟召集百官,见无几人前来应召,他绝望地吐出"诸臣误朕也,国君死社稷"之言,自缢于煤山歪脖树下,年仅三十三岁。王承恩也一同殉死,后被南明弘光帝赐谥忠愍。

自缢之前,朱由检留下了遗书,上曰:"朕自登基十七年,虽朕薄德匪躬,上干天怒,然皆诸臣误朕,致逆贼直逼京师。朕死,无面目见祖宗于地下,自去冠冕,以发覆面。任贼分裂朕尸,勿伤百姓一人。"

得知这一惊天巨变,悲痛交集之下,范景文、倪元璐、李邦华、施邦昭、凌义渠、王家彦、孟兆祥、马世奇、刘理顺、吴麟征、周凤翔、汪伟、吴甘来、王章、陈良谟、陈纯德、赵馔、申佳允、许直、成德、金铉、于腾蛟、刘文炳、文耀、巩永固、张庆臻、卫时春、王国兴、李若珪、高文采、陈贞达、姚成、宋天显、滕之所、阮文贵、张应选、毛维、张儒士、张世禧等高官、勋贵,甚至是吏民,都举家殉国,追随而去。

历史上,将崇祯自缢、臣民殉难一事,称之为"甲申国难"。

三月二十一日,大顺军将朱由检与周皇后的尸棺,呈列于东华门示众,这种行径引发了众怒,造成了"诸臣哭拜者三十人,拜而不哭者六十人,余皆睥睨过之"的严重后果。

倒是清政府识得大体,入关后将其从田贵妃墓中,移葬往思陵。之前,义军将其暂置于紫禁城北河边,百姓们看不下去,将其梓宫葬入田贵妃墓中。

《明史》赞曰:"帝承神、熹之后,慨然有为。即位之初,沉机独断,刈除奸逆,天下想望治平。惜乎大势已倾,积习难挽。在廷则门户纠纷。疆场则将骄卒惰。兵荒四告,流寇蔓延。遂至溃烂而莫可救,可谓不幸也已。然在位十有七年,不迩声色,忧劝惕励,殚心治理。临朝浩叹,慨然思得非常之材,而用匪其人,益以偾事。乃复信任宦官,布列要地,举措失当,制置乖方。祚讫运移,身罹祸变,岂非气数使然哉。迨至大命有归,妖氛尽扫,而帝得加谥建陵,典礼优厚。是则圣朝盛德,度越千古,亦可以知帝之蒙难而不辱其身,为亡国之义烈矣。"

关于崇祯帝朱由检,后来南明这头,弘光帝为他上庙号为毅宗(先为思宗),上谥号绍天绎道刚明恪俭揆文奋武敦仁懋孝烈皇帝,隆武帝则上庙号威宗;清廷这边,定谥号为守道敬俭宽文襄武体仁致孝庄烈愍皇帝,取消了先前怀宗的庙号。

【小贴士】

【复社】

崇祯二年(1629年),江南的十几个社团(云间几社、浙西闻社、云簪社等)自为东林党之后继,在苏州尹山联合成为复社。

复社约有二千人之多,以张溥、张采为主要领导人。他们主张改良政治、砥砺品行,广泛地参与政治斗争。顺治九年(1652年)时,复社为清政府所取缔。在政治方面,到了明清易代之际,他们在揭露现实疾患、讴歌抗清大业的路上,走得比较远。

在文学方面,他们虽推崇前后七子,不取公安派("公安三袁"

袁宏道、袁中道,袁宗道为领袖)和竟陵派(以钟惺、谭元春为核心人物,可被视为公安派的双生子)的"独抒性灵,不拘格套",但却不尚拟古,而注重切实尚用。其中,陈子龙、吴伟业的诗歌成就较大。

【秦良玉】

秦良玉是古代历史上唯一一位被载入正史将相列传的女将。

万历二年(1574年),秦良玉出生于四川忠州,其夫马千乘世袭石砫土司。丈夫被害之后,秦良玉代夫从政、从征,在抵抗清军、奢崇明之乱、张献忠起义等战事中,巾帼不让须眉,立下赫赫战功,被敕封为二品诰命夫人。崇祯帝朱由检曾作诗赞颂她。

其一曰:"学就西川八阵图,鸳鸯袖里握兵符。由来巾帼甘心受,何必将军是丈夫。"其二曰:"蜀锦征袍自裁成,桃花马上请长缨。世间多少奇男子,谁肯沙场万里行!"其三曰:"露宿风餐誓不辞,饮将鲜血代胭脂。凯歌马上清平曲,不是昭君出塞时。"其四曰:"凭将箕帚扫胡虏。一派欢声动地呼。试看他年麟阁上,丹青先画美人图。"

第三十章

南明日落
——不信这舆图换稿,
诌一套《哀江南》

崇祯失国之后,明朝宗室在南方相继建立起一些流亡政府。中国历史上,将从公元1644年至1683年,与清王朝并存的这些流亡政府,合称为"南明"。

南明政权里,包括了弘光政权、鲁王监国、隆武政权、绍武政权、永历政权及明郑时期。其中,共出现了四帝一监国,维系时间最长的永历政权,有存在十三年(在国内无据点)、十六年(帝、子被绞杀)、十八年(在大陆的抵抗结束)、三十七年之说。

永历三十七年(1683年),施琅攻陷澎湖,随后,延平王郑克塽臣降于清,宁靖王朱术桂也殉国而去,至此,反清势力终告覆灭,明朔亦荡然无存。

第一节　第一个南明政权

弘光政权,是明朝宗室建立起的第一个流亡政府,都于南京。

原来,虽然京师已失,天子已殁,但由于宗室成员、文武大臣多向南方转移,加之留在陪都的政府官员也有意拥立藩王为帝,以延续国祚,复图江山,因此立君一事得到绝大多数人的支持。

只是若以《皇明祖训》为据,谁又是最合适的人选呢?

明光宗朱常洛已绝嗣,他的三弟福王朱常洵的长子朱由崧,倒是可效嘉靖故事登位的。虽说如此,但以钱谦益(与吴伟业、龚鼎孳并为"江左三大家")为代表的东林党人,却并不买账。他们认为,到了危急时刻,立君应立贤,所以,神宗之弟朱翊镠的儿子潞王朱常淓(长于绘画、音律、书法,亲制的"潞琴"享誉全国),可以继承大统。

可是,如果要将"贤"字作为标准,史可法也有话说了。他推荐的人选,是明神宗朱翊钧的第七子桂王(明光宗异母弟)朱常瀛。这理由听起来似乎更为有理,朱常瀛可以同时满足"贤"和"亲"这两个条件。史载中,对桂王朱常瀛的事迹记载不多,是以人品这事不可轻论,但他倒霉的经历,却是人所共知的。

为什么这么说呢?因为他是明朝第一位桂王,就藩没两年,他的桂王府就坍塌砸死了人。弘光元年(1645年),朱常瀛刚到梧州避乱,就死在那年冬天了。袭爵的儿子朱由楥也没熬上几天,最后还是第四子朱由榔来挑梁任事的。而朱由榔建立永历政权十余年后,又被吴三桂绞杀了。

话说回来,各位藩王的支持者,大多怀有私心。比如支持潞王朱常淓的东林党人,便对之前的"国本之争"事件耿耿于怀,想借此

事博些好名声。

终于,在卢九德的帮助下,马士英、阮大铖决意拥立福王为帝。崇祯十七年(1644年)五月初三,朱由崧监国于南京,十二天后在武英殿正式即位,改次年为弘光元年。

钱谦益眼见形势不对,转而讨好马士英,得以担任礼部尚书。他还推荐了阉党阮大铖做兵部侍郎,因为靠山找得好,马士英在诛戮东林党人时,就没有为难钱谦益。至于钱谦益所推崇的朱常淓,最后也随朱由崧等九王投降于清,并被诛杀于次年(1646年)四月。

第二节 从福王朱由崧,到唐王朱聿键

看至此,读者应该已经猜到,弘光政权的持续时间非常短暂。

历史上,晋室和宋室也曾有过南渡之事,而它们都维系了百余年的时间,那么,同样是再造社稷,同样是承载着万千臣民的希望,弘光政权为何会如流星一般一闪而逝呢?

据笔者看来,原因至少有三,一是弘光政权缺乏凝聚力;二是朱由崧能力不足;三是对手强大且手段酷厉。

先来说说凝聚力这个问题。

在弘光政权之外,先后有潞王朱常淓、益王朱慈炲、靖江王朱亨嘉等人,分别在杭州、抚州、桂林宣布监国。可以想知,朱由崧的政权,并没有得到宗室成员的一力支持,那些人对皇位也不无憧憬。

在弘光政权内部,也非铁板一块。就在弘光元年(1645年)当年,朝廷里就发生了大悲案(斩杀了与潞王交好的和尚大悲)、太子案(王之明冒为皇太子朱慈烺)、童妃案(童氏女子冒为福王朱由崧之原配,是否为冒认,存疑)这"南渡三案"。

334

南渡三案绝非偶然,马士英与东林党、复社之间的政治角力,是其形成之主因。对此,清人戴名世评道:"呜呼,南渡立国一年,仅终党祸之局。东林、复社多以风节自持,然议论高而事功疏,好名沽直,激成大祸,卒致宗社沦覆,中原瓦解,彼鄙夫小人,又何足诛哉!"

一个本该以复兴之业作为目标的政权,从一开始就党祸频生,纷乱迭起,我们又怎么能指望它能凝聚起抗清势力,复国兴邦呢?

再来看看朱由崧本人。

对于喜好酒色的朱由崧,不想多说什么,单看钱海岳所评的"燕居神功,辄顿足谓士英误我,而太阿旁落,无可如何,遂日饮火酒,亲伶官优人为乐"这几句,便不难想知此人之庸碌。

最后来谈谈手段酷厉的对手。

这个对手,说的不是李自成建立的大顺政权。从百姓们积极响应驱逐大顺政权的檄文,并迅速恢复四十多个州县的统治体制这两件事情上,不难看出臣民的心之所属。更不用说,清军一直在追着李自成打。张献忠的大西政权也没好多少,政权从未越出四川范围内,在那里他不仅留下了不少恶名,还被清军打得灰头土脸。

笔者这里说的对手,显然是指清政府。

弘光元年(1645年)三月,豫亲王多铎南征。下一个月,他在扬州制造了屠城事件,上将史可法殉国,八十万百姓死难城中的惨事,称之为"扬州十日"。

再下一月,清军攻克了镇江,众臣献京请降,朱由崧被掳一事标志着弘光政权的终结。

此后,多铎又在降臣钱谦益、赵之龙等人的影响下,推行剃发令。令他意外的是,嘉定、江阴等地反声激烈,奋死抵抗,清军为镇

压明朝遗民,制造了骇人听闻的"嘉定三屠"。据载,江阴在接近三个月的抵抗时间里,几乎全城阵亡,而无一人跪降。

国不可一日无君。弘光元年闰六月,郑芝龙(曾做过海盗头子)等人果断拥立唐王朱聿键在福州称帝,改元隆武。这本是一个正确的决策,因为,这个以"御虏"为己任不惜联寇抗清的皇帝,与南明其他诸帝比较起来,算是一个身怀大志、励精图治的人。

可惜根基尚浅的他,内有权臣相逼,外有"竞争对手"鲁王朱以海(于绍兴监国)的争斗,一年之后就被射杀于汀州府衙了(一说,俘杀)。郑芝龙不顾儿子郑成功(弘光时监生)的反对,执意降清,父子俩就此分道扬镳。

第三节 "正统"在永历,延平名千秋

明亡之后,诸位藩王之间展开了一场场"正统"之争。

无独有偶,桂王朱由榔先于隆武二年(1646年)十月初十监国于肇庆;下月初五,便发生了唐王朱聿鐭援引"兄终弟及"之例,称帝广州、改元绍武之事。为争夺明之正统,朱由榔也赶紧在本月十八日正式称帝,以次年为永历元年。

此前,由于南赣陷落,朱由榔弃肇庆而奔梧州,所以,尽管朱由榔的运气比朱聿鐭(四十一天后,便受俘绝食而死了)好,却永远失去了广东的民心。不过,为了保存火种,朱由榔这种看似自私的行为,不是不能被理解。

好了,事到如今,正统之争基本尘埃落定,不能团结在一起的藩王们,也不用再争个你死我活了。只是朱由榔既已成了残明唯一的希望,自然也是清政府最大的敌人。

朱由榔的据地梧州,也并不太平,不久后他又转去了柳州。

比较讽刺的是,崇祯帝虽是因义军而死的,但李自成的余部却狠狠地打击了清军,并与官军合作,几乎收复了湖南全境。这应该说是永历元年(1647年)的大喜事。

第二年,广东、四川等地的抗清斗争如火如荼,一时之间,包括云南、贵州、广东、广西、湖广、江西、四川、山西、陕西、福建和浙江在内的大部地区,理论上也都纳入了永历政权的版图。

为什么只是说"理论上"呢?一是因为永历帝对它们的控制力不大;二是因为残明政权仅此一个,大家暂时没有别的选择。

没多久,这个"正统王朝"的内部,也像其他南明政权一样,出现了派系争斗。加上朝臣们不同程度地排挤农民军,不能团结一切可以团结的力量,终导致南昌城破、湖广失守等败局。其后,永历政权又丢失了江南、浙江、江西、福建、两广等地。

好在孙可望(张献忠的义子)等人同意与永历政权合作,并取得了靖州大捷、桂林大捷、叙州大捷、停溪大捷,收复了湖南、广西、川南、川东的大部。

此外,永历五年(1651年)时,张煌言、郑成功也在东南沿海奋起抗清,并取得一系列成果。朱由榔封郑成功为延平王,故此,世称郑成功为"郑延平"。至于"国姓爷"的称法,则来源于隆武帝赐之以国姓和忠孝伯一事。

郑成功的母亲,是来自日本的美丽女子田川氏。有人说,郑成功之所以矢志抗清,与弘光元年(1645年)时,田川氏受辱自杀有关。这个说法是有一定道理的。黄宗羲在《赐姓始末》中就说道:"成功大恨,用夷法剖其母腹,出肠涤秽,重纳之以殓。"家仇国恨,都是郑成功抗清雪耻的原因。不过是人就会有缺点,郑成功在永历七年(1653年)、八年(1654年)间,也曾消极作战(联合李定国),以致肇庆、新会之战失利。究其原因,可能是那时清政府在笼络郑

成功,对投降的郑芝龙格外优待。但是,在郑芝豹、郑彩皆降的情况下,郑成功最终坚辞不受,不更能说明他国重于家的思想情怀吗?

总之,郑成功在中国东南沿海抗清,他的军队是南明后期的一大军事力量。而永历政权的国境,也基本恢复到了先前的样子。可惜,在输掉了四川保宁、湖广宝庆、福建漳州等战役之后,明清双方又进入了相持阶段。

永历十年(1656年),孙可望企图篡位夺权,从而引发永历政权的内讧。李定国护送朱由榔来到云南,又大败孙可望。可恨的是,孙可望降清之后,将西南军事底细全部抖搂出来,导致清军入攻,尽占云南。

永历十三年(1659年)正月,朱由榔先后逃往滇西、缅北,两年(1661年)后的冬日,缅王不敢开罪清政府,遂将朱由榔和皇子朱慈煊等人,缚送于清军。同年三月,郑成功率领二万多名将士,从金门出发,走上为皇帝夺取新据点——台湾的路。

可是,就在永历十六年(1662年),郑成功打败荷兰侵略者之后的三个月,朱由榔父子被吴三桂绞杀了!原本遭受家变(郑经不肖,父亲被杀)的郑成功,得知这等噩耗,只觉精神的大厦瞬间倾塌,一时间痛怒难当。十来日后,郑成功病逝(一说,暗杀)于台湾,壮志未酬。

永历的年号,还在继续使用,这是因为,郑经前来台湾接替父业,名义上仍以永历帝为正朔。在经历了一系列变故之后,郑克臧于永历三十五年(1681年)嗣位。清圣祖爱新觉罗·玄烨趁着对方内讧之机,以施琅为水师提督,负责攻伐台湾。

施琅之所以不遗余力地对付明郑,是因为脾气暴烈的郑成功,曾杀害了他的父弟。此后施琅便铁了心投诚清廷,终生与郑氏为敌。所以说，明郑政权的失败，也与郑成功性格上的一些缺点不无关系。

永历三十七年(1683年)，永历政权彻底从历史上消失了。南明，终于没能成为第二个东晋，或是南宋。

"北风荡天地，有鸟鸣空林。志长羽翼短，衔石随浮沉。崇山日以高，沧海日以深。愧非补天匹，延颈振哀音。辛苦徒自力，慷慨谁为心？滔滔东逝波，劳劳成古今。"少年抗清英雄夏完淳，曾作《精卫》一诗，来表达自己对拯救时局、恢复家国的热望和绝望。

不是不知道，自己的力量是微薄无济的，但在时运维艰、国土沦丧的当头，很多人都不愿堕入温柔乡里，成为一个听受历史谴责的贰臣。他悲愤，他懊恼，他伤感，他也无助……

但是，终不能成其大梦的人们，依然记得精卫"游于东海，溺而不返"，"常衔西山之石，以堙于东海"的传说。也许，他们的努力都是徒劳的，可是不为理想而争，何须苟活于世？

《桃花扇》曰："俺曾见，金陵玉树莺声晓，秦淮水榭花开早，谁知道容易冰消！眼看他起朱楼，眼看他宴宾客，眼看他楼塌了。这青苔碧瓦堆，俺曾睡过风流觉，把五十年兴亡看饱。那乌衣巷，不姓王；莫愁湖，鬼夜哭；凤凰台，栖枭鸟！残山梦最真，旧境丢难掉。不信这舆图换稿，诌一套'哀江南'，放悲声唱到老。"

公元1683年，南明日落，逝波之上，自有一段滔滔古今，尽入渔樵闲话……

【小贴士】

【明朝戏曲】

明朝戏曲，分传奇戏曲、杂剧两大类，分别取宋元南戏和金元杂剧之精髓，又有所衍化发展，各尽其美。

在传奇戏曲方面,元末明初之际,《琵琶记》《荆钗记》《白兔记》《拜月亭》《杀狗记》标志着传奇戏曲时代的到来,正德之前的作品较少,以沈采的《千金记》等为代表。嘉靖之后,优秀作品大量涌现,李开先的《宝剑记》、王世贞(有争议)的《鸣凤记》、梁辰鱼的《浣纱记》、汤显祖的"临川四梦"(《牡丹亭》《紫钗记》《邯郸记》《南柯记》)最负盛名。

据《明代杂剧全目》统计,明杂剧至少有523种。正德之前的作品,文辞优美才气纵横,但思想内容和艺术成就较之前元,有倒退迹象,宁献王朱权、周宪王朱有炖的作品是其中的代表,前者今存《大罗天》《私奔相如》两种,后者著有《诚斋集》。嘉靖之后,杂剧开始进行蜕变,出现了折数较为自由的南曲杂剧,和近似于抒情小品的短剧。

此外,朱权所撰的北曲谱及评论专著《太和正音谱》,是"中国戏剧批评史上发生了一件大事"(《中国戏剧批评的产生和发展》),因此,他被称为"戏剧批评之父"。

【秦淮八艳】

秦淮八艳指的是,在明清之际活动于南京秦淮河畔的八位才貌俱佳的名伎。

顾横波、董小宛、卞玉京、李香君、寇白门、马湘兰六人,为余怀《板桥杂记》所记。后人在此基础上,又加入了柳如是、陈圆圆,并将她们合称为"秦淮八艳"。

其中,董、李、柳、陈四人的名声最响亮,其主因可能是,董小宛与冒襄、李香君与侯方域、柳如是与钱谦益、陈圆圆与吴三桂的爱情故事,引人追味,被后人敷衍出许多文艺作品,如孔尚任的《桃花扇》。当然,即便没有爱情的点染,女子们的传奇故事也依然打动人心。

附录

【附录一】明朝中央官制简表

部门	职掌	编制	备注
三公三孤	荣誉性虚衔,无定员,无专责,初为东宫辅臣	太师、太傅、太保少师、少傅、少保	1. 在明朝中期后,为大臣加官或赠官。 2. 明成祖迁都后,姚广孝以太子少师身份,留辅朱高炽。 3. 张居正为太师,有实权。
中书省	统领六部	左丞相、右丞相	洪武十三年(1380年),罢中书省,分权于六部。
六部	吏、户、礼、兵、刑、工	每部皆有尚书、左右侍郎、清吏司(郎中、员外郎、主事)。	1. 南京也设六部,单设职官,但编制不全,职权不大。 2. 六位尚书与左都御史、通政使、大理卿合称"大九卿"。
内阁	侍左右,备顾问	华盖殿(中极殿)大学士、建极殿大学士、文华殿大学士、武英殿大学士、文渊阁大学士、东阁大学士	仁宣时期地位提高,嘉靖起,内阁首辅几同宰相。
都察院	纠劾百司,辨明冤枉,提督各道,为天子耳目风纪之司	左都御史("大九卿"之一)、右都御史、左副都御史、右副都御史、左佥都御史、右佥都御史、十三道监察御史	1. 洪武十三年,罢御史台两年之后更置。 2. 监察御史外出巡按,称"代天子巡狩",品低权重。
通政使司	掌内外章疏敷奏封驳之事	通政使("大九卿"之一)、左通政、右通政、誊黄右通政、左参议、右参议	1. 洪武十年(1377年)置。 2. 内外奏疏,须经通政司达上,径自封进者可参驳。

续表

部门	职掌	编制	备注
大理寺	审谳、平反刑狱之政令;分理京畿、十三布政司刑名之事	大理卿("大九卿"之一)、左少卿、右少卿、左寺丞、右寺丞	1. 大理寺与刑部、都察院合称为"三法司"。 2. 大理寺、太常寺(祭祀)、光禄寺(宴享)、太仆寺(管马)、鸿胪寺(招待外宾)合称"五寺"。
翰林院	制造、史册、文翰、讲读经史、修撰国史	翰林学士、侍读学士、侍讲学士	殿试点中状元者,授修撰;榜眼、探花,授编修。
国子监	教育	祭酒、司业、五经博士、助教、学正,下设五厅、六堂	1. 迁都后,区别起见,南京国子监称"南监"。 2. 五厅名绳愆、博士、典簿、典籍、掌馔,六堂名率性、修道、诚心、正义、崇志、广业。
六科	侍从、规谏、补阙、拾遗、稽查六部百司之事	都给事中、左给事中、右给事中、给事中	分掌六部,不隶属于其他单位。"凡制敕宣行,大事覆奏,小事署而颁之;有失,封还执奏。凡内外所上章疏下,分类抄出,参署付部,驳正其违误。"有封驳、科抄、科参、注销的权力。
詹事府	辅佐太子	设左右春坊、司经局、主簿厅,主事官为詹事、少詹事、府丞,下有主簿、录事、通事舍人、大学士、左庶子、左谕德、左中允、左赞善、左司直郎、左清纪郎、左司谏、大学士、右庶子、右谕德、右中允、右赞善、右司直郎、右清纪郎、右司谏、洗马、校书、正字	太子宾客,亦为东宫辅臣,但无定员。

344

续表

部门	职掌	编制	备注
太医院	为皇族、贵族诊断、制药	院使、院判、御医、生药库大使、生药库副使、惠民药局大使、惠民药局副使	后四者未入流。

【附录二】配享太庙官员录

配享帝王	庙庭	备注
朱元璋	【正殿】中山武宁王徐达、开平忠武王常遇春、岐阳武靖王李文忠、宁河武顺王邓愈、东瓯襄武王汤和、黔宁昭靖王沐英 【西序】越国武庄公胡大海、梁国公赵德胜、巢国武壮公华高、虢国忠烈公俞通海、江国襄烈公吴良、安国忠烈公曹良臣、黔国威毅公吴复、燕山忠愍侯孙兴祖 【东序】郢国公冯国用、西海武壮公耿再成、济国公丁德兴、蔡国忠毅公张德胜、海国襄毅公吴桢、蕲国武义公康茂才、东海郡公茅成	撤永义侯桑世杰、郧国公廖永安。
朱棣	河间王张玉、平王朱能、诚意伯刘基、营国公郭英	后撤荣国公姚广孝。

【附录三】五军都督府职掌简表

都督府名	职掌范围
左军都督府	【京】留守左卫、镇南卫、骁骑右卫、龙虎卫、沈阳左卫、沈阳右卫六卫。 【外】浙江都司十六卫、三十八个千户所；辽东都司二十五卫、十八个千户所；山东都司十九卫、十六个千户所、三个仪卫司、三个群牧所。

续表

都督府名	职掌范围
右军都督府	【京】留守右卫、虎贲右卫、武德卫三卫。 【外】直隶都司一卫,陕西都司二十八卫、十六个千户所、三个仪卫司、三个群牧所。陕西十二卫、三个千户所。四川都司十一卫、十个千户所,二个仪卫司、一个群牧所。广西都司十卫、二十三个千户所、一个仪卫司。云南都司二十卫、二十个千户所。贵州都司十七卫、十二个千户所。
中军都督府	【京】下辖四卫。 【外】直隶都司二十六卫、十六个千户所,中都七卫、一个千户所。河南都司十二卫、六个千户所、七个仪卫司、四个群牧所。
前军都督府	【京】下辖三卫。 【外】直隶一卫,湖广都司二十七卫、三十三个千户所、四个仪卫司、三个群牧所。湖广七卫、九个千户所、三个仪卫司。福建都司十六卫、二十个千户所。江西都司四卫、十一个千户所、三个仪卫司、二个群牧所。广东都司十五卫、五十一个千户所。
后军都督府	【京】下辖二十卫。 【外】直隶三十四卫、十二个千户所。河北都司二十三卫、八个千户所。山西都司九卫、九个千户所、三个仪卫司、三个群牧所。

【附录四】参考史籍及相关书单推荐（含野史）

明代历朝官修《明实录》

张廷玉等《明史》

谈迁《国榷》《枣林杂俎》

陈鹤龄《明纪》

夏燮《明通鉴》

陈建《皇明从信录》《皇明通纪》

毕沅《续资治通鉴》

谷应泰《明史纪事本末》

彭孙贻《明史纪事本末补编》

沈德符《万历野获编》《敝帚轩剩语》

查继佐《罪惟录》《国寿录》

张岱《石匮书》

焦竑《国朝献征录》

张怡《玉光剑气集》

余继登《典故纪闻》

宋端仪《立斋闲录》

屠叔方《建文朝野汇编》

汪启淑《奉天靖难纪》

李逊之《三朝野纪》

文秉《烈皇小识》

王世德《崇祯遗录》

钱𪿊《甲申传信录》

计六奇《明季北略》

卫匡国《鞑靼战纪》

戴笠《怀陵流寇始终录》

吴伟业《绥寇纪略》

管葛山人《平寇志》

郑廉《豫变纪略》

彭遵泗《蜀碧》

吴应箕《东林本末》

吴伟业《复社纪事》

杜登春《社事始末》

温睿临《南疆逸史》

徐鼒《小腆纪年》《小腆纪传附考》

李天根《爝火录》

李清《南渡录》

应廷吉《青燐屑》

张道《临安旬制纪》

徐芳烈《浙东纪略》

黄宗羲《海外恸哭记》《明儒学案》《思旧录》

李聿求《鲁之春秋》

华廷献《闽事纪略》

苏国祐《易簀遗言》

杨英《从征实录》

夏琳《闽海纪要》

阮旻锡《海上闻见录》

钱澄之《所知录》

王夫之《永历实录》

刘若愚《酌中志》

谢肇淛《五杂俎》

屈大均《广东新语》

陆容《菽园杂记》

张瀚《松窗梦语》

张萱《西园闻见录》

周亮工《闽小记》

顾起元《客座赘语》

王士禛《香祖笔记》

俞正燮《癸巳类稿》

沈榜《宛署杂记》

田汝成《西湖游览志余》

叶梦珠《阅世编》

朱彝尊《日下旧闻考》

顾炎武《日知录》

顾祖禹《读史方舆纪要》

蒋之翘《尧山堂外记》

钱谦益《列朝诗集小传》

何乔远《名山藏》

钱林《文献征存录》

阮元《畴人传》

周亮工《画人传》《印人传》

都穆《寓意编》

朱存理《铁网珊瑚》（都穆有同名作）

孔尚任《享金簿》

费密《荒书》

顾复《平生壮观》

马欢《瀛涯胜览》

费信《星槎胜览》

茅瑞征《万历三大征考》

张燮《东西洋考》

毛奇龄《蛮司合志》